GOLDMANN
Lesen erleben

Autorin

Sabine Asgodom, CSP (Certified Speaking Professional), ist Deutschlands Erfolgscoach. Sie arbeitet mit Führungskräften, Selbstständigen, Politikern und Menschen in Veränderungssituationen. Außerdem ist sie Autorin zahlreicher Bestseller. In ihrer Akademie bildet sie in einjährigen Lehrgängen Coaches im »Lösungsorientierten Kurzcoaching« (LOKC®) aus. www.asgodom-coach-akademie.de.
Siegfried Brockert ist Diplom-Psychologe, Journalist sowie Gründer und langjähriger Chefredakteur von »Psychologie heute«. Er ist der Experte für positive Psychologie und arbeitet als Lehr-Coach für die Asgodom Coach Akademie: www.asgodom-coach-akademie.de
Sabine Asgodom und Siegfried Brockert sind verheiratet und leben in München.

Sabine Asgodom
Siegfried Brockert

Vom Luxus der Zufriedenheit

Wie viel brauchen wir zum Glücklichsein?

GOLDMANN

Alle Ratschläge in diesem Buch wurden von den Autoren und vom Verlag sorgfältig erwogen und geprüft. Eine Garantie kann dennoch nicht übernommen werden. Eine Haftung der Autoren beziehungsweise des Verlags und seiner Beauftragten für Personen-, Sach- und Vermögensschäden ist daher ausgeschlossen.

Dieses Buch ist 2009 unter dem Titel *Das Glück der Pellkartoffeln* als Hardcover im Kösel Verlag erschienen.

Verlagsgruppe Random House FSC® N001967
Das für dieses Buch verwendete FSC®-zertifizierte Papier *Classic* 95
liefert Stora Enso, Finnland.

1. Auflage
Überarbeitete Taschenbuchausgabe November 2015
Wilhelm Goldmann Verlag, München,
in der Verlagsgruppe Random House GmbH
© 2015 der überarbeiteten Taschenbuchausgabe
Wilhelm Goldmann Verlag, München,
in der Verlagsgruppe Random House GmbH
© 2009 der Originalausgabe Kösel Verlag, München,
in der Verlagsgruppe Random House
Umschlaggestaltung: Uno Werbeagentur, München
Umschlagmotiv: Roc Canals Photography/getty images; FinePic®, München
Satz: Buch-Werkstatt GmbH, Bad Aibling
Druck und Bindung: GGP Media GmbH, Pößneck
KW · Herstellung: IH
Printed in Germany
ISBN 978-3-442-17521-5
www.goldmann-verlag.de

Besuchen Sie den Goldmann Verlag im Netz

Inhalt

Vorwort zur Taschenbuchausgabe 9
Einleitung: Vom Luxus der Zufriedenheit 11

1   Ja. Wir können über unsere Ängste reden 19

2   Ja. Wir können unseren Ängsten Raum geben 29

3   Ja. Wir können Zufriedenheit finden 35

4   Ja. Wir können durch Verlieren gewinnen 45

5   Ja. Wir können uns gute Gesellschaft aussuchen . 51

6   Ja. Wir können Kinder als Schatz sehen 57

7   Ja. Wir können uns Mut und Hoffnung machen . . 59

8   Ja. Wir können die Balance finden 65

9   Ja. Wir können zornig werden 71

10 Ja. Frauen können die Welt retten 77

11 Ja. Wir können uns vom Männlichkeitswahn
    befreien 83

12 Ja. Wir können »einfache« Fragen stellen 93

13 Ja. Wir können unser Schicksal in die Hand
    nehmen 105

14 Ja. Wir können politisch wirken 111

15 Ja. Wir können Perspektiven entwerfen 117

16 Ja. Wir können beschließen, fröhlich zu sein 123

17 Ja. Wir können Isolation und Individualismus
    aufgeben 127

18 Ja. Wir können alle reicher werden 133

19 Ja. Wir können einen Plan B überlegen 141

20 Ja. Wir können alles gleichzeitig wollen 149

21 Ja. Wir können uns vom Ichling zum Wirling
    entwickeln 153

22 Ja. Wir können uns helfen lassen 159

23 Ja. Wir können Ballast abwerfen 163

24 Ja. Wir können uns verändern 169

25 Ja. Wir können die Freunde finden,
    die wir in harten Zeiten brauchen 191

26 Ja. Wir können negative Gedanken stoppen 195

27 Ja. Wir können Chancen erkennen 201

28 Ja. Wir können unser Konsumverhalten
    erkennen 209

29 Ja. Wir können konsum-abrüsten 223

30 Ja. Wir können glücklich sein 227

31   Ja. Wir können unser Glück machen 233

32   Ja. Wir können einfacher leben 239

33   Ja. Wir können mit Ungewissheit leben 251

34   Ja. Wir können unabhängig werden 255

35   Ja. Wir können »das Leben auf dem Lande«
auch in der Stadt haben 261

36   Ja. Wir können Geborgenheit geben 265

37   Ja. Wir können uns selbst lieben 269

38   Ja. Wir können gesund genießen 273

39   Ja. Wir dürfen sein, wie wir sind 281

40   Jetzt ist Schluss! 307

Anmerkungen 309
Register 312

Motto

»Eine andere Welt ist nicht nur möglich.
An stillen Tagen können wir sie bereits atmen hören.«

Arundhati Roy, indische Schriftstellerin
und Aktivistin,
Der Gott der kleinen Dinge

Vorwort zur Taschenbuchausgabe

Erinnern Sie sich an das Jahr 2009? Die Welt war im Schockzustand. Die Finanzkrise drohte unsere Welt zu verschlingen. Und wirklich: Das Wort des Jahres 2009 war »Abwrackprämie«. Das *Manager Magazin* hat damals getitelt: »Krise hoch drei«. Und die folgenden »Worte des Jahres« waren Wutbürger, Stresstest, Rettungsroutine ... alles Spätfolgen der Rezession, von der Europa und viele Teile der Welt heimgesucht worden sind. Wir aber hatten keine Lust darauf, heimgesucht zu werden, und hatten beschlossen: Wir wollen ein Gegenprogramm schreiben für die Menschen, die sich nicht unterkriegen lassen wollen. Es war kein klassischer Ratgeber, sondern es war zornig, aufrührerisch, ja politisch. Als wir 2009 das Buch *Vom Glück der Pellkartoffeln* geschrieben haben, befanden wir uns aber wohl mehr in Sorge, als uns bewusst war. Deshalb war dieses Buch etwas in Moll geschrieben. In der Rückschau ist uns aufgefallen, dass wir beide im Prinzip sehr viel zuversichtlicher sind, als wir es damals ausdrücken konnten. Deshalb freuen wir uns, dass der Goldmann Verlag das Buch als Taschenbuch herausgibt – und wir die Möglichkeit haben, in dieser überarbeiteten Taschenbuchausgabe mehr von unserer Zuversicht einfließen zu lassen. Wir haben die Erfahrung der letzten sechs Jahre berücksichtigt: wie kurzlebig Krisen und ihre mentale Auswirkung auf Menschen sind. Ließ damals die Finanzkrise allen das Blut in den Adern stocken, beschäftigen wir uns heute, 2015, längst mit anderen Krisen: mit den Kriegen in aller Welt, an die 2009 in diesem Ausmaß nicht einmal zu denken war; mit der Flüchtlingsproblematik, die vor allem uns Europäer nicht mehr aus der Verantwortung lässt, wollen wir unsere Werte von Menschenrechten und Hilfsbereitschaft nicht mit Füßen treten; mit der Vermüllung der Weltmeere, der unverhältnismäßigen Ausbeutung der Welt und ihrer Ressourcen … Was uns genauso bewusst wie beim Schreiben des Originals ist: Gegen die großen Krisen in der Welt können wir als Einzelne nichts ausrichten – die Weltgemeinschaft braucht zu lange, um sich auf Veränderungen zu einigen oder ihr jeweiliges Vorteilsdenken hintanzustellen. Aber wir können unseren Verstand und unsere Energie nutzen, um das Leben um uns herum freundlicher und lebenswerter zu gestalten. Statt in Hoffnungslosigkeit und Verzweiflung zu verfallen, können wir an unseren Mikrokosmos, in unserer Familie, im Freundeskreis, in der Arbeit, in der Nachbarschaft, positive Signale aussenden und gute Partner/innen, gute Freund/innen, gute Kolleg/innen und Nachbar/innen sein, Wenn wir dabei selbst an unserer eigenen Zufriedenheit arbeiten, ist die Chance groß, dass wir die Zeitspanne, die wir auf dieser Erde leben, etwas friedlicher erleben können. Und vielleicht finden wir darüber gleichgesinnte Menschen, mit denen wir gemeinsam doch etwas bewirken können.

München, im Juni 2015
Sabine Asgodom und Siegfried Brockert

Einleitung:
Vom Luxus der Zufriedenheit

Dies ist ein Coachingbuch für mehr Zufriedenheit. Es soll die Wirkung eines Kachelofens haben oder einer Holzbank vorm Haus, auf der sich die Katze in der warmen Sonne rekelt. Dies ist ein Buch zum Nachdenken und zum Wohlfühlen. In einer Welt, die stürmisch zu werden scheint. Ein Einfach-leben-Buch für diese und die nächste Krise. Einfach leben – wie man das macht? Erst mal durch Betonung des ersten Wortes, also EINFACH leben, und zweitens durch Betonung des zweiten Wortes: einfach LEBEN.

Unsere Botschaft ist: Keine Angst vor der Zukunft, Zukunft gab es immer schon. Im Gegenteil: Wir glauben an die Chancen, die eine Krise bietet: Chancen der Umkehr, Abkehr und Zuwendung.

Dies ist auch ein Buch der klaren Worte: Wir sagen, was wir begreifen und was nicht. Was uns skeptisch macht und misstrauisch. Was wir für falsch halten und worin wir eine Option sehen. Für Menschen, die fortschrittsgläubig sind und auf ausgetretenen Pfaden immer weiter fortschreiten, die nichts infrage stellen lassen wollen, ist es ein unbequemes Buch.

Und es ist ein Buch gegen die Alleinherrschaft des »männlichen Prinzips des Höher, Schneller, Weiter«, der unbegrenzten Möglichkeiten und des »Anything goes«. Wir möchten dem das »weibliche Prinzip des Bewahrens und Hütens, des Abwägens und der Nachhaltigkeit« an die Seite geben.

Wie viel brauchen wir zum Glücklichsein? Sich daran erinnern, was wirklich wichtig ist im Leben. Und dazu gehören unserer Meinung nach eher Menschen als Konzepte, Theorien, Methoden, Ideen, Pläne, Programme; eher Liebe als Leistungsnachweis; eher Zuneigung als Zurechtweisung.

Vom Luxus der Zufriedenheit ist der Titel dieses Buchs. Wir finden »Luxus der Zufriedenheit« klingt heimelig und rund, warm und gemütlich, und es lohnt sich, diesen neuen, vielleicht ungewohnten Luxus zu beleuchten, ihm nachzugehen.

Unser Buch will Mut machen für die Zeiten, in denen wir leben, und für die, die auf uns zukommen. Zeiten mit Finanzkrisen und Absatzkrisen, Vertrauenskrisen und Umweltkrisen. Es möchte der Angst die Hoffnung an die Seite stellen. Auch Angst ist ein männliches Prinzip, denn was passiert, wenn all unsere Pläne nichts taugen? Das weibliche Prinzip enthält die Hoffnung.

Wir fordern die Leser/innen auf, genau hinzuschauen und zu sagen, was sie sehen. Dieses Buch will dem/der Einzelnen eine Stimme geben in Zeiten, die uns sprachlos machen könnten. Es möchte Mut machen, sich auf Veränderungen einzulassen, und es möchte Beispiele zeigen, wie Menschen sich jetzt schon wappnen (können), um ihr Lebensglück trotz widriger Umstände zu erhalten.

Der große Wahn in einer Krise, wie immer sie sich gestaltet, ist zu glauben, dass wir es mit der schwersten Zeit aller Zeiten zu tun haben. Wer sich ein bisschen an den Geschichtsunterricht erinnern kann, ahnt, dass es auch früher schon ein paar schlimme Katastrophen gegeben hat. Und wer selbst schon mal in einer Lebenskrise gesteckt hat, weiß, dass die aktuelle Krise immer schwer ist. Daher möchten wir auch Szenarien, Visionen und Überlegungen aufzeigen, wie Menschen aus den Zeiten von Verschwendung und Verblendung die Kehrtwende in ein Leben von Sinn, Klugheit und Menschlichkeit schaffen.

Die Zukunft wird nicht einfacher werden, sagen die Experten. Deshalb unsere Überlegung: Es sollte wieder einfacher werden. Wir möchten Ihnen Mut machen, sich für die kommende Zeit gerüstet zu fühlen. Aus dem Jammern und Klagen, dem Greinen und Weinen herauszukommen: Ogottogottogott, es geht alles den Bach runter! In Zeiten, in denen man den selbst ernannten Experten nicht mehr vertrauen kann, bleibt nur ein Weg: uns selbst zu vertrauen, unserem Gefühl, unserem Verstand, unseren Augen und Ohren. Vielleicht nicht ausschließlich nach dem Rat: »Kauf nichts, was du nicht verstehst, von jemandem, den du nicht kennst.« Sondern mit mehr Überlegung.

Wir haben uns seit Jahren intensiv mit den Veränderungen beschäftigt, über die wir alle gelesen haben und die manche schon konkret erlebt haben oder gerade ausbaden. Es fing an mit der Krise des amerikanischen Immobilienmarktes vor neun Jahren. Wer lesen konnte, musste wissen, da geht etwas richtig schief! Wir haben genau hingeschaut: Was haben Experten prognostiziert? Worauf müssen wir uns einstellen? Wie können wir uns heute auf die Veränderungen von morgen vorbereiten? Was ist wahrscheinlich, was offensichtlich? Wovon müssen wir uns verabschieden? Was erwarten?

Angedacht war ein Ratgeberbuch: So kommen Sie durch die Krise! Feststellen aber mussten wir immer wieder, dass niemand, wirklich niemand genau versteht, wie es zu dieser weltumspannenden Krise kommen konnte; und vor allem, was in dieser Situation richtig oder falsch ist. Und schlimmer noch: Wir haben festgestellt, dass durch die Finanzkrise eine weit schlimmere Krise in Nebel gehüllt wird: der mögliche Zusammenbruch der Ökosysteme – eine Gefahr für die gesamte Menschheit!

Ratgeber sollen sagen: Tu dies, tu das und jenes lass, dann hast du weniger Probleme. Aber wenn – wir trauen uns es kaum zu sagen – die Menschheit bedroht sein könnte, muss mehr her als nur kluge Lebenstaktik. Was uns verbindet, ist die Skepsis gegen den – typisch männlichen – Wachstumswahn, gegen großmäulige Renditeversprechen und das ewige Glück durch ständige Technisierung. Als Journalisten haben wir in den letzten Jahren sehr genau hingeschaut, was in der Welt passiert. Und das hat unsere Skepsis verstärkt.

Schon 2005 schrieb Sabine in einem *Focus*-Sammelband »Von den Besten profitieren« über die Krise, von der Globalisierung getrieben, die auch fleißige, fähige Mitarbeiter treffen wird, die arbeitslos werden. 2009 lesen wir in der Zeitung, dass voraussichtlich eine Million Menschen in Deutschland ihren Arbeitsplatz verlieren werden.

Und bereits 2008 haben wir in unserem Buch *Raus aus der Komfortzone* empfohlen, sich einen Plan B zu machen. Also zu überlegen, welche Alternativen man beruflich für den Fall hat, dass ein Unternehmen einen nicht mehr beschäftigen will oder kann, man keinen Job mehr in seinem Beruf findet.

Ehrlich gesagt: Die Realität hat uns schneller eingeholt, als wir vermutet haben. Und Plan B heißt: Was kann ich, auch neben dem, das ich jetzt beruflich mache, was andere Menschen brauchen? Wir werden diesen Gedanken noch einmal aufgreifen, weil er zu den besten Mitteln gehört, eigene Zukunftsängste in den Griff zu bekommen.

Dies ist kein Buch des »Augen zu und durch« oder des positiven Denkens »So schlimm wird's schon nicht werden«. Wir neigen zum Realismus und trotzdem zur Zuversicht, dass jede Generation mit den Herausforderungen fertigwird, die sich ihr stellen. Wir haben mit Menschen gesprochen, die selbst schon einige krisenhafte Veränderungen durchgemacht haben. Wir haben sie nach ihren Rezepten für das kleine Glück befragt. Und wir möchten Alternativen aufzeigen: was Leben noch sein kann.

Sicher scheint zu sein, dass wir uns von einem Leben zwischen Sushi und Seychellen-Urlaub verabschieden müssen (böses Klischee, wir denken, Sie wissen, was wir meinen). Unser Leben wird sich in den nächsten Jahrzehnten dramatisch verändern, daran gibt es keinen Zweifel. Wir glauben aber nicht, dass das unser Lebensglück zerstören wird. Es wird einfach anders.

In Anlehnung an die bekannte Indianer-Weisheit haben wir etwas satirisch gedichtet:

Erst wenn der letzte Kaviar gegessen,
erst wenn Schampus nur noch Sodbrennen macht,
erst wenn überall ein Plasmabildschirm flimmert,
und erst wenn die Meere endgültig abgestorben sind,
erst dann werden wir wissen,
dass man Geld nicht essen kann.

Wir schreiben dieses Buch als Paar. Wir sind beide Journalisten. Jeder von uns hat schon zahlreiche Bücher veröffentlicht, insgesamt rund 70 (übrigens in kurzem Abstand Bücher mit demselben Thema, da kannten wir uns allerdings noch gar nicht: Siegfried Brockert veröffentlichte *Raus aus dem Jammertal* 2002,[1] Sabine Asgodom schrieb 2004 *Genug gejammert*[2]).

Wir haben aber nicht eine zusammengerührte Soße über die Themen dieses Buches gekippt, uns auf einen gemeinsamen Nenner geeinigt, sondern wir kennzeichnen unsere Beiträge am Schluss mit unseren Kürzeln S. A. und S. B., so dass Sie erkennen können, was von Sabine Asgodom, was von Siegfried Brockert kommt. Und Sie werden Unterschiede erkennen!

Erstens hat diese Vorgehensweise unsere Ehe gerettet, denn schon bei der dritten gemeinsamen Formulierung hätten wir uns in die Haare gekriegt. Zweitens fanden wir es selbst spannend, bei aller Übereinstimmung unsere unterschiedlichen Ansätze zu zeigen, die sicher auch etwas mit der weiblichen und männlichen Sichtweise zu tun haben. Sabine hat außerdem ihre Erfahrungen aus 20 Jahren Coachings und Trainings eingebracht, Siegfried sein Wissen als Diplom-Psychologe.

Uns eint die Überzeugung, dass Krisen Werte stärken können, die wir für wichtig halten: Zufriedenheit, Gemeinschaft, Solidarität, Geborgenheit, Ehrlichkeit, Einfachheit, Menschlichkeit. Das heißt: Wir sehen eine große Chance in diesen Veränderungen, für ein Leben mit Sinn und Freude. Die Kunst des Lebens besteht eben nicht darin, das größte Stück vom Kuchen zu bekommen, sondern gemeinsam einen größeren Kuchen zu backen. Viele Anregungen für ein neues, einfaches, zufriedenes Leben finden Sie am Schluss dieses Buches.

Was nur eingefleischte Asgodom-Fans wissen können: Dieses Buch ist in einer gewissen Logik der dritte Teil einer Trilogie. 2007 ist *Lebe wild und unersättlich!*[3] erschienen, Sabines Bestseller mit Zehn Erlaubnissen für Frauen »Ich darf ...« für ein selbstbestimmtes Leben, das heißt, ein starkes »Ich«.

Aus eins mach zwei: Im nächsten Buch *Liebe wild und unersättlich*[4] ging es 2008 um die Liebe zu einem anderen Menschen, das Bemühen um Glück in der Zweierbeziehung, mit ebenfalls Zehn Erlaubnissen »Ich darf ...« für ein starkes »Ich und Du und Wir«.

Und in diesem Buch erweitert sich der Kreis auf das Leben in der Gemeinschaft, in der Nachbarschaft, in der Großfamilie, im Freundeskreis, in der Heimat, in einer Wohlfühlumgebung, für ein starkes »Ich und Wir und Ihr«. Die Überschriften beginnen mit »Ja. Wir können ...«.

»Ich« verliert. »Wir« gewinnt. Das ist unsere Botschaft.

1

Ja. Wir können über unsere Ängste reden

»Hast du Zukunftsangst?«, wurde ich neulich von einem Freund gefragt. Ja natürlich, und nicht nur Zukunftsangst – Zukunftsängste, sage ich Ihnen. Aber sie sind ein bisschen anders als die der meisten anderen Menschen, die ich kenne. Ich schütte Ihnen hier und heute erstmals öffentlich mein Herz aus. Gerade habe ich gelernt, dass Amerikaner das »Catastrophizing« nennen. Ja, dieses Wort trifft's. Meine Katastrophenängste hier sauber im Überblick (lehnen Sie sich zurück und gönnen Sie sich eine Tasse Tee, es wird länger dauern):

Beispiel 1: Die Goldrute
Bitte lachen Sie jetzt nicht über mich: Viele Menschen freuen sich über die goldgelb blühenden Stauden entlang der Autobahn, an Bahnstrecken oder sogar in ihrem eigenen Garten. Ich bekomme bei dem Anblick Schweißausbrüche. Ich habe nämlich vor vielen Jahren über diese Monsterpflanze gelesen. Sie ist eine Verdrängerpflanze. In ganz Europa breitet sie sich aus und ist nicht zu stoppen. Ich habe sie in Polen gesehen, in

Italien, Frankreich und natürlich bei uns in Deutschland. Man könnte sie auch ICE-Pflanze nennen. Denn vor allem entlang der Bahnlinien hat sie sich in den letzten fünfzehn Jahren dramatisch vermehrt.

Wenn ich nur daran denke, werde ich wirklich hysterisch: Die Goldrute ist nicht zu stoppen! Ausreißen hilft nichts, abbrennen hilft nichts. Ihre Wurzeln sind weitverzweigt und unausrottbar. Das heißt, in hundert, tausend oder zehntausend Jahren, egal wann, aber dann ganz bestimmt, wird die Goldrute ganz Europa verschluckt haben. Verschluckt! Hören Sie: Sie ist nicht zu stoppen! Hilfe!

Wenn ich mit meinem Mann Bahn fahre, in der Blütezeit, so zwischen Juli und August, klebe ich mit der Nase am Zugfenster und stoße schrille Schreie aus: »Da, schau, es wird immer mehr.«

»Schau einfach nicht hin«, sagt Siegfried dann schon mal.

»Ja, aber das ist es doch. Niemand schaut hin, keiner kümmert sich. Wir sind der Goldrute schutzlos ausgeliefert. Warum tut denn niemand etwas?« Nein, ich bin nicht hysterisch, aber ich muss doch die Welt warnen! Okay, inzwischen habe ich mich etwas beruhigen lassen. »Goldrute ist doch eine Heilpflanze«, hat mir eine Freundin erzählt. Okay, dann versinkt Europa eben in einem Heilpflanzenwald.

Beispiel 2: Erdbeben
Mit etwa 15 Jahren wollte ich mal Geologin werden. Damals habe ich Jules Vernes *Reise ins Innere der Erde* gelesen. Seitdem interessiere ich mich nicht nur für schöne Steine und hoffe auf Fossilienfunde, sondern ich bin von dem Gedanken

fasziniert, dass die hauchdünne Erdkruste, die wir mit lustigen Hochhäusern und Carports pflastern, auf einem Meer von Magma schwimmt. Und da soll ich Vertrauen in die menschliche Weisheit haben? Soll an Altersvorsorge und Lebensversicherungen glauben? An Prämiensparen? An einen Sechs-Monate-Fitness-Plan?

Meine Katastrophenfantasie dazu: Irgendwann, wenn Menschen gerade daran denken, was sie sich alles leisten werden können, wenn in 14 Jahren die Hypothek für ihre Eigentumswohnung auslaufen wird; wenn Menschen sich ausmalen, wie schön ihr Leben nach der Pensionierung sein wird, genau dann wird sich die Erde schütteln, und unser ganzer Menschentand wird unter glühendem Magma verdampfen.

Und die Menschen werden die Police ihrer Lebensversicherung herausziehen und das Schicksal anrufen: Hallo, ich kriege doch eins Komma fünf Prozent Rendite. Das ist garantiert! Hallo? Ey, das ist voll gemein!

Sie meinen, das reicht noch nicht? Na, dann noch einen Trumpf: der Vesuv, o Gott, der Vesuv. Er wird ausbrechen, da sind sich alle Experten einig. Pompeji wird ein Dreck dagegen sein, was dann passiert. Die Experten sagen, niemand weiß genau, wann der Ausbruch erfolgen wird. Aber wenn es in 15 354 Jahren sein kann, dann kann es doch auch genauso gut in 15 Tagen oder morgen sein. Oder heute. Und dann wird eine gewaltige Aschewolke die Welt verdunkeln, wir werden eine neue Eiszeit bekommen, ich werde die Sonne nie mehr wieder sehen, und ich habe doch Enkelkinder …! Ich übertreibe? Natürlich übertreibe ich. Das ist die Basis der Katastrophenangst.

Beispiel 3: Riesenwellen

Ich geb's zu, heimlich bin ich katastrophensüchtig, ich sauge alle Zeitungsberichte auf, die mich in dieser Angst bestätigen: »Irgendwann in den nächsten tausend Jahren wird ein riesiger Felsen von einer Insel ins Mittelmeer stürzen, und es wird eine gewaltige Flutwelle geben.« Es sind nur Zehntelsekunden, in denen ich so etwas denke, ich schwöre es, aber in diesen Zehntelsekunden packt mich das kalte Grausen, und eine Gänsehaut läuft mir den Rücken hinab. Die Bilder des Tsunamis in Asien Weihnachten 2004 habe ich mir damals tagelang angeschaut. (Ja, den Film *The Day After* habe ich als DVD. Und: Ja, ich glaube schaudernd-erregt, dass so etwas möglich ist.)

Beispiel 4: Weltuntergang

Und hier die nächste Horrorfantasie: Unter dem Toten Meer befindet sich eine Kontinentalverwerfung, Sie wissen schon, da, wo die Erdplatten gegeneinanderreiben. Ich habe neulich gelesen, dass sich dort eine gewaltige Spannung aufbaut. Und irgendwann wird sich diese entladen, und die Erde unter dem Toten Meer wird sich auftun – und keiner kann vorhersagen, was dann passieren wird, aber es wird schlimmer sein als alles, was wir uns vorstellen können, hieß es. Ich kann es mir vorstellen. O ja. Und es wird ein Heulen und Zähneklappern sein.

Ich glaube, meine christliche Erziehung hat mir nicht gutgetan. Im Konfirmandenunterricht ist beim Kapitel vom Jüngsten Gericht etwas schiefgelaufen. Ich war mit meinen knapp 14 wohl etwas übersensibilisiert: pubertärer Entwicklungsschub mit Bestrafungsfantasie. Ganz tief in mir schlummert jedenfalls seither die Überzeugung, dass die Erde irgendwann die

Menschenbrut abschütteln wird, die sündigt und sich zur Krone der Schöpfung aufschwingt, die kein Mitleid mit den Mitkreaturen hat, brandschatzt und mordet – um einiger weniger Silberlinge wegen. Wie stelle ich mir das Jüngste Gericht vor? Als globale Katastrophe natürlich. Das einzig Gute ist, dass ich so viel zu tun habe, dass ich selten genug Zeit für solche Horrorvisionen habe.

Beispiel 5: Ich werde verhungern

Stunde der Wahrheit? Hier meine allergrößte Katastrophenangst: Irgendwann werde ich verhungern, weil ich nichts zu essen zu Hause haben werde. Oder weil mir andere alles wegfressen werden. Ja, jetzt ist es raus, das ist meine geheimste Zukunftsangst mit der größten Auswirkung. Deshalb muss ich immer ganz schnell essen. Und ich muss mich in der Schlange am kalten Büfett vordrängeln. Und ich muss ganz viel auf meinen Teller nehmen. Und wehe, jemand nimmt mir ein Stück Brot weg. Wehe! Ich bin Kind einer Flüchtlingsfamilie, ich wurde nach Plan gestillt, ich hatte drei große Brüder, die haben gegessen wie die Scheunendrescher (so hieß das bei uns zu Hause) und … Nein, ich möchte Sie nicht mit den Ursachen langweilen. Drei Jahre erfolglose Psychotherapie müssen reichen (ja, das ist natürlich auch übertrieben).

Nö, mir geht's gut. Wirklich. Alles in Ordnung. Bisher hatte ich meine Ängste gut im Griff. Während der Goldrute-Blütezeit bin ich jetzt meistens geflogen. Von oben ist alles easy (eigenwillige Lösung, sagt das Umweltministerium). Und ich habe bewusst Nachrichten in Tageszeitungen übersehen mit Horrormeldungen wie Bienensterben (»Erst stirbt die Biene, dann der Mensch«, hat Einstein mal gesagt. Wussten Sie das???). Der Eisschrank ist immer gut gefüllt. Im Auto liegen Kekse. Und ich habe ein Telefon-Seminar belegt: Positiv Denken in drei Stunden (nein, habe ich nicht, halte ich auch für eher albern).

Also äußerlich würde kaum jemand von mir vermuten, dass ich solche Endzeitstimmungen habe. Ich bin lustig, ich bin optimistisch, ich bin vorwärtsschauend. Ehrlich gesagt, mache ich manchmal Menschen wahnsinnig mit meinem Optimismus und meiner Gelassenheit (ich habe sogar ein Buch über Gelassenheit geschrieben). Aber eigentlich ist es ganz logisch: Seit ich mir meiner großen Lebensängste bewusst bin, können mich die kleinen Schrecken nicht mehr schrecken. Etwas Gutes ist also in allem (manche meiner Freunde könnten mich hauen für diesen Satz).

Kein Wunder, dass mich ein Auftragsrückgang und sonstige Krisen nicht sonderlich ängstigen. Afrikanische Freunde haben mir einmal gesagt, mit meiner stoischen Gelassenheit sei ich nicht Dritte, sondern Vierte Welt. Das heißt nicht, dass ich nicht sehr realistisch hinschaue, wie sich unser Leben gerade verändert. Und ich glaube, die Welt verändert sich in einem Maße, für das unsere Vorstellungskraft nicht reicht. Mit kaltem Blut und wachem Blick gehe ich jedes Problem interessiert an: Was kann man da tun? Wo kann ich ansetzen? Wo brauche ich einen Plan B oder C oder sogar D? Darüber später mehr.

Das sind Situationen, in denen ich selbst handeln kann. Ich kann mich darauf einstellen, ich kann reagieren, ich kann mein Bestes versuchen, um das Beste daraus zu machen. Mit einem Lächeln denke ich: Was ist das alles gegen den sicheren Weltuntergang? Und ganz nebenbei: Ich habe in meinem Leben schon in manchen tiefen Löchern gesessen. Auch das macht gelassen. Ich war arbeitslos, ich habe mich durchgeschlagen, ich wusste nicht, woher ich Geld fürs Einkaufen nehmen sollte – was will mich heute noch schrecken?

Übrigens: Je offener ich über meine eigenen Ängste rede, desto mehr erfahre ich über die anderer Menschen. Und Ängste sind unterschiedlich. Siegfried zum Beispiel ... nein, er wird es Ihnen selber verraten. Und das klassische Muster ist, dass ich seine Ängste für total übertrieben halte, »Also hör mal, das ist doch wirklich unwahrscheinlich ...«

»Wovor haben Sie heute, jetzt, in diesem Augenblick Angst?« Diese Frage haben wir per E-Mail an die Bezieher/innen des Asgodom-Newsletters gestellt. Die Antworten waren nicht vorgegeben, jede/r konnte aufschreiben, was ihm/ihr einfiel. 257 haben geantwortet, davon 95 Prozent Frauen: Mehr als ein Drittel von ihnen haben Angst, ihren Arbeitsplatz zu verlieren. An zweiter Stelle steht die Angst vor schwerer Krankheit oder Tod und fast gleich auf Rang drei die Angst vor der Armut im Alter und der, Angehörige zu verlieren.

Angst-Umfrage vom 2. April 2009:		
257 Antworten	*Insgesamt*	*Rang*
Existenzangst/Angst um Arbeitsplatz	97	1
Schwere Krankheit/Tod	57	2
Altwerden, zu wenig Rente, Armut im Alter	32	3

Angst-Umfrage vom 2. April 2009:		
257 Antworten	*Insgesamt*	*Rang*
Kind, Angehörigen, lieben Menschen zu verlieren	31	4
Wirtschaftszusammenbruch/Inflation/ Staatsbankrott	30	5
Geldnot	26	6
Krieg, »Böses«, Terror, Radikalisierung, Gewalt	25	7
Zukunft der Kinder	23	8
Als Mensch auf der Strecke bleiben/ Anforderungen nicht mehr zu genügen	23	9
Nicht den richtigen Mann zu finden/Liebe zu verlieren	22	10
Habe überhaupt keine Angst	21	11
Private Situation (Alleinsein/Übergewicht/ Kinder)	19	12
Klimaveränderung, Hungersnot/Natur- katastrophe/Umweltverschmutzung	15	13
Verlust von Werten und Tugenden in der Gesellschaft, z.B. Respekt, Höflichkeit	14	14
Streit/Stress/Mobbing am Arbeitsplatz	6	15
Angst vorm Zahnarzt	6	16
Angst vor Veränderungen allgemein	6	17
Angst auf Menschen zuzugehen	4	18
(Mehrfachnennungen waren möglich)		

Ich bin sicher, dass nach den Nachrichten der letzten Monate von Kriegen, Morden, Sterben und Flucht die Zahlen noch gravierender gewesen wären. Dass man vor diesen Veränderungen Angst hat ist verständlich. Und dass man davon reden kann, auch.

In den nächsten Kapiteln möchten wir Ihnen zeigen, dass der bewusste Umgang mit den eigenen Ängsten und den äußeren Umständen helfen kann, einen klaren Kopf zu behalten. S. A.

2

Ja. Wir können unseren Ängsten Raum geben

Angst essen Seele auf – dieser Titel eines Films von Rainer Werner Fassbinder beschreibt die Stimmung in vielen Familien und Unternehmen heute leider sehr treffend. Ihre auch? Und manche erinnert die seelische Lage der Menschen in der »Finanzkrise«, die ihren Anfang mit dem Zusammenbruch einer New Yorker Bank genommen hat, irgendwie an den 11. September 2001, an Nine/Eleven, an die Terroranschläge auf die zwei Hochhäuser.

New York, New York. Zweimal New York. Und New York zum Dritten, denn die Weltwirtschaftskrise von 1929 hat dort auch ihren Anfang genommen. Eigenartig.

Als junge Menschen sind viele meiner Vorfahren aus der »kalten Häimat« Ostpreußen auf Ellis Island vor New York gelandet. Und die Bankengründer, die Brüder Lehman(n), Goldman(n) und Sachs, sind ja auch aus Deutschland gekommen. Nie vergessen: ins gelobte Land.

Sicher ist: Der große Reichtum ist bei uns besser geschützt als das Recht auf Arbeit oder das fundamentalste aller Menschenrechte, das Recht auf Leben. Das Recht auf Arbeit bedeutet Freiheit von Not. Es war eine der »Vier Freiheiten«, mit denen US-Präsident Franklin Delano Roosevelt 1941 die Anti-Hitler-Kriegskoalition geschmiedet hat. Diese »Four Freedoms« (Freiheit von Not, Freiheit von Angst, Redefreiheit, Religionsfreiheit) sind Grundlage der nach dem Zweiten Weltkrieg gegründeten »Vereinten Nationen« gewesen. Ihnen verdanken die USA ihre über Jahrzehnte während moralische Führungsrolle. Und von der müssen wir – die erfolgreichste Kolonie der USA in der zweiten Hälfte des 20. Jahrhunderts – Abschied nehmen. Wie die Großen müssen wir jetzt selbst entscheiden, wofür wir leben wollen.

Heute schüren Katastrophenmeldungen, Nachrichten und Mutmaßungen auf lange und längste Sicht Angst in uns Menschen. Dabei sind Ängste nicht nur eine private, sondern auch eine gesellschaftliche Angelegenheit. Staat und Unternehmen müssen Ängste von Menschen wahrnehmen, vor allem wenn größere Gruppen von Ängsten gelähmt oder angetrieben werden.

Führen in der Krise: Wie man ängstliche Menschen stärkt

Führungskräfte und ihre Mitarbeiter aber haben wegen und trotz Ängste zu arbeiten – und zwar noch präziser und motivierter als bisher schon. »Angst essen Seele auf« – woher kommt da die Motivation? Eine Erinnerung an die Folgen von »Nine/Eleven« kommt mir in den Sinn.

Einige Tage nach den Ereignissen von Nine/Eleven, die die Menschen in den USA gelähmt haben, setzten sich an der University of Michigan Wirtschaftswissenschaftler und Psychologen zusammen und überlegten: Die Menschen im Land sind tieftraurig, ängstlich, wütend, niedergeschlagen, bedrückt. Wie können wir ihnen – und damit auch der Wirtschaft – jetzt helfen?

Forschungen der Universität hatten nämlich nachgewiesen, dass Emotionen nicht nur Privatsache sind, sondern ein wesentlicher Produktivfaktor. Wenn eine Belegschaft in eine Weltsicht verfällt wie »Alles ist so schrecklich« – »Es hat doch alles keinen Sinn mehr« – »Es geht doch alles den Bach runter«, dann werden Produktivkräfte lahmgelegt, dann sinken Motivation und Energiepegel, und Fehler häufen sich.

Die Psychologen und Managementlehrer an der University of Michigan, die helfen wollten, Mitarbeiter wieder in die seelische Balance zu bringen, haben damals einen Katalog von Tipps aufgestellt, an denen sich Manager und Managerinnen auch in der heutigen Krise noch orientieren können:

Verdrängen Sie Ängste und Sorgen nicht – auch nicht bei Kollegen und Mitarbeitern

- Betonen Sie Humanität und den Wert der Menschen als Menschen (und nicht als Arbeitskräfte, Produktivfaktoren oder Kostenstellen).
- Fördern Sie Gruppen Ihrer Mitarbeiter (auch am Arbeitsplatz, denn dieses Thema können Sie nicht unterdrücken),

in denen konsequent und kreativ über den »Plan B« nach-
gedacht wird: Wo finde ich Sinn, Beschäftigung und materielle Kompensation, falls ich meinen Arbeitsplatz verlieren
sollte? Hilfreich ist oft die Frage: Kann ich mit deutlich weniger Geld glücklicher werden als jetzt – etwa weil ich dann
mehr Zeit habe?

▶ Ermutigen Sie Menschen, ihre Sorgen zu äußern – oft werden dadurch bereits Sorgen geringer, und oft gibt es Zuhörer, die konkrete Hilfen und Ideen geben können.

▶ Günstig wären sogar Gruppen und regelmäßige Treffen von
Mitarbeitern, die ihren Arbeitsplatz verloren haben, mit
Mitarbeitern, die in Angst um ihren Job sind. Nicht nur
von denen, die ihren Arbeitsplatz verloren haben, sondern
auch von solchen, die ihn (noch) haben.

▶ Erlauben Sie, Emotionen zu äußern, statt sie zu unterdrücken – Angst zum Beispiel. Aber achten Sie dann darauf,
dass keine Jammergruppen entstehen, die sich gegenseitig
runterziehen, sondern Angst-ja-und-was-dann?-Gruppen.

Setzen Sie positive Emotionen Ihrer Mitarbeiter frei

Ziel solcher Gruppen ist, positive Emotionen in Mitarbeitern
freizusetzen. »Jede geäußerte positive Emotion ist eine Hilfe,
das Leben in die Balance zu bringen«, sagt die Psychologin
Professor Barbara Fredrickson, die zu der Nine-Eleven-Grup-
pe an der University of Michigan gehört hat, denn positive
Emotionen erweitern unseren Denkhorizont, verbessern unsere Kreativität, geben uns Mut und Kraft.

Und hier setzt die Verantwortung jeder Führungskraft ein. Sie braucht kreative Ideen: Wie bringe ich meine Mitarbeiter zum Reden? Wie schaffe ich Raum für Gespräche? Wie finde ich Kontakt zu den Verängstigten oder Wütenden? Woran erkenne ich, dass jemand von seinen negativen Gefühlen, von Angst und Enttäuschung, gelähmt wird? Wie stoppe ich Mitarbeiter, die mit Angst »zündeln« und das Team verunsichern? Wie transportiere ich Mut machende Botschaften?

Professor Fredrickson forscht seit mehr als einem Jahrzehnt an solchen Fragen. Ihr grundlegender Rat heißt:

Um von negativen Emotionen (zum Beispiel Angst, Wut, Hass) zu positiven Emotionen zu kommen, muss der seelische Zustand gefühlter Geborgenheit erreicht werden. Nur wer sich aufgehoben fühlt, kann positive Emotionen entwickeln.

Sie führen Menschen – keine Kostenstellen

Der gute Mensch denkt an sich selbst zuletzt, aber zu guter Letzt bleibt die Frage für die Manager: Und wo bleibe ich? Die Führungskraft, der Retter, die starke Schulter?

Auch Managerinnen und Manager haben Gefühle, kennen Unsicherheit und Angst. Mit wem können sie reden? Wer gibt ihnen Sicherheit? Wer sorgt für ihre Work-Life-Balance?

Die Mitarbeiter sind für solch offene Gespräche tabu, die eigenen Führungskräfte sind vielleicht total überlastet, die Familie zu Hause wollen sie nicht verunsichern, der beste Freund ist weit weg. Was also tun?

Buchen Sie für sich einen Freund. Suchen Sie sich einen

guten Coach, jemand, der Ihnen mit Erfahrung und Wissen zur Seite steht, der »keine Karten im Spiel hat«, bei dem Sie absolut ehrlich, kurzfristig auch mal schwach und verstört sein können. Reden über Ängste kann Ängste zerstreuen, Perspektiven anzuschauen kann Mut machen. Jede geäußerte Emotion ist ein Schritt, das Leben in die Balance zu bringen.

S. B.

3

Ja. Wir können Zufriedenheit finden

Wir erleben eine Zeit, in der das Glück der Menschen als höchstes Ziel gepriesen wird. Ich finde, Glück ist ein großes Wort. Es ist ein hohes Ziel, jeden Tag glücklich zu sein. Die kleine alltagstaugliche Schwester von Glück ist Zufriedenheit. Ein wunderbares Wort, das wir uns auf der Zunge zergehen lassen sollten. Darin enthalten ist das Wort Frieden. Und das heißt: Seinen Frieden gefunden zu haben, in Frieden zu leben mit sich selbst, mit seinen Mitmenschen, mit seinen Träumen und Wünschen. Zufrieden sein heißt, sich mit seinem Leben angefreundet zu haben. Anzuerkennen, dass vieles geht und manches nicht.

Zufrieden sein bedeutet, nicht mehr in Konjunktiven zu leben, sich von allen »könnte, würde, sollte, wollte, wünschte« zu verabschieden und einfach zu »sein«. Es bedeutet, nicht mit dem Schicksal zu hadern und ständig Erwartungen an andere Menschen zu stellen. Es heißt, den Neid auszuräumen und den Wahn, ganz allein zu wissen, wie »man« zu leben hat. Sondern stattdessen anzuerkennen, dass Leben wild und tänzerisch sein kann, aber auch ruhig und fließend und manchmal sogar bockig und verzwickt.

Lassen Sie uns eine positive Definition von Zufriedenheit versuchen:

▶ Ich bin, wer ich bin.
▶ Ich tue, was ich will.
▶ Ich lebe jetzt.
▶ Ich bin am richtigen Ort.
▶ Ich nehme mein Leben an.

Oder kurz zusammengefasst: Ja. Jetzt. Hier. So!

Gar nicht so einfach, denken Sie jetzt vielleicht. Oder kritische Gedanken machen sich breit: Das klingt so resignierend, hey, man muss doch große Ziele haben! Kann man, muss man aber nicht. Ich selbst musste als Trainerin und Coach mühsam lernen, dass nicht alle Menschen den gleichen Ehrgeiz haben, dass nicht alle Karriere machen oder Millionär werden wollen.

Ich biete seit vielen Jahren Seminare an, in denen Frauen Durchsetzungsstrategien trainieren können. Unter den 30 bis 40 Frauen, die ich zwei Tage lang schule, sind nie mehr als vier oder fünf, die auf Nachfrage angeben, Karriere machen zu wollen. Anfangs war ich entsetzt. Lauter gut ausgebildete Frauen ohne Ehrgeiz? Meine Teilnehmerinnen haben mich Verschiedenes gelehrt:

Erstens: Viele von ihnen haben schon Kinder und haben sich ein gutes Leben organisiert, in dem ihre Arbeit, die sie durchaus gern machen, und ihre Familien einen gleichberechtigten Platz gefunden haben. Für sie ist das Privatleben genauso wichtig wie die Arbeit. Sie beschweren sich nicht über die »Doppelbelastung«, sondern wirken sehr ausgeglichen und zufrieden.

Zweitens: Manche wünschen sich eine Familie. Und sie wollen in ihrem Leben Platz für beides haben. Deshalb ist ihr Ehrgeiz begrenzt. Sie sind zufrieden mit ihrem Job, in dem sie durchaus auch Erfolge haben, streben aber nicht mehr an. Für sie sind Liebe und Beziehung wichtiger als Statussymbole und Topverdienst.

Drittens: Manche Frauen haben sich die Führungskräfte in ihrem Unternehmen sehr aufmerksam angesehen und haben für sich beschlossen, dass sie nicht wie diese leben wollen. Und nicht wie diese werden wollen. Es ist schlicht kein attraktives Ziel.

Viertens: Einige haben erkannt, dass sie in ihren Unternehmen nicht weiterkommen, und haben für sich beschlossen, sich in ihrer Stelle einzurichten. Noch finden sie vielleicht nicht den Mut, sich etwas anderes zu suchen. Aber manche tragen bereits die Ideen für einen Plan B mit sich herum.

Fünftens: Die, die wollen, sind tüchtig, ehrgeizig und auf ihrem Weg. Manchmal zahlen sie einen hohen Preis. Aber das wissen sie auch. Sie sind wissbegierig und dankbar für hilfreiche Strategien. Manchmal werden sie ausgebremst und gehindert weiterzukommen, aber sie geben nicht auf. Sie brauchen Unterstützer und Allianzen, auch mit guten Männern.

Was mir gefällt, ist, dass all diese unterschiedlichen Frauen aus dem Seminar einen Solidaritätsschub mitbekommen. Sie sehen die andere nicht mehr so abwertend an, die ein anderes Lebensmodell für sich gewählt hat. Und sie selbst werden durch den Gedankenaustausch zufriedener mit ihrem eigenen

Leben. Denn sie sehen die Alternativen, und ihnen wird klar, sie selbst wählen den Weg zu Lebensfreude, Erfolg und Glück.

Noch vor einigen Jahren habe ich mich über die Haltung dieser Frauen furchtbar aufgeregt. Habe versucht, ihnen klarzumachen, dass sie doch gefälligst Karriere machen wollen, sollten, dürfen, müssten. Ich finde es immer noch schade, dass viele fähige Frauen nicht in Führungspositionen streben, weil sich dadurch in der Unternehmenskultur so furchtbar wenig verändert.

Aber wer bin ich, ihnen vorschreiben zu wollen, was ihnen ein erfolgreiches Leben beschert? (Ganz unter uns, auch nicht alle Männer machen Karriere.) Erfolg ist mehr als Karriere. Es ist, so eine Definition, die Fähigkeit, Sinn im Tun zu finden. Und Lebens-Tun heißt eben nicht nur, das Bruttosozialprodukt zu steigern. Ja, das ist es auch, und Spaß dabei zu haben, und wichtige Dinge zu entscheiden, und etwas aufzubauen, und etwas zu bewegen, und Werte zu schaffen, und andere zu begeistern und anzuleiten. Lebens-Tun heißt aber gleichberechtigt auch: Kindern Geborgenheit zu bieten, die Liebe zu leben, Freundschaften zu pflegen, sich für andere zu engagieren, positiv in die Gesellschaft zu wirken, auf der Bank vorm Haus zu sitzen.

Wenn ich mir anschaue, was mich selbst zufrieden macht, dann komme ich auf eine fröhliche Liste:

- Wenn meine Kinder sich ab und zu die Zeit nehmen und Lust darauf haben, mit uns zusammenzusitzen und zu erzählen. Ich war selbst jung, ich weiß, dass viele andere Sachen für sie eine höhere Priorität haben.

- Wenn ich eine Arbeit abgeschlossen habe und gutes Feedback bekomme. Ja. Die Anstrengung hat sich gelohnt.
- Wenn ich in der Küche sitze und Muße habe, Zeitung zu lesen. Durchs geöffnete Fenster höre ich die Vögel in den Kastanienbäumen zwitschern.
- Wenn ich an meinen Mann angekuschelt auf dem Sofa sitze, egal ob wir reden, schweigen, Musik hören oder fernsehen.
- Wenn ich an einem Ende unseres Esstisches sitze und etwas erledige und er am anderen Ende seine Arbeit macht. Und wir manchmal Blicke tauschen.
- Wenn mein Mann nicht in meinem Blickfeld ist, aber ich weiß, dass er da ist.
- Wenn ein Auftrag bestätigt wird.
- Wenn durch eine Absage ein freier Tag herausspringt.
- Wenn ich am Schreibtisch sitze und still vor mich hin arbeite.
- Wenn ich auf einer Bühne stehe und merke, wie die Zuhörer mitgehen.
- Wenn ein schöner Zeitungsartikel über mich gedruckt wird.
- Wenn ich in eine Fernsehsendung eingeladen werde.
- Wenn ich nicht eingeladen werde und einen freien Tag habe.

Warum erzähle ich Ihnen von meiner Zufriedenheitsliste? Um Sie neidisch zu machen? Glauben Sie mir, das liegt mir fern. Um meine Dankbarkeit zu zeigen für das schöne Leben, das ich führe? Ja, vielleicht auch. Aber vor allem, weil ich nicht an Rezepte zum Glücklichsein oder zur Zufriedenheit glaube.

Ich kann nichts anfangen mit all jenen Ratgebern, die so tun, als wenn sie wüssten, wie Zufriedensein geht. Nach dem Muster, erstens, zweitens, drittens. »Sie müssen einfach nur …«

Ich glaube an die Macht der Erkenntnis. Wenn Menschen die Geschichten von anderen hören, können sie für sich Zusammenhänge herstellen, nachdenken, auf Ideen kommen, ihre Gefühle anschauen, Erfahrungen abrufen, Resonanz verspüren. Sie können die Geschichten anderer neugierig und kritisch betrachten, ihre eigenen Schlüsse ziehen, Aha-Erlebnisse haben, Parallelen sehen genauso wie Abweichungen. »Ja, sehe ich auch so.« – »Habe ich noch nie so gesehen.« – »Nein, sehe ich ganz anders.«

Ich selbst habe mich in den letzten Jahren von einem anfangs oft unzufriedenen Menschen über einen sehr ehrgeizigen Menschen in einen zufriedenen verwandelt. Ich war vor vielen Jahren noch missgünstig, neidisch, unzufrieden mit meinem Schicksal. Warum hatten die anderen, was ich nicht hatte? Warum hatten es alle leicht und ich so schwer? Warum konnte ich nicht im Lotto gewinnen? Warum konnte ich nicht schlanker, schöner, erfolgreicher sein? Ich fuhr abends mit dem Zug an Häusern vorbei, in deren Küchen man schauen konnte und war neidisch auf die Menschen, die dort im heimeligen Licht zusammensaßen. Ich sah Paare, die innig und lieb miteinander waren, und fühlte mich benachteiligt. Ich sah Kollegen, die Buchauflagen hatten, die meine um ein Vielfaches überstiegen, und fand das gemein. Ich konnte ätzende Bemerkungen über andere machen, um des Triumphs der sich überlegen Fühlenden willen.

In der nächsten Phase, als ich endlich den Zipfel des Erfolgs in den Händen hielt, entwickelte ich einen ungeheuren Ehrgeiz. Ich war streng zu mir und anderen, Disziplin und Strategien bestimmten mein Handeln. Ich schuftete wie ein Pferd, war mehr als 200 Tage im Jahr unterwegs, machte mir einen Namen. Und war glücklich, während ich arbeitete, auf Bühnen, vor Gruppen, im Einzelcoaching. Verdiente richtig viel Geld, konnte mir tolle Reisen und teure Klamotten leisten. Ich erinnere mich noch, wie ich mit meiner ersten teuren Uhr protzen musste (und ein bisschen schäme ich mich dafür). Aber der sehnsuchtsvolle Zug im Herzen blieb. Ein Gefühl der Leere. »Wofür mache ich das alles eigentlich?« Mit diesem Satz schockierte ich Freunde und Mitarbeiter.

Seit ich mich mit mir selbst und meinem Leben ausgesöhnt habe, nachdem ich viel erreicht habe, nehme ich die Dinge, die mir passieren, nicht nur gelassener hin, sondern habe viel mehr Energie, um mein Leben bunter zu gestalten. Ich habe, nach all den »Esels-Jahren« mit viel Last, das Gefühl, dass das Leben mir plötzlich viele Dinge schenkt: Erfolg, Liebe, wunderbare Begegnungen, Erkenntnisse, Ideen, Umkehr, Chancen, Unterstützung, Muße.

Während eines Besuchs auf der Expo in Hannover im Jahr 2000 kam ich zufällig auf der Rückseite des Indien-Pavillons an einer Holzhütte vorbei, in der ein indischer Handleser saß. Magisch angezogen buchte ich eine Sitzung. Der Handleser war ein kleiner zurückhaltender Mann, der Englisch sprach. Seine Hauptaussage, die er ohne irgendeine Frage zu stellen beim Betrachten meiner Hände traf, war diese: »Sie werden mit 55 Jahren auf dem Höhepunkt Ihrer Karriere sein.«

Dieser Satz begleitet mich seither wie eine Prophezeiung, auch wenn ich oft darüber gewitzelt habe. Nun bin ich aber dieses Jahr 56 geworden. Was heißt das für den Rest meines Lebens? Äh, alles vorbei? Absturz? Katastrophe? Pleite? Zurzeit habe ich folgende Gefühle dazu: Das letzte Jahr war wirklich ein Superjahr. Aufträge satt, Presse satt, Anerkennung satt, Erfolge satt. Die Frage, wie soll das noch gesteigert werden? Indem ich doch Bundespräsidentin werde (ehrlich, das habe ich mir lange gewünscht)?

Oder vielleicht muss es beruflich gar nicht mehr in diesem Stil weitergehen, vielleicht ändern sich bei mir einfach die Schwerpunkte? Ich habe 2007 die große Liebe meines Lebens gefunden. Ich möchte Zeit mit Siegfried verbringen, viel Zeit, alle Zeit, nicht nur schuften und reisen und morgens nach dem Aufwachen in einem Hotelbett nicht wissen, in welcher Stadt ich bin. Wir haben gemeinsame Projekte, arbeiten richtig gern zusammen. Und sind uns gegenseitig das Wichtigste auf der Welt. Da wird anderes relativ.

Metamorphose nennt man Veränderungsprozesse, die einen neuen Seinszustand hervorbringen. Und vielleicht komme ich in eine Phase, in der ich einfach zufrieden bin mit dem, was ist, ohne große Ziele, ohne Wahnsinnswünsche, ohne Sehnsucht nach etwas anderem. In der ich annehme, was das Leben bringt, auch die weniger schönen Überraschungen, und nicht mehr neugierig schaue, was kommt. Nach der Definition: Ja. Jetzt, hier, so. Ich bin zufrieden mit dem, was das Leben mir bietet. Und es sind viele schöne Dinge dabei. Die meisten sind unkompliziert und einfach.

Ein Beispiel: Wir sind in unserer Ferienwohnung im Zillertal. Es ist der erste warme Frühlingstag nach einem kalten Winter. Wir sitzen das erste Mal zum Nachmittagskaffee in der kleinen Laube auf unserem Holzbalkon. Als die Sonne untergeht, wird es bald empfindlich kühl. Aber wir wollen nicht hineingehen. Es ist so schön: Der Blick fällt auf das breite Tal und auf die gegenüberliegenden Berge, auf deren Gipfeln noch Schnee liegt, der in den letzten Sonnenstrahlen rosig aufleuchtet. Es ist himmlisch still bis auf das leise Murmeln des Bergbachs, der sich unter der schmelzenden Eisdecke Bahn bricht.

Wir holen uns aus der Stube Decken und Kissen, ziehen uns warm an, kochen Tee und kuscheln uns auf der Bank zusammen. Wir sitzen dort fast zwei Stunden, die Federbetten bis zur Nasenspitze hochgezogen, und erleben, wie die Nacht einbricht, sehen die Sterne nach und nach über uns aufleuchten. Und sind eins mit der Welt. Herz, was begehrst du mehr?
S. A.

4

Ja. Wir können durch Verlieren gewinnen

Ganz viele Menschen haben es jahrelang geradezu für ihre Pflicht gehalten, ihnen anvertrautes oder eigenes Geld zu mehren. Deshalb mag ich das Gerede von der Gier nicht mehr hören. Das Gierwort kommt von Rechthabern, von Hinter-her-alles-Erklärern und »Ich-habe-es-ja-immer-schon-gesagt«-Sagern. Okay, die Party ist over, wir haben gelernt. Lassen Sie uns Ursachenforschung betreiben, denn aus Schaden wollen wir klug werden – was in der Finanzkrise Ursache war, gibt uns vielleicht auch Auskünfte über den Antrieb anderer Verwerfungen. Gier war es nicht (ein gewisser Anteil von Gier war dabei, aber die Ursachen liegen woanders).

Es war ein Rausch. Es war Meditation. Es war Glückssuche – genau auf der zweiten Glücksstufe, die Martin Seligman nennt. Die Finanzmenschen haben sich mit ihren Signaturstärken im Flow von einer Tätigkeit selbstvergessen absorbieren lassen. Diesen Glückssuchern waren die Summen, um die es ging, im Grunde genommen und während sie an der Börse auf Rouge und Noir und alle Nuancen dazwischen gesetzt haben, gleichgültig. Sie waren Künstler, wie Maler und Musiker, ihr Publikum hat ihnen applaudiert – bis es gemerkt hat, dass ihr Kunstwerk Blendwerk war.

Aber es gibt solche Menschen, die blind tun, was sie tun. Und ich bin froh, dass sie nicht mit Waffen in der Hand, sondern »nur« mit Zahlen Amok gelaufen sind.

Es waren oft kranke Menschen, das wird gern vergessen – nein, nicht geisteskrank, sondern (eine der wenigen Studien über sie zeigt es) es waren und sind fast alle

▶ junge Männer im besten Mannesalter zwischen 22 und 32 Jahren – also hoch testosterongesteuert mit nicht hinterfragter Risikobereitschaft;

▶ sie arbeiten 10 bis 12 Stunden am Tag, manchmal mehr, hoch gestresst, und Stress erzeugt Kontrollverlust;

▶ sie gehen oft auch dann noch zur Arbeit, wenn sie eigentlich krank zu Hause bleiben müssten;

▶ die am meisten verdienenden Broker bekommen am wenigsten Schlaf, und

▶ 60 Prozent waren depressiv – sie haben deutliche Symptome gezeigt: von Burn-out zum Beispiel, der überspielt wurde durch Angst und Lust am Zocken; oder sie hatten die klinische Diagnose »depressiv« bereits bekommen.

Solch Depressiven vertrauen wir unser Geld und die Macht über unsere Arbeitsplätze an. Depressiv sein heißt u.a.: Mangel an Realitätssinn, Kreativität und damit mangelhafte Anpassung an neue Situationen (und Marktbedingungen).

Einer der Ersten war jener Nick Leeson, der 1995 im Alter von nur 28 Jahren Milliarden verzockt und eine Traditionsbank, die Barings Bank, pulverisiert hat. Sehr genau analysiert hat diesen Fall damals der Psychologe Professor Dieter Frey von der Ludwig-Maximilians-Universität München. Sein Fazit: Das Geschehen an den Finanzmärkten heute hat mehr mit Psychologie als mit Ökonomie zu tun. Frey sagte damals:

Katastrophen an den Finanzmärkten müssen als normal gelten, weil die Akteure auf den Finanzmärkten eben nicht nach ökonomischen, sondern nach psychologischen Gesetzmäßigkeiten handeln. Die Barings Bank erlitt nicht deshalb Konkurs, weil Nick Leeson und seine Kollegen von heute auf morgen den Verstand verloren hatten, sondern heute das getan haben, was gestern noch erfolgreich war.

Finanzmakler funktionieren nach dem allgemein menschlichen Verhaltensgesetz der »gelernten Sorglosigkeit«: Ohne großen Aufwand erzielte Erfolge und gefährliche Verhaltensweisen, die zunächst keine negativen Folgen nach sich ziehen, führen zu sorgloser Risikoverleugnung. Damit ist der Grundstein für spätere Krisen und Katastrophen gelegt.

Solches Verhalten entsteht also gerade nicht unter Missachtung der Spielregeln der Finanzmärkte, sondern wird dort systematisch gelernt und fast immer belohnt – außer es kommt mal zur Krise.

Psychologische Gesetzmäßigkeiten, so Professor Frey, erklären auch, warum ökonomische Finanzmarkttheorien oft versagen: Die ökonomischen Theorien und Modelle berücksichtigten nicht, dass Kurse, Preise und Entwicklungen viel mehr über die Gedanken und Gefühle von Menschen als über ihr Finanzverhalten verraten.

Frey hat inzwischen auf diesem Gebiet weitergeforscht. Sieben Faktoren hat er isoliert, die in jenen Personen und Gruppen wirkmächtig waren, die unsere ehemals heil erscheinende Welt in die Weltfinanzkrise getrieben haben.[5] Vordergründig haben Faktoren wie falsche Anreizsysteme, mangelnde Transparenz und unzureichende Rahmenordnungen zur Katastrophe geführt. Wirksam werden aber konnten sie nur vor dem Hintergrund von folgenden seelischen Mechanismen:

1. *Gewinnstreben*
▶ Geld möglichst profitabel anlegen;
▶ Risiken ignorieren;
▶ hohe Bonuszahlungen bei Erfolg (gleichgültig wie riskant das Geschäft war).

2. *Kurzfristiges Denken*
▶ Sich durch rasche Erfolge rasch bestärkt fühlen;
▶ Quartalsdenken – ohne Rücksicht auf die Langzeitfolgen des Handelns – als ob Menschen, natürliche Ressourcen oder die Umwelt zerstört werden. Oder das Finanzmarktsystem, das mit absurd hohen Beträgen subventioniert werden muss. (Bescheidene Zwischenfrage: Woher holen sich Regierungen die vielen Milliarden? Etwa bei den Banken, die sie mit eben jenen Milliarden subventionieren?)

3. *Gelernte Sorglosigkeit*
Erfolgreiches Verhalten reduziert die Fähigkeit und Motivation, Gefahrensignale zu beachten, und nährt den Glauben, auch hochgefährliche Entwicklungen noch im Griff zu haben. Verluste erinnern an frühere Gewinne und werden nicht als Warnzeichen gewertet, sondern als Herausforde-

rung, die ehemals erfolgreichen Wege weiterzugehen. Und auch das Risiko zu erhöhen.

4. *Herdentrieb*
Wenn andere mehr Erfolg haben als man selbst, werden deren Strategien übernommen.

5. *Gruppendenken*
Entscheidungen werden oft in Gruppen getroffen. Gruppenprozesse erzeugen Konformitätsdruck, kritisches Denken ist verpönt. Der Korpsgeist verstärkt das Gefühl der Unfehlbarkeit und Unanfechtbarkeit.

6. *Verantwortungsdiffusion und pluralistische Ignoranz*
Im Börsengeschäft spielen so viele Akteure mit (Banker, Aufsichtsgremien, Investmentbanken, Notenbanken, Behörden), dass sich niemand wirklich verantwortlich fühlt.

7. *Verdrängung von Inkompetenzgefühlen*
Nur wenige Investmentbanker, Verkäufer, Berater oder Kunden haben die »Bankprodukte« wirklich verstanden, viele waren aber zu schüchtern, ihr Nichtwissen zu offenbaren.

Werden wir in Zukunft besser geschützt sein? Professor Frey bezweifelt das. »Dass kaum einer der Akteure nun persönlich haften muss und zur Verantwortung gezogen wird, ist psychologisch eine fatale Botschaft. Damit sind im Grunde die nächsten Missbrauchsszenarien – sie werden anders aussehen und andere Schwerpunkte haben – schon vorprogrammiert.«

Frey fordert von Politik und Gesellschaft klare Spielregeln und Rahmenbedingungen »für ein vernünftiges Wirtschaften und einen verantwortungsvollen Umgang mit den Ressourcen von Mensch und Umwelt«.

Der Segen der jetzigen Weltfinanzkrise könnte darin liegen, dass es »zu einer neuen, koordinierten und globalen Finanzordnung« kommt. Oder dass Menschen mit Geld nichts kaufen, was sie nicht verstehen.

Eine Prise männlichen Humors gefällig? Kennen Sie das Mantra der Neokonservativen? Es beginnt mit dem bekannten »Om mani padme hum«, dem großen tibetischen Mantra, und dann wird jeweils die letzte Silbe weggelassen. Bitte murmeln Sie mit:

Om mani padme hum
Om mani padme
Om mani pad
Oh Money

S. B.

5

Ja. Wir können uns gute Gesellschaft aussuchen

Klar, dass in Zeiten, in denen die Zukunft der Arbeit und des Wohlstandes immer brüchiger wird, das Zusammensein mit Menschen immer wichtiger wird. Und das heißt: Zusammenhalten, zusammenhelfen, sich solidarisieren. Menschen brauchen Menschen um sich herum, die sie mögen. Und die sie mögen.

Wir haben in Europa in den letzten 30 Jahren den Trend zur Individualisierung erlebt. Familien wurden auseinandergerissen, weil die Chancen, aber auch die Zwänge zur Mobilität immer stärker wurden. Das galt für Manager, die vorankommen wollten und damit selbstverständlich bereit sein mussten, alle zwei, drei Jahre ihren Wohnort zu wechseln.

Das galt für junge Menschen, die in ihrem Beruf in Deutschland keine Anstellung fanden. Das galt in besonderem Maße aber auch für Menschen in den neuen Bundesländern, die nach der Wende ihre Arbeitsplätze verloren und sich im Westen, in Norwegen oder Österreich einen neuen Job gesucht haben.

Ja, vielleicht sollten wir uns in dieser Krise daran erinnern, dass Mitbürger von uns schon vor 25 Jahren eine gewaltige Krise erlebt und gemeistert haben. Die Bürger der DDR haben nicht nur ihre ungeliebte Regierung, den oft ungeliebten Staat, den Arbeitsplatz, sondern mit der Vereinigung auch einen Teil ihrer Identität verloren. Fragen Sie doch mal Ihre thüringische Kollegin, den sächsischen Kollegen, wie das »damals« war. Was ich immer wieder aus den Erzählungen heraushöre: wie stark die Verbindung zu »ihren Leuten« noch ist, auch bei jungen Menschen, die nach der Wende aufgewachsen sind. Das »kleine Glück« liegt immer noch oft in der Familie, im Heimatort, mit den alten Freunden. Egal, wohin die Arbeitsplatzsuche einen verschlagen hat.

Eine 29-Jährige hat mir neulich im Gespräch gesagt: »Woher sollen wir denn wissen, was die Zukunft bringt? Niemand kann doch sagen, was kommen wird. Was richtig und was falsch sein wird. Ob man jetzt noch ein Kind bekommen sollte oder besser abwartet. Ob man Geld anlegen soll, und wenn ja, wie? Aktien? Immobilien? Oder gleich unter die Matratze legen?«

Ich fürchte, niemand kann dieser jungen Frau, dieser Generation sagen, was richtig und falsch ist. Denn niemand, ich nicht, Sie nicht und leider auch nicht die »Experten« können sagen, was wird – nicht zur globalen Krise, nicht zu Umweltveränderungen.

Ich habe der jungen Frau gesagt, ich glaube, es gibt keine Patentrezepte. Aber ich kann ihr erzählen, was ich heute, in dieser Situation, wenn ich 29 wäre, tun würde:

- Ich hätte keine Angst, Kinder zu bekommen. Kinder sind immer geboren worden in schwierigen Zeiten, in schwierigen Situationen – wenn unsere Vorfahren im Mittelalter, als die Pest grassierte, entschieden hätten, in diese harten Zeiten keine Kinder in die Welt zu setzen, wären wir nicht da. Wenn ich 29 wäre, würde ich bald Kinder bekommen wollen. Ich habe meine beiden Kinder übrigens in Zeiten bekommen, die alles andere als perfekt waren. Und es wäre so schade, wenn ich sie deshalb nicht bekommen hätte (mehr dazu im nächsten Kapitel).

- Ich würde mir die Welt ganz genau anschauen und darüber nachdenken, wo und als was ich arbeiten könnte. Ich würde auf jeden Fall mein Englisch trainieren und wahrscheinlich Spanisch (oder vielleicht doch Chinesisch?) lernen. Ich würde mich mit dem Gedanken vertraut machen, dass sich die Situation drehen und mehr Deutsche woanders als Gastarbeiter arbeiten werden. Ich würde ja mit 29 einer Generation angehören, die MTV-geschult und Erasmusprogramm-gewöhnt ist. Das heißt, ich wäre weitaus mehr Kosmopolitin als die Elterngeneration. Ich würde mir genau anschauen, was ich eigentlich kann, was die Welt braucht. (Und ich würde die polnische Pflegekraft meines Großvaters oder den rumänischen Schreiner, der den Dachausbau bei den Nachbarn macht, fragen, warum sie ihre Heimat verlassen haben und wie es ist, im fremden Land sein Geld zu verdienen.) Ich würde neugierig auf die Veränderungen sein. Und mich sehr gut informieren.

- Ich würde mich mit meinen Freunden zusammensetzen und überlegen, gemeinsam einen alten Bauernhof zu kaufen.

Groß genug, dass alle zusammen dort wohnen könnten. Mit etwas Land ringsherum für einen großen Garten mit vielen Obstbäumen. Ich würde alles Geld, was wir zusammenbekämen, in den Kauf investieren. Entweder die Zeiten werden wirklich hart, und wir wären froh, dort zusammen leben zu können und uns selbst zu versorgen (worst case), oder die Zeiten werden wieder besser, und wir und unsere Freunde könnten mit unseren fröhlichen Kindern regelmäßig Urlaub auf dem Lande machen (best case).

▶ Ich würde darauf vertrauen, dass ein Leben ohne Sushi und Caipirinha, ohne Muckibude und Arkaden-Shopping auch ein schönes Leben sein kann. Dass die Entdeckung der Einfachheit ein Schatz ist, den es zu heben gilt. Dass die Welt groß und bunt ist, und dass ein Staat wie die USA auch dadurch entstanden ist, weil es in Europa schwere Zeiten gegeben hat.

▶ Ich würde darauf vertrauen, dass Glaube, Liebe und Hoffnung niemals aufhören. Das haben die wirklich großen Krisen der letzten 100 Jahre, nämlich die zwei Weltkriege, gezeigt.

▶ Und ich würde da anfangen, noch glücklicher, fröhlicher, aufgeschlossener und leichter zu leben, wo ich selbst Gestaltungsmöglichkeiten habe, nämlich in meinem Mikrokosmos, der »das kleine Glück« heißt.

Wenn ich heute 29 Jahre alt wäre:

- Ich würde Menschen sagen, wenn ich sie mag und mehr Kontakt mit ihnen haben will.
- Ich würde Menschen absagen, die mich zu Festen einladen, die mich zu Tode langweilen.
- Ich würde das lernen, worauf ich Lust hätte. Und ich würde lernen, was ich bisher versäumt habe zu lernen.
- Ich würde mir einen Job suchen, der eine Herausforderung wäre.
- Ich würde sagen, was ich will und was mich stört. In der Liebe, in der Familie, in der Freundschaft, im Beruf.
- Ich würde Kinder haben wollen.
- Ich würde mich engagieren in dem Bereich, in dem ich Sinnvolles bewegen will.
- Ich würde mich aus dem Sog von Fernseher und Computer befreien und Gemeinschaft suchen.
- Ich würde den Sport machen, der mir Spaß macht. Ich würde mehr improvisieren und weniger planen.
- Ich würde Fehler machen und daraus lernen.
- Ich würde das Leben an dem Tag leben, an dem ich lebe, das heißt, jeden Tag.
- Ich würde alles für möglich halten und alles neugierig erwarten.
- Ich würde Menschen entgegentreten, die die Angst von Menschen ausbeuten wollen.
- Ich würde mähen, auch wenn es meine letzte Stunde wäre (wie der heilige Franziskus).

Das Wunderbarste an dieser Liste ist: Sie gilt nicht nur für 29-Jährige (na ja, mit dem Kinderkriegen wird es bei mir wohl nichts mehr). Aber das, was wir anderen sagen, wirkt Gott sei Dank auch oft nach innen. Im Prinzip sage ich es mir selbst: Sei offen für das, was kommt, erstarre nicht in der Angst vor dem Bedrohlichen. Geh von allen möglichen Variationen der Zukunft aus und finde deinen Platz bei dir und deinen Liebsten.

Ich habe einmal in der *Emotion*[6] in einem Interview mit dem 71-jährigen Dustin Hofmann die schönen Sätze gelesen: »Meine Frau Lisa und ich sind jetzt schon fast 30 Jahre verheiratet. Sex mit ihr macht mich von der Haarwurzel bis zu den Zehenspitzen glücklich. Liebemachen ist, wenn man so will, mein Lebenselixier. Was ist dagegen schon so etwas wie Ruhm? Ich habe viele Preise und Ehrungen bekommen, darunter zwei Oscars. Das ist natürlich schön. Und ich habe auch Filme gedreht, auf die ich stolz bin … Aber was wirklich zählt, ist ein erfülltes, glückliches Leben – und das hast du nur mit Menschen.«

S. A.

6

Ja. Wir können Kinder als Schatz sehen

Erinnern Sie sich noch an den kleinen Knut? War der nicht süß? Unser Herz ging auf, wenn er durch die Bären-Baby-Stube tapste. Nein, wie er die Milch aus der Nuckelflasche getrunken hat. Wie niedlich! Und die kleine Flocke. Putzig!

Menschen, deren Herz nur bei süßen Tierbabys aufgeht, machen mir Angst. Ich wünsche mir, dass Menschen das Herz genauso aufgeht, wenn die Nachbarskinder im Hof spielen oder wenn eine Mutter mit ihrem Kinderwagen eine Treppe hinauf muss. Ich wünsche mir, dass Menschen sich für Kinder verantwortlich fühlen, egal ob es ihre eigenen oder Kinder von anderen sind – ob die Kinder blond sind, oder ob schwarze Locken ein kleines braunes Gesicht umrahmen. Kinder sind ein Geschenk, und sie sind Reichtum für eine Familie, aber auch für eine Gesellschaft.

Es macht Sinn, sich für Kinderfreundlichkeit einzusetzen: für Lena und Johannes, Aische und Mehmet, Jonas und Miriam, Etienne und Helen, Mandy und Mike, Lin und Sun. Kinder, die Chancen bekommen, sind die Zukunft eines Landes.

In München gibt es eine Vereinigung von Menschen, die einmal oder mehrmals in der Woche nachmittags freiwillig und ehrenamtlich in Schulen oder Horte gehen und Kindern vorlesen, der »Lesefüchse e. V.«. Diese rund 600 Menschen haben Freude daran zu lesen und vorzulesen, sie haben aber auch Freude daran zu erleben, wie Kinder sich darüber freuen, wenn sie vorgelesen bekommen. Und diese Menschen, überwiegend Rentner und Rentnerinnen, erleben manchmal sogar, wie die Kinder in der Schule einen tüchtigen Schub bekommen, weil ihnen die Sprache vertraut wird und sie Freude an der Sprache entwickeln.

Das Paradies steckt nicht nur im Rückzug, sondern es steckt auch im Sich-Öffnen, Sich-Engagieren, Sich-Austauschen, Sich-dankbar-Zeigen und im Etwas-von-dem-Zurückgeben, was wir selbst im Leben bekommen haben. Der Luxus der Einfachheit steckt auch im *einfach Tun!*

S. A.

7

Ja. Wir können uns Mut und Hoffnung machen

Hoffnung – das Wort sagt jedem etwas, aber es sagt nicht jedem Menschen dasselbe. Hoffnung hat viele Bedeutungen:

- Illusion, die eine missliche Gegenwart in erfreuliche Gedanken über die Zukunft verwandelt;
- das gute Gefühl die Zukunft betreffend – so in dem Sinne »beim nächsten Mann, beim nächsten Job wird alles besser«;
- eine Selbstprogrammierung auf positives Denken;
- oder ein Lebensprinzip, das vor Resignation schützt?

Hoffnung ist mehr als nur positiv denken

Was Hoffnung ist, weiß kaum jemand so richtig zu sagen. Kein Wunder also, dass so viele Menschen ohne Hoffnung leben. Aber es gibt einen Wissenschaftler, der weiß, wie Hoffnung Ihr Leben bereichern kann, ein amerikanischer Psychologe, Professor C. R. Snyder[7] von der University of Kansas. Er hat vor mehr als 20 Jahren darüber zu forschen begonnen, als er gemerkt hat, dass auch Psychologen nicht wirklich wissen, was Hoffnung ist und woher wir sie bekommen.

Snyder hat erst einmal sehr viele Menschen danach gefragt, was Hoffnung für sie bedeutet. Er fand: Jeder Mensch hat Hoffnungen, aber es gibt eine bestimmte Gruppe, in deren Leben Hoffnung die zentrale Rolle spielt.

Diese Menschen belassen es nicht bei platten Redewendungen wie »Alles wird gut« oder »Prinzip Hoffnung« oder »positiv denken«. Gehören Sie zu diesen Menschen, die Snyder »High Hoper« genannt hat? Es sind die intensiv und erfolgreich Hoffenden. Falls Sie im Zweifel sind: Hier ist eine Beschreibung dieser Menschen. Und von ihnen können Sie lernen, wie aus Hoffnung Erfolg wird.

So erreichen Sie Ihre Ziele: 8 Tipps für mehr Hoffnung

Tipp 1: Hoffnung ist verbunden mit klar umrissenen Zielen. Nur wenn Sie Ziele haben, werden Sie frei von Wunschdenken, Realitätsverleugnung oder Selbsttäuschung. Sie wissen dann, worauf Sie hoffen. Schreiben Sie sich ein Ziel, das Sie erreichen wollen, auf. Ganz konkret. Nicht: »Nie wieder Schulden haben«, sondern: »Ich will jeden Tag zehn Euro sparen – im Monat also 300 Euro.«

Tipp 2: Nur in klar umrissene Ziele sollten Sie Ihre Energie investieren. Energie muss in Bahnen gelenkt werden, sonst verpufft sie.

Tipp 3: Hoffnung lenkt Ihre Energie, wenn Sie über den Weg zum Ziel nachdenken. Schreiben Sie alle Ideen auf, wie Sie pro Tag zehn Euro zur Seite legen können. Beispiele: im Café nur noch ein Stück Kuchen; Strecken, die kürzer als ein Kilometer sind, zu Fuß gehen, um Benzin zu sparen …

Tipp 4: Konzentrieren Sie sich dann allein auf den ersten Schritt eines möglicherweise langen Weges zum Ziel.

Tipp 5: Wenn der erste Schritt gemacht ist, prüfen Sie, bevor Sie Schritt zwei machen, ob Ihr Ziel noch richtig ist, oder ob es ein besseres Ziel gibt.

Tipp 6: Prüfen Sie auch, bevor Sie Schritt zwei machen, ob Ihr Weg noch richtig ist, oder ob es einen besseren Weg gibt.

Tipp 7: Prüfen Sie zudem, ob es eine Abkürzung auf dem Weg zum Ziel gibt.

Tipp 8: Mobilisieren Sie dann alle Intelligenz und Kreativität, um herauszufinden, welcher Schritt als zweiter kommt.

Hoffnung führt zu Selbstvertrauen: Mir-selbst-Vertrauen

Wer in der beschriebenen Weise hofft, hat nicht nur ein verschwommenes Gefühl »Alles wird gut«, sondern ER oder SIE entwickelt Selbstvertrauen – konkreter noch: ein Sich-selbst-Vertrauen. Das bedeutet:

▶ Ich kann mich vielleicht auf nichts und niemand verlassen, wohl aber auf mich selbst. Ich kann darauf bauen und vertrauen, dass ich mein Bestes gebe.

- Ich sehe den Tatsachen ins Auge, auch wenn sie negativ sind. Gerade dann!
- Jedes Hindernis, jeder Stolperstein auf meinem Weg ärgert mich, frustriert mich, macht mich aggressiv oder traurig. Da bin ich wie jeder andere Mensch – aber da bleibe ich nicht lange. Denn:
- Jedes Hindernis gibt mir die Chance, neu zu überlegen, ob mein Ziel richtig ist, ob mein Weg richtig ist – und vor allem: ob es nicht einen Umweg gibt oder gar eine Abkürzung.

Wenn Menschen starke Hoffnung in das Erreichen eines Zieles setzen und es nicht beim Ausmalen einer angenehmeren Zukunft bewenden lassen, finden sie einen gangbaren Weg zu ihren Zielen. Und dieser Nutzen der Hoffnung beginnt sich bei den »High Hopers« schon früh zu zeigen:

- Sie bekommen bereits als Grundschüler bessere Noten als Altersgenossen ohne Hoffnung oder mit diffusen Erfolgsillusionen;
- dieser Notenvorsprung hält die gesamte Schulzeit und auch während des Studiums an;
- und »High Hoper« brechen ihr Studium seltener ab.
- Hoffnung heißt: erreichbare Ziele und gangbare Wege.
- Im Sport und Leistungssport – auch das haben Untersuchungen ergeben – hängen die Leistungsunterschiede etwa zur Hälfte mit dem Faktor »Hoffnung« zusammen.
- Hoffnung fördert die Genesung auch bei schweren Krankheiten, denn Hoffnung hilft bei der Verarbeitung von Schmerzen, Verletzungen und Behinderungen.

▶ Hoffnung fördert ebenfalls die Vorbeugung von Krankheiten, denn wer klare Ziele und auch klare Wege zum Ziel erkennt oder genannt bekommt, geht achtsamer mit der eigenen Gesundheit um. Solche Menschen sind zum Beispiel sehr viel eher bereit, Informationen über Risiken und Nebenwirkungen ihres Lebensstils nicht länger zu verdrängen, sondern an sich heranzulassen.

Wer mehr Hoffnung hat, lässt sich zudem seltener »hängen« und ist deshalb nicht nur in körperlich-gesundheitlich schwierigen Situationen besser dran, sondern sucht auch bei Krisen die beste Hilfe, die es gibt: Unterstützung durch andere Menschen. Wer Hoffnung hat – also erreichbare Ziele und gangbare Wege –, scheint für viele, wenn nicht für alle Herausforderungen des Lebens gut gerüstet zu sein. Erfolge stellen sich für »High Hoper« ein, wo Menschen mit weniger Hoffnung blockiert sind oder von sich aus blocken. Und Erfolge sind ein Nährboden für – was wohl? Für noch mehr Hoffnung.
S. B.

8

Ja. Wir können
die Balance finden

Psychologen beobachten in Krisenzeiten einen Rückzug ins Private. Menschen erleben eine große Hilflosigkeit bei globalen Veränderungen und ziehen sich auf ihr »kleines Glück« zurück. Ich finde das sehr verständlich und habe einen prominenten Fürsprecher: Nach einer Legende war der heilige Franziskus mal beim Mähen, als er von Vorbeigehenden gefragt wurde, was er tun würde, wenn er wüsste, dass er am nächsten Tag sterben würde. »Weitermähen« soll er gesagt haben. Weiterleben heißt die Übersetzung für uns heute. Und neugierig nach vorne schauen.

Seit Jahren zitiere ich Amy Tan, eine amerikanische Schriftstellerin, die einmal geschrieben hat: »Wenn du dein Schicksal nicht ändern kannst, dann ändere deine Einstellung.« Darin sind zwei Botschaften enthalten: 1. Verändere, was dich stört und was sich verändern lässt. 2. Nimm an, was sich nicht verändern lässt oder was du nicht verändern willst. Aber dann entwickle eine hilfreiche Einstellung dazu.

Ich bin ein politischer Mensch, mich interessiert, was in

der Welt geschieht, und ich bilde mir eine Meinung dazu. Ich bin überzeugt davon, dass der Mensch, der selbstbestimmt lebt, politisch handeln kann. Wer sich in seiner kleinen Welt gelähmt fühlt, kann auch in der großen wenig ausrichten. Ich glaube als Ex-Betriebsrätin und Ex-Partei-Unterbezirksvorstandsmitglied nicht mehr an die Kraft des einen Vorstoßes, des universellen Schlachtrufes. Ich glaube aber an die Veränderungskraft der Einzelnen, glaube an »Schwarmintelligenz«. Sprich, die vielen Individuen sind schneller und effektiver im Handeln als die eine große Maschine.

Wenn die Welt kein Paradies ist, und das wird sie wohl auf absehbare Zeit nicht werden, dann lasst uns kleine Paradiese bauen. Wie diese aussehen, ist Gott sei Dank individuell sehr verschieden. Da steht gleichberechtigt das Ferienhaus in Phuket (Thailand) neben der Laube im eigenen (Schreber-) Garten. Der Familienzusammenhalt gleichberechtigt neben dem Großereignis im Stadion. Das Wochenende am Schreibtisch neben dem Wochenende am See. Wenn ich in Coachings nachfrage, wovon Menschen träumen, sind das meist wesentlich einfachere Dinge, als wir oft glauben: Einen liebevollen Partner haben, sagen sie oft, mehr Zeit für die Familie. Zeit für mich.

Es gibt kein Richtig und Falsch in Sachen private Paradiese, kein Besser oder Schlechter. Es gibt die Sehnsucht des Menschen nach Ankommen, Bei-sich-Ankommen. Allein oder zusammen mit anderen. Nach den eigenen Möglichkeiten und den eigenen Träumen.

Nein, ich glaube nicht an das Bekenntnis meiner evangelischen Vorfahren: Und wenn das Leben gut gewesen ist, dann ist es Mühe und Arbeit gewesen. Ich glaube nicht an die protestantische Arbeitsethik, dass man sich im Leben schinden und schuften muss, um im Jenseits einen Sitzplatz ganz vorn zu bekommen. Ich glaube an das Glück im Leben, hier und jetzt. An die Abwechslung von Anstrengung und Entspannung, von Annehmen und Loslassen. Johann Wolfgang von Goethe hat im »Schatzgräber« so meisterlich gedichtet:

Arm am Beutel, krank am Herzen,
Schleppt ich meine langen Tage.
Armut ist die größte Plage,
Reichtum ist das höchste Gut!
Um zu enden meine Schmerzen,
Ging ich einen Schatz zu graben.
Meine Seele sollst du haben!
Schrieb ich hin mit eignem Blut.

Und so zog ich Kreis um Kreise,
Stellte wunderbare Flammen,
Kraut und Knochenwerk zusammen:
Die Beschwörung war vollbracht.
Und auf die gelehrte Weise
Grub ich nach dem alten Schatze
Auf dem angezeigten Platze;
Schwarz und stürmisch war die Nacht.

Und ich sah ein Licht von weitem,
Und es kam gleich einem Sterne,
Hinten aus der fernsten Ferne.

Eben als es zwölfe schlug.
Und da galt kein Vorbereiten:
Heller ward's mit einem Male
Von dem Glanz der vollen Schale,
Die ein schöner Knabe trug.

Holde Augen sah ich blinken
Unter dichtem Blumenkranze;
In des Trankes Himmelsglanze
Trat er in den Kreis herein.
Und er hieß mich freundlich trinken,
Und ich dacht: es kann der Knabe
Mit der schönen lichten Gabe
Wahrlich nicht der Böse sein.

Trinke Mut des reinen Lebens!
Dann verstehst du die Belehrung,
Kommst, mit ängstlicher Beschwörung,
Nicht zurück an diesen Ort.
Grabe hier nicht mehr vergebens!
Tages Arbeit, abends Gäste!
Saure Wochen, frohe Feste!
Sei dein künftig Zauberwort.[8]

Da ist also einer auf der Suche nach dem ewigen Reichtum, um die Botschaft gebracht zu bekommen: Tages Arbeit, abends Gäste, saure Wochen, frohe Feste. Es ist das Gedicht gegen die Gier nach plötzlichem Reichtum, ohne eigene Arbeit, ohne selbst Werte zu schaffen. Was bringt also Glück in dein Leben und Wohlgefühl und Zufriedenheit? Die gute Balance: eine Arbeit, die dich ausfüllt. Und Zusammensein mit Menschen, mit denen du Spaß hast. Heutzutage nennt man das, was Goethe so wunderbar beschreibt, Work-Life-Balance.

S. A.

9

Ja. Wir können zornig werden

Im Frühjahr 2008 hat uns ein eigenartiges Gefühl beschlichen. »Es ist was faul im Staat.« Irgendwas war anders. Die Menschen haben über Geld geredet ... noch mehr als sonst, aber die finanzpolitische Nestwärme hat irgendwie gefehlt.

Atemlos, ruhelos waren die Gespräche. Jeder wusste einen Weg, einen Trick, einen Tipp zu etwas mehr Vermögen. Die trockenste Materie überhaupt, die Börsenkurse, bekam einen Premiumplatz in den Nachrichten. »Ja, unser Dax, was hat er denn heute bloß wieder alles angestellt?! Und das noch im Vergleich zum Pfund, zum Dollar und Yen!« Onkel Paul hat gelernt, was ein Bärenmarkt ist: Das ist, wenn die Kurse nach unten gedrückt wurden – und beim Bullenmarkt ging's mit den Kursen nach oben. Aber eigenartig: Ob hoch oder runter, verdient wurde immer.

Heute weiß jeder: Es war Bullshit. Und Bearshit.

»Die Geldzauberer« (*Süddeutsche Zeitung*) der amerikanischen Elite-Universitäten haben himmelhochjauchzende Profite erwirtschaftet. »Im vergangenen Geschäftsjahr brachte es David Swensen, Leiter der Yale-Stiftung, auf eine Rendite von

28 Prozent.« In einem Jahr 28 Prozent plus! Amherst College: 27,8 Prozent. Harvard, die reichste US-Uni, kam auf »nur« 23. Über 25 Prozent und dicht unter Yale und Amherst hingegen lagen Notre Dame, Duke University, University of Michigan, University of Virginia und die Northwestern University.

Hey, das sind doch die Unis, an denen die Wirtschaftsgurus lehren und die Top-Business-People von ihnen lernen. Mehr als 20 Prozent im Jahr – super!

Im November 2008 melden die Börsenexperten von Bloomberg, die Universität Harvard stehe offenbar vor »noch nie da gewesenen« Verlusten. Als Erklärung verweist Harvard-Präsidentin Drew Faust in einem Brief an Professoren, Studenten und Mitarbeiter »auf die weltweite Finanzkrise«. Und diese Worte sind Anlass, mit der Faust auf den Tisch zu hauen. Die ökonomischen Superhirne, die Am-laufenden-Band-Wirtschaftsnobelpreis-Produzenten haben nicht den Mumm zu sagen: »Wir sind nicht so klug, wie wir gedacht haben«, sondern sie verweisen auf eine Art Naturereignis – genannt »die weltweite Finanzkrise«.

Habe nun ach, Ökonomie
Flickschusterei und Voodoo-Medizin
… durchaus studiert mit heißem Bemüh'n
da steh ich nun, ich armer Tor,
und bin so klug als wie zuvor …

so sagt's Goethes Faust.

Die Universität von Georgia – so der Wirtschaftsdienst Bloomberg – hat aufgrund von Börsenverlusten »die Abonnements von mindestens 600 wissenschaftlichen Zeitschriften abbestellt«, die Cornell University hat »einen Stopp für neue Bauprojekte verhängt und stellt außer Lehrkräften keine neuen Mitarbeiter mehr ein«.

Selbstverständlich kommt es auf den Anstand des Einzelnen an. Aber erst wenn viele Einzelne eine kritische Masse gebildet haben, kann sich am System etwas ändern. Das Erstaunliche und so schwer Verständliche an der Krise ist: Keiner hat Schuld! Es gibt in diesem Schurkenstück keinen Gert Fröbe, keinen »Mr Goldfinger« –, und wenn James Blond-und-Blauäugig den zur Strecke gebracht hat, tut's nicht mehr weh – denn dann ist sicher: »Alles wird gut.«

Nix wird gut!

Neben ein paar Gaunern, einigen unseriösen Spekulanten, gibt es keine Schuldigen. Die Ursache ist, so haben wir es gelernt, systemisch. Und wenn systemisch, dann muss das System verändert werden. Basta! Aber welches System?

Das Steuersystem? Das Bankensystem? Das Bankenaufsichtssystem? Das Finanzsystem? Das Finanzaufsichtssystem? Das Wirtschaftssystem? Das Weltwirtschaftssystem?

Alles prima.

Dann sollen die Mädels und Jungs aus Harvard und Münsterschwarzach mal Papier und Bleistift, ihre Legosteine und Bauklötze, ihre Handys und Laptops und unglaublich viel Geld in die Hand nehmen und eine Lösung vorbereiten. Gelöst werden aber muss das Problem, das durch die Finanzprobleme vernebelt wird: das Ökologieproblem, das Klimaproblem.

Noch ist Zeit. Aber es gelten die Worte von

- **Arno Gruen:** Normal ist, wer an dieser Welt verrückt wird.
- **Mark Twain:** Als Gott den Menschen erschuf, war er bereits müde; das erklärt manches … Wenn wir bedenken, dass wir alle verrückt sind, ist das Leben erklärt … Der Mensch ist das einzige Lebewesen, das erröten kann. Es ist aber auch das einzige, das Grund dazu hat.
- **Rosa Luxemburg:** Wie Lassalle sagte, ist und bleibt die revolutionärste Tat, immer das laut zu sagen, was ist.
- **Galileo Galilei:** Die Natur ist unerbittlich und unveränderlich, und es ist ihr gleichgültig, ob die verborgenen Gründe und Arten ihres Handelns dem Menschen verständlich sind oder nicht.
- **Hermann Hesse:** Über dem ängstlichen Gedanken, was uns morgen zustoßen könnte, verlieren wir das Heute, die Gegenwart, und damit die Wirklichkeit.
- **Aldous Huxley:** Der Glaube an eine größere und bessere Zukunft ist einer der mächtigsten Feinde gegenwärtiger Freiheit.
- **Erich Fromm:** Glück ist kein Geschenk der Götter; es ist die Frucht einer inneren Einstellung.

Wie schlimm kann es kommen?

Mark Twain hatte für alle Ängstlichen, die es sich in ihrer Angst gemütlich einrichten wollen, einen Trost, der eine Mahnung ist: »In meinem Leben habe ich unvorstellbar viele Katastrophen erlitten. Die meisten davon sind nie eingetreten.«

Alles wird also gut?

Uns – und Ihnen sicher auch – wäre es lieb, wenn noch etwas genauer gesagt werden könnte, wie alles gut wird. Glauben Sie daran, dass die Männerwelt, die diese Welt beherrscht, alles zum Guten richten wird? Wir glauben, dass das männliche Prinzip abgewirtschaftet hat und das weibliche Prinzip das Leitideal werden wird. Es wird – wo es um Leben geht – den Wechsel geben von »technischem« zu »organischem« Denken. Einfach gesagt:

▶ Etwas bauen – den Eiffelturm, die Dubai-Towers oder einfach nur Mist bauen – ist ein technisches Problem und ist gut in der Männer-Denke aufgehoben. Männer sind intellektuelle Klempner. Sie tüfteln so lange, bis etwas passt. Aber:

▶ Damit etwas blüht, wächst und gedeiht – Pflanzen oder Kinder, Familien oder Arbeitsgruppen –, brauchen wir weibliches Denken. Leben ist kein technisches Problem, sondern eine organische Herausforderung. Leben braucht nicht die Illusion der Machbarkeit aller Dinge, sondern Vertrauen in die Wirkung der inneren Kräfte, in die – wo Krankheit und Leiden vorliegen – Selbstheilungskräfte. Leben ist die Domäne nicht der Techniker und Klempner, sondern der Bauern, der Gärtner, der Eltern, der Lehrer, der Erzieherinnen ...

Die Klempner des Finanzsystems haben jetzt gezeigt, was sie können: nach der dot.com-Blase um die Jahrtausendwende erneut eine Wohlstandsblase aufblähen – und irreparable Schäden anrichten. Wer soll die x Billionen Dollar, die durch die Welt geistern, einfangen? Wer kommt für das materielle Leid in der industriellen Welt auf? Und welchen Händler kümmern die Toten in der Dritten Welt, die es als Folge von weiterer Belastung dort geben wird?

Gefordert ist ein Paradigmenwechsel – ein Wechsel des Leitbildes, an dem wir unser Handeln orientieren.

S. B.

10

Ja. Frauen können die Welt retten

So hieß der Einführungsvortrag, den ich vor rund 800 Frauen und Männern vor einigen Jahren auf der Veranstaltung WoMenPower im Rahmen der Hannover-Messe gehalten habe. Ich wollte Frauen aufrufen, ihren Zorn, ihre Enttäuschung, ihre Ängste bezüglich der Krise, aber mehr noch ihre Ideen, Vorstellungen, Visionen und Träume zur Zukunft unserer Gesellschaft, unserer Wirtschaft, ja der Welt zu formulieren. Das heißt: Frauen, werdet laut! Frauen, mischt euch ein! Frauen, seid kreativ! Die Resonanz war weit gefächert: Von Begeisterung bis Skepsis. Mein Ziel war erreicht: Darüber zu reden, meinetwegen auch zu streiten, wie Frauen sich in diesen Krisenzeiten einbringen können. Ich habe neun Thesen dazu formuliert und drei Provokationen.

Die neun Thesen

1. Das männliche Prinzip ist vor die Wand gefahren
Die globale Elite, die derzeit die Wirtschaft prägt, besteht aus

6000 bis 8000 Topmanagern. Die sind verantwortlich für die Krise (so sagen es z.B. Richard Sennet und Saskia Sassen von der London School of Economics). Darunter sind höchstens zehn Frauen.

2. Das weibliche Prinzip stoppt Höhenflüge

Das weibliche Prinzip des Nährens und Bewahrens stoppt Höhenflüge. Frauen sind näher am Leben und auch an der Realwirtschaft. Sie sind weniger gefährdet, Fantasieprodukte zu verkaufen. Frauen leben die Balance zwischen Arbeit, Erfolg, Familie und weiteren sozialen Beziehungen.

3. Frauen fühlen sich der Sache verpflichtet

Ob in Verantwortung oder nicht, Frauen fühlen sich ihrem Projekt, ihrem Team, ihrem Unternehmen verpflichtet. Sie sind Arbeitsstellen treu. Selbst wenn sie Chefin werden, fühlen sie sich dem Ergebnis verpflichtet. Männer achten genauso auf ihr persönliches Fortkommen, sprich auf Tantiemen, Prämien, Karriere. Und beziehen diese Aussichten in ihre Überlegungen ein. Ein Gedanke dazu: Elefantenherden werden von den Elefantenkühen geleitet. Elefantenbullen entwickeln sich zu Einzelgängern. Die Klugheit der Kühe ist dafür verantwortlich, wie gut es der Herde geht.

4. Frauen achten auf Qualität statt Quantität

Frauen sind oft die Bedenkenträgerinnen und Spielverderberinnen in Unternehmen, sind oft lästig, weil sie die Träume der großen Jungs zum Platzen bringen, indem sie sagen: »Aber das geht doch nicht. Dafür gibt es doch gar kein Budget.«

Oder: »Hallo, da gibt es doch Gesetze. Das verstößt gegen das Recht.« Männer machen, was geht, handeln mit fiktiven Größen. Hauptsache: Don't worry, make money. Männer preisen die clevere Geschäftsidee und verwahren sich gegen das »Moralisieren« von Frauen und Gutmenschen.

5. Frauen können besser mit Geld umgehen

Frederick Herzberg, einer der Begründer der modernen Motivationsforschung, hat mal ein Krankenhaus beraten, das Defizite schrieb. Unter anderem ging es darum, wer das Reinigungsmaterial kauft. Herzberg empfahl, die Reinigungsfrauen damit zu beauftragen. Einwände waren: »Was, das sind arme, ungebildete Frauen, Schwarze, Einwanderinnen?« – »Ja eben«, sagte Herzberg, »die können rechnen.« Die Erfahrungen aus Entwicklungshilfeprojekten in Afrika, aber auch der Grammeen-Bank, zeigen: Wenn Darlehen den Frauen in einem Ort gegeben werden, hat die ganze Gemeinschaft etwas davon. Gibt man es Männern, ist es oft schnell weg. Das heißt: Frauen stehen oft für die »kleine Einheit«, das überschaubare Projekt. Frauen, die sich selbstständig machen, verdienen meistens weniger als männliche Selbstständige, es gehen aber auch weniger Frauen pleite, weil sie »klein anfangen«, nicht mit Superbüro und Dienstwagen. Wenn die großen Einheiten versagen, schafft das Raum für kleine Neuanfänge.

6. Frauen kennen Selbstzweifel

Und sie kämpfen mit Selbstzweifeln. Sie sind daher bemühter, fleißiger und einsatzfreudiger. Sie wollen Dinge verstehen und ordentlich tun und machen dafür Überstunden. Sie versprechen nicht zu viel und tun alles, um Versprochenes zu halten. Die Chance, dass sie selbstgefällig werden, ist gering. Männer halten sich für überlegen und unangreifbar. Ich habe immer wieder beobachtet: Bei Fehlern sprechen Frauen von »Ich«, Männer von »Wir«, bei Erfolgen ist es genau andersherum: Frauen sagen »... haben wir ...«, Männer sagen »... ist es mir gelungen ...«. Frauen setzen auf Teamleistung und sagen es auch. Ein international arbeitender Unternehmensberater hat neulich in der Zeitschrift *Wirtschaft und Weiterbildung* berichtet, dass Topbanker, die er gefragt hat, nicht wussten, was Derivate sind. Ihre eigenen Banken haben Milliardenumsätze und dann -verluste damit gemacht. Und sie selbst konnten ihre Produkte nicht erklären.

7. *Frauen sind sperriger*

Frauen sind kritischer und nicht so leicht zu überzeugen. Frauen trauen sich, Fragen zu stellen, wenn sie etwas nicht verstehen. Sie fahren weniger auf das Bullshit-Bingo ab, bei dem Worthülsen durch den Raum geschossen werden. Ich behaupte: Frauen können nicht so gut »hierarchisch dienen«. Männer nehmen das »Gesabbel« von Vorgesetzten kommentarlos hin – und machen sich anschließend darüber lustig. Eine Frau gibt sich in der Konferenz die Blöße und fragt: »Was meinen Sie mit Kollateralschaden?« Sie fragt auch nach dem Sinn von technischem Streben. Beispielsweise: Warum müssen wir für viele Milliarden den Mars erobern? Was will der Mensch, äh, der Mann da?

8. *Das männliche Prinzip kann auch von Frauen vertreten werden*

9. *Das weibliche Prinzip kann auch von Männern vertreten werden*

Und jetzt noch drei Provokationen dazu

1. Frauen können die Welt nur retten, wenn sie sich dazu zur Verfügung stellen. Wenn sie nicht tatenlos oder hämisch den Männern beim Versagen zuschauen. Oder sogar von männlichem Verhalten vergnügt profitieren.
2. Frauen können die Welt nur retten, wenn sie sich für die Weltgemeinschaft interessieren, nicht nur für die eigene Sippe. »Think global, act local« bekommt da eine ganz neue Bedeutung.
3. Frauen können die Welt nur retten, wenn sie ins Risiko gehen – mit ihrer Meinung, mit ihrer Überzeugung, mit ihrer Klugheit, mit ihrer Unsicherheit, mit ihrer Unangepasstheit, mit ihren vermeintlichen Defiziten, die sich als ein Geschenk entpuppen werden. Also wenn sie sich trauen, sich einzumischen.

Wenn ich Inhaberin eines mittelständischen oder CEO eines größeren Unternehmens wäre, würde ich jetzt die Kreativität von Frauen einfordern. Ich würde eine Taskforce meiner besten Mitarbeiterinnen einrichten und ihnen als Gruppe den Auftrag geben:

- Findet heraus, wo wir Geld sparen können!
- Findet heraus, wo sich Chancen verstecken!
- Findet heraus, was wir verändern sollten!
- Findet heraus, was wir besser machen könnten!

S. A.

11

Ja. Wir können uns vom Männlichkeitswahn befreien

Was unterscheidet Frauen von Männern? Anders gefragt: Was habe ich als Mann mit drei anderen Männern gemeinsam, Lothar Matthäus, dem Papst oder dem Polizisten, der mir gerade einen Strafzettel verpasst hat? Da komme ich schon mal ins Grübeln, ob die Frage klug ist.

Sabine vergleicht sich gerne mit Claudia Schiffer und sagt, sie würde nie so aussehen wie C. S., denn die ein Meter achtzig Körpergröße würde sie nicht hinbekommen. Irgendwas aber haben alle Männer gleich und alle Frauen auch – das Geschlecht, die Geschlechtsmerkmale, den dazugehörenden Hormoncocktail, die Tatsache, dass Frauen ihrer biologischen Pflicht und Schuldigkeit bei der Fortpflanzung neun Monate widmen, während Männer damit bereits in neun Minuten fertig werden können … wer sucht, der findet … und findet vor allem auch gesellschaftliche Prägungen.

Welche Bedeutung aber hat das im realen Leben?

»Das weibliche Prinzip bedeutet, einen Rahmen zu schaffen, in dem Menschen sich entwickeln können«, erklärt Alexandra Schwarz-Schilling, Coach in Berlin.[9]

Das männliche Prinzip bedeutet, aktiv auf etwas zuzugehen, vorzustoßen – auch in unbekanntes Terrain – und das Ziel zu erreichen. Das Männliche spürt sich durch Konkurrenz, Kampf und Sieg.

Das weibliche Prinzip besteht darin, sich zu öffnen, zu verschmelzen, neu entstandenes Leben aktiv zu nähren und ununterbrochen zu versorgen … Das Weibliche gibt Raum und Zeit für Entwicklung, ermöglicht Transformation, Wachstum, nährt und pflegt. Menschen, Dinge, Prozesse können sich ohne Druck entwickeln und entfalten.

Leben, sagt Alexandra Schwarz-Schilling, hat für Frauen einen ungleich höheren Wert als für Männer.

Die Sensationssucher

Männer sind Sensationssucher. Etwa 20 Prozent brauchen den Kick von Wagnis und »mal seh'n, ob es gut geht«. Auch beim Umgang mit Finanzen. Eine von vielen Studien hat an Studentinnen und Studenten der Finanzwissenschaften festgestellt:

1. Sie fühlen sich stärker als Studenten aus anderen Fächern angezogen, wo es um wirtschaftliche Risiken geht, Glücksspiele (gambling) und Spekulation, sie zeigen deutlich mehr »Sensation Seeking« und höhere emotionale Intelligenz.
2. Studentinnen und Studenten der Finanzwissenschaften

messen der Umwelt und dem Frieden weniger Bedeutung zu als der Karriere und dem Erfolg.

3. Studentinnen und Studenten der Finanzwissenschaften, die eine Finanzkarriere planen, zeigen die in Punkt 1 und 2 genannten Unterschiede deutlicher als andere Studentinnen und Studenten der Finanzwissenschaften.

4. Und bei den Studentinnen und Studenten der Finanzwissenschaften gibt es Geschlechtsunterschiede: Frauen neigen zu weniger Risiko, seltener zum Glücksspiel, sind seltener »Sensation Seeker«, haben eine noch höhere emotionale Intelligenz als die Männer, sie befassen sich generell weniger mit Geldthemen und dafür mehr mit Themen wie Friede und Umwelt.[10] Wenn Sie nicht in finanzielle Abenteuer hineingetrieben werden wollen, lassen Sie sich eher von einer Frau als von einem Mann beraten. Denn Männer leiden am GMS-Syndrom (GELD-MACHT-SEX-Syndrom).

Geld macht Sex. Sex macht Geld

Männer wollen sich – im Vergleich zu Frauen – öfter bereichern, sie kennen seltener eine Obergrenze, wissen nicht, wann genug genug ist. Das Geld-und-Machtkartell Mafia ist ein Männerbund. Wirtschaftswissenschaften heißen auf Englisch »Economics« und bei englischsprachigen Männern – positiv gemeint – »Egonomics«, Egonomie, statt Ökonomie.

Lebensverachtung / Frauenverachtung

Am 20. Februar 1909, vor über hundert Jahren, erschien

in der Zeitung *Le Figaro* das »Manifest des Futurismus« von Filippo Tommaso Marinetti, der später unter dem Faschisten Benito Mussolini Kulturminister Italiens geworden ist. Inhalt und Ziel waren (hier ein Zitaten-Ausschnitt):

- ▶ »Den Krieg und die Verachtung des Weibes verherrlichen … Museen, Bibliotheken und Akademien zerstören und gegen Moralismus, Feminismus und gegen jede Feigheit kämpfen.
- ▶ Wir wollen die Liebe zur Gefahr besingen … Wir wollen preisen die angriffslustige Bewegung, die fiebrige Schlaflosigkeit, den Laufschritt, den Salto mortale, die Ohrfeige und den Faustschlag.
- ▶ Wir erklären, dass sich die Herrlichkeit der Welt um eine neue Schönheit bereichert hat: die Schönheit der Geschwindigkeit. Ein Rennwagen, dessen Karosserie große Rohre schmücken, die Schlangen mit explosivem Atem gleichen … ein aufheulendes Auto, das auf Kartätschen (Artilleriegeschoss) zu laufen scheint, ist schöner als die Nike von Samothrake.
- ▶ Schönheit gibt es nur noch im Kampf. Ein Werk ohne aggressiven Charakter kann kein Meisterwerk sein.
- ▶ Wir wollen den Krieg verherrlichen – diese einzige Hygiene der Welt –, den Militarismus, den Patriotismus, die Vernichtungstat der Anarchisten, die schönen Ideen, für die man stirbt, und die Verachtung des Weibes.
- ▶ Wir wollen die Museen, die Bibliotheken und die Akademien jeder Art zerstören und gegen den Moralismus, den Feminismus und gegen jede Feigheit kämpfen, die auf Zweckmäßigkeit und Eigennutz beruht … wir wollen dieses Land

von dem Krebsgeschwür der Professoren, Archäologen, Fremdenführer und Antiquare befreien.

▶ Die starke und gesunde Ungerechtigkeit wird hell aus ihren Augen strahlen. Denn Kunst kann nur Heftigkeit, Grausamkeit und Ungerechtigkeit sein. … Unsere Herzen kennen noch keine Müdigkeit, denn Feuer, Hass und Geschwindigkeit nähren sie!«

Männer-Humor

Zwei Hiker sehen im Yellowstone-Nationalpark einen riesengroßen Bären auf sich zukommen. In Windeseile reißt sich der eine die Stiefel von den Füßen, holt seine Turnschuhe aus dem Rucksack und zieht sie an.

»Was soll das denn?«, fragt sein Begleiter. »Du kannst auch mit Turnschuhen nicht schneller laufen als der Bär.«

Sagt der andere: »… aber schneller als du.«

Männlicher Humor heißt: über Menschen lachen. Weiblicher Humor heißt: mit Menschen lachen.

Die Zukunft ist weiblich: Der Klempner oder die Gärtnerin

Um das männliche und das weibliche Prinzip noch einmal zu vergleichen: Nach dem männlichen Prinzip würde man sagen: Ich füge oder auch: Ich verfüge. Nach dem weiblichen Prinzip würde es heißen: Es fügt sich.

Leider fügt es sich – die Männer betreffend – so, dass die Welt dramatisch komplex und damit auch unerklärbar geworden ist. Wer nach guter Klempner-, Techniker- und Ingenieursart alles im Griff haben will, muss scheitern.

Wer hingegen sich um Menschen kümmern und ihnen Räume öffnen will – also produktive Rahmenbedingungen schafft –, kann viel bewirken. Es verschiebt sich die Gewichtung – auch in der Menschenführung. Auch hier wirtschaftet das männliche Prinzip ab, denn nicht mehr die Pläne, die Methoden, die Projekte, die Ziele sind wichtiger als die im Grunde austauschbaren Menschen, sondern genau umgekehrt: Nach dem weiblichen Prinzip müssen die Menschen umsorgt und versorgt werden, dann entfesseln sie ihre Leistung. Frauen sind die besseren Führungspersönlichkeiten – aufgrund der Tatsache, dass sie in Schule, Studium, Aus- und Weiterbildung sowieso die Besseren sind, und weil sie den Umgang mit Menschen, das Fördern der inneren Kräfte der Menschen im Zweifelsfall gelernt haben, seit sie die erste Puppe geschenkt bekommen haben.

Unnötig zu sagen, dass Männer und Frauen einander teufelsfremde Tiere sind, dass Frauen das männliche Prinzip und Männern das weibliche Prinzip unzugänglich ist. Es lassen sich beide Prinzipien auch nicht in zwei Wochenendseminaren antrainieren. Allein die Grundhaltung, nicht in die Ferne zu schweifen, weil das Wichtige so nah liegt – die Menschen nämlich –, werden viele männlich erzogene Menschen nur schwer lernen.

Vertrauen in die Menschen

Wenn zwischen Menschen etwas wachsen und gedeihen soll, ist der Nährboden VERTRAUEN. Vertrauen basiert auf Klarheit, Wahrheit, Transparenz. Auch hier scheinen mir Frauen das klügere Geschlecht zu sein.

Vertrauen, sagt Christine Weiner, Coach aus Mannheim, heißt: Ich gebe Fehler zu, damit Fehler in Zukunft vermieden werden. Das Wort »VERtrauen« buchstabiert sie als **V**erlässlich, **E**igensinn, **R**esonanz, **T**reu sein, **R**aum geben, **A**tem lassen, **U**nterschiede sind erwünscht, **E**rfolg, **N**eues.

Wir brauchen mutige Frauen und Männer, die sich für ein Leben einsetzen, in dem Menschen zufrieden leben können. Ich möchte den Physiker und Philosophen Professor Carl Friedrich von Weizsäcker zitieren, den ich einmal interviewen durfte. In diesem Interview bekannte er sich zum Mut und zum Handeln: »Ich glaube, gerade weil ich ein Leben lang auf Katastrophen hingewiesen habe und dabei der Erfahrung des inneren Verzweifelns nicht entgangen bin, dass dies Grund gibt, auch neuen möglichen Katastrophen gegenüber mit Mut zum Handeln zu begegnen. Keines der heutigen ungelösten Probleme ist vernünftigem Handeln unzugänglich … Ich habe nie an das absolute Ende geglaubt und habe Verzagtheit nie für die logische Folge der Analyse von Bedrohungen gehalten … Beispielhaft und erstmalig in der Geschichte der Menschheit lässt sich an der … Diskussion um atomare Bewaffnung zeigen, dass das Wirken weniger engagierter Menschen zumindest eines erreichen kann: Eine genügend große Zahl von Menschen lässt sich finden, die einen geplanten oder »sich ergebenden« Weg in den Irrsinn der Unvernunft nicht mitgeht.«

Wenn wir denn heute eine Bürgerpflicht haben, dann die:

▶ Zumindest den Weg in den Irrsinn der Unvernunft nicht mitgehen.

▶ Den Weg der Vernunft mitgehen, nicht glauben, dass die Lösung der Weltfinanzkrise die Lösung des wichtigsten Problems ist.

▶ Nicht müde werden zu erklären, dass die Weltfinanzkrise ein Ablenkungsmanöver ist von der größeren, der Weltklimakrise.

»Die Menschheit hat die Wahl, sich selbst zu vernichten – aber sie hat die Wahl.«

Zurück zum Thema Frauen: Dr. Heidrun Bründel, Psychotherapeutin und Klinische Psychologin in der Bildungs- und Schulberatung im Raum Gütersloh, hat vor einigen Jahren eine Arbeit vorgelegt, in der sie von den »3 K« der Frauen spricht: Kinder, Kirche, Küche.[11] Aber auch von den »3 K« der Männer. Und die heißen Konkurrenz, Karriere, Kollaps. Ihre Thesen kurz zusammengefasst: Frauen leben im Durchschnitt länger als Männer. Gibt es einen besseren Beleg dafür, dass Frauen das starke Geschlecht sind? Eigentlich aber ist die längere Lebensdauer von Frauen unverständlich, denn Frauen

▶ fühlen sich häufiger krank,
▶ klagen häufiger über Gesundheitsprobleme und
▶ gehen häufiger zum Arzt.

Frauen, so Dr. Bründel, sind zudem vielfältiger und damit stärker belastet als Männer. Eigentlich also dürften sie nicht länger als die Männer leben. Warum sie es dennoch schaffen, erklärt Bründel an den »3 K«.

Im Prinzip leben Frauen immer noch für die berühmten »3 K« – aber Kinder, Kirche, Küche sind Begriffe, die für unser heutiges Leben übersetzt werden sollten – und zwar mit

- Kompetenz in der Familie (»Kinder«),
- Kompetenz in der Gemeinde/Gemeinschaft (»Kirche«),
- Gesundheits-Kompetenz (»Küche«).

Hinzu kommt bei allen Frauen zeitweilig und bei vielen Frauen durchgehend ein viertes »K«: Karriere.

Bründel vermutet, dass Frauen nicht trotz, sondern wegen dieser Vierfachbelastung länger leben und auch gesünder sind als Männer.

Einer der Gründe könnte das »K« sein, das für Gesundheits-Kompetenz steht, weil Frauen Gesundheitsprobleme nicht nur häufiger und früher spüren, sondern dann auch darüber reden, klagen, auch jammern und weinen, schließlich aber etwas für die Gesundheit tun.

Viele Männer leben hingegen am liebsten nach nur einem »K«: Karriere. Diese Einseitigkeit führt aber zu zwei weiteren »K«: Konkurrenz und Kollaps. Bründel empfiehlt deshalb den Männern, sie sollten von Frauen leben lernen.

Was Männer von Frauen lernen können

Männer sollten das »K« (wie Karriere) durch die drei anderen weiblichen »K« ergänzen.

Bründel: »Wenn Männer so weitermachen wie bisher, miteinander konkurrieren und nur ihre Karriere im Sinn haben, folgt darauf unweigerlich der frühe Kollaps ... Männlichkeit im traditionellen Sinne ist geprägt von Macht-, Konkurrenz- und Kontrolldenken und auf die Fixierung auf nur eine einzige Rolle im Leben.«

Vieles spricht dafür, dass Männer früher sterben, gerade weil sie Familie und Freundschaften vernachlässigen, emotionale Beziehungen nicht pflegen, ein geringer entwickeltes Gesundheitsbewusstsein haben und weniger für die Gesundheit tun. Bründel schreibt dazu:

Die Frauenforschung ist dafür eingetreten, dass der Mythos »Frauen, das kranke Geschlecht«, gebrochen wurde. Die Männerforschung muss nun mit dem Mythos »Männer, das starke Geschlecht« aufräumen.

S. B.

12

Ja. Wir können »einfache« Fragen stellen

1969, mit 16, trat ich in die SPD ein, aus Begeisterung für Willy Brandt, aber auch, weil ich davon überzeugt war, dass Bürger sich für die Demokratie engagieren müssen.

1974, mit 21, begann ich als Journalistin bei einer Münchener Tageszeitung, weil ich davon überzeugt war, dass man dem »kleinen Mann«, der »kleinen Frau« eine Stimme geben musste. Ich engagierte mich für Mieter und Kranke, Familien mit Kindern und Opfer von Ungerechtigkeit.

1975, mit 22, trat ich in die Gewerkschaft ein, weil ich davon überzeugt war, dass Arbeiter und Angestellte sich selbst für ihre Rechte engagieren müssen. Ich wurde bald Betriebsrätin und wollte für soziale Gerechtigkeit kämpfen.

1993, mit 40, begann ich, Frauenseminare zu geben, weil ich davon überzeugt war, dass sich Frauen selbst für ihre Rechte engagieren müssen. Und ich schrieb Bücher für Frauen, die beruflichen Erfolg wollten.

1996 begann ich, Coachings für Frauen und Männer zu machen, weil ich davon überzeugt war, dass jeder Mensch sich für seine eigenen Interessen engagieren muss. Und dass er dafür den Dialog mit jemandem braucht, der »keine Karten im Spiel« hat, also neutral ist.

Heute bin ich immer noch überzeugt, dass der Schlüssel zu Glück und Zufriedenheit bei uns selbst liegt, egal was in der Welt um uns herum geschieht. Wir können uns engagieren für »das kleine Glück«. Und wir können uns unsere Gedanken machen um das, was wir in der Welt erleben.

In all den Jahren hatte ich das Gefühl, dass ich anders ticke als viele andere. Ich fand nie, wie ich mal auf einer Party hörte, dass »Schwarzgeld in der Schweiz ein Akt der Notwehr« sei. Ich habe mich nie von den Glückseligkeiten der Globalisierung mitreißen lassen. Und das Wort »Shareholder Value« hat Rebellionsgefühle in mir ausgelöst. Irgendwie war ich immer etwas skeptischer. Und habe mich oft mies damit gefühlt. So gelassen wie ich in manchen Situationen bin, so wütend kann ich werden, wenn ich mir unser Land anschaue oder die Welt allgemein. Ich habe für mich mal die Formel entwickelt: Angst + Mut = Wut. Bisher habe ich mich aber nur im kleinen Kreis getraut, das auch auszusprechen. Vielleicht lag es daran, dass ich

- nicht BWL studiert habe,
- eine Frau bin,
- naiv bin,
- spießig bin,
- zu einfach gestrickt bin?

Mag alles sein. Für dieses Buch habe ich allen Mut zusammengekratzt und möchte mit Ihnen meine »wütenden« Gedanken bezüglich Wirtschaft und Mensch teilen. Vielleicht halten Sie mich auch für naiv? Muss ich damit leben. Vielleicht denken Sie aber auch so ähnlich wie ich? Und ich bin vielleicht damit gar nicht so allein, wie ich mich oft gefühlt habe, und der »gesunde Menschenverstand« ist doch nicht so ganz daneben? Vielleicht braucht es ja mal wieder jemanden mit kindlicher Einfalt, der ruft »Der Kaiser trägt ja gar keine Kleider!«

Vielleicht kennen Sie auch die Situation, dass Oberkluge Ihnen erklären, warum etwas genau so und so sein muss? Und plötzlich erleben Sie, dass die Oberklugen die Entwicklung falsch eingeschätzt haben und vielleicht gar nicht so oberklug sind, wie sie immer getan haben? Und dass Sie selbst gar nicht so blöd sind, wie die anderen sie hingestellt haben?

Gerade lese ich in einer Ausgabe von *Wirtschaft und Weiterbildung*,[12] dass Jack Welsh, amerikanischer Topmanager (General Electric), Mit-Erfinder des »Shareholder Value«, also dem Streben nach einem höchstmöglichen Aktienkurs, plötzlich sagt, dass »genau genommen der ›Shareholder Value‹ die blödeste Idee der Welt ist«. An erster Stelle des Unternehmensinteresses sollte nicht mehr die Steigerung des Aktienkurses, sondern vielmehr die Mitarbeiter, Kunden und Produkte stehen. Wie bitte? Das sag ich seit Jahren! Aber wer hört auf mich?

Vielleicht sollten wir kritischen Geister uns noch mehr trauen, unsere Meinung zu sagen. Fragen zu stellen. Vielleicht kann sich die Wut in Aktivität auflösen? In wilde Diskussionen, meinetwegen in Streiten um die Sache, Infragestellen von akzeptierten Tatsachen? Das alles ist immer noch besser als ein kollektives Sich-Raushalten, Wegsehen: »Die werden schon wissen, was sie tun«. Nein, in mir keimt immer mehr der Verdacht, sie wissen es nicht.

Meine unangepassten Überlegungen, die ich selten in der Öffentlichkeit widergespiegelt bekomme, sind:

1. Wofür arbeiten Menschen?
2. Woher hat Bill Gates das Geld, um eine Stiftung zu gründen?
3. Warum müssen wir immer mehr haben?
4. Wie sinnvoll ist es, Joghurt quer durch Deutschland zu fahren?
5. Warum vernichten wir fahrtüchtige Autos?
6. Warum darf ein Staat Schulden machen?

Aber mal der Reihe nach:

1. Wofür arbeiten Menschen?

Erstens doch sicherlich, um ihren Lebensunterhalt zu verdienen. Menschen haben immer schon gearbeitet, um zu überleben, egal, ob sie Mammuts gejagt oder Heidelbeeren gesammelt haben, ob sie den Acker bestellt oder Brot gebacken haben, Schuhe hergestellt haben oder Hüte. Sie sind deswegen als Tagelöhner zum Bauern, als Arbeiterin in Fabriken gegangen oder haben sich selbstständig gemacht. Sie mussten und wollten Geld verdienen, um sich selbst zu ernähren und ihre Familie.

Zweitens haben Menschen Freude an der Arbeit, die ihnen leicht von der Hand geht, die ihre Talente fordert und fördert, die ihnen auch das Gefühl von Wichtigkeit gibt. Sie sind ein Teil einer Gemeinschaft. Menschen brauchen Herausforderung und Bestätigung, Anerkennung und Respekt. Dies alles holen sie sich auch über ihre Arbeit.

Da nicht alle Menschen selbstständig arbeiten können, »verkaufen« sie einen Teil ihrer Lebenszeit an jemanden, der ihre Arbeitskraft braucht. Früher war das ein Großgrundbesitzer, Fabrikbesitzer oder eine Genossenschaft, die einen Profit mit dieser Organisation machen wollten. Heutzutage sind es oft Manager, die Arbeit verwalten und Profite erwirtschaften müssen, für andere Menschen, die mit ihren finanziellen Transaktionen noch mehr Geld verdienen wollen.

Und hier setzt mein Unverständnis ein: Irgendetwas läuft hier schief. Warum soll sich Herr X oder Frau Y immer mehr krummlegen, ein unmenschlich verdichtetes Arbeitspensum schaffen, sich einem extrem beschleunigten Arbeitstakt unterwerfen, damit ein Herr A oder eine Frau B, die Anteile an diesem Unternehmen erworben haben, mehr Geld auf dem Konto haben? Und zwar immer mehr, denn die Rendite muss steigen, steigen, steigen. Ohne selbst etwas für dieses Unternehmen zu leisten? Vielleicht bin ich naiv, aber dieses Prinzip kann doch auf Dauer nicht funktionieren. Gibt es Kapitalgeber, um Menschen arbeiten zu lassen? Oder gibt es Menschen, die Arbeit brauchen? Und wann wird man merken, dass die Reichwerdmethode, dass Geld Geld verdient, wieder der Erkenntnis weichen muss, dass Werte geschaffen werden müssen?

2. Woher hat Bill Gates das Geld, um eine Stiftung zu gründen?

Also, ich fand das toll, als ich das erste Mal gelesen habe, dass Bill und Melinda Gates soooooo viele Milliarden Dollar

(40 Milliarden, um genau zu sein) in eine Stiftung eingezahlt haben, um Gutes damit zu tun. Ehrlich, ich war beeindruckt. Irgendwann habe ich mir überlegt: Woher haben Bill und Melinda Gates soooooo viele Milliarden? Weil Melinda eine sparsame Hausfrau ist? Eher nicht. Weil sie so viel verdient haben, oder? Warum haben sie so viel verdient?

Weil die Preise der Microsoft-Produkte soooooo hoch waren und die Mitarbeiter so wenig verdient haben, dass genügend Profit übrig geblieben ist. Meine nüchterne Schlussfolgerung: Dann ist es auch unser Geld, mit dem die Gates ihre Stiftung gegründet haben. Wir haben mit dem Bezahlen überteuerter Preise dazu beigetragen, dass Geld in die Aidsforschung gesteckt werden kann. Sind wir jetzt stolz? Ja. Ist doch besser, reiche Menschen sind Philanthropen (Menschenfreunde), als dass sie sich mit unserem/ihrem Geld eine Privatarmee oder ganze Inselgruppen kaufen.

3. Warum müssen wir immer mehr haben?

Die Rede vom Zwang zum ewigen Wachstum habe ich noch nie verstanden. Und ehrlich, ich habe versucht, es mir von vielen erklären zu lassen. Wenn wir ein Unternehmen mal mit einem lebenden Organismus vergleichen, dann ist es doch nicht gesund, wenn ein Organismus wächst und wächst, sonst hätten wir bald Menschen, die drei Meter groß sind, oder wir haben eine ungezügelte Zellvermehrung, und die nennt man Krebs.

Ich kann bis heute nicht verstehen, warum man alles machen muss, was möglich ist, selbst wenn es Menschen schadet. Oder man noch gar nicht weiß, ob es schaden wird. Siehe Genmais oder Riesenstauseen. (Haben Sie gelesen, dass das schlimme Erdbeben 2008 in China durch den Bau eines riesigen Stausees ausgelöst worden ist?) Dass der Mensch alles ausprobieren muss, was geht, halte ich ehrlich gesagt für kindisch. Vielleicht fehlt mir da der Forscherdrang, aber gerade bei Meldungen über gefälschte medizinische Studien oder Bilanzen, über Renditeversprechen und geniale Deals beschleicht mich das Gefühl, dass »Anything goes« nicht der richtige Weg ist.

Ich bekenne: Ich verstehe nicht, wozu wir eine Arbeitsstation auf dem Mars brauchen? Was wollen die Menschen da? Wer will da hinziehen? Und warum? Will nur das eine Land nicht, dass das andere Land dort als erstes seine Fahne reinpikst? Neulich wollte mich eine Frau bekehren, dass der Mensch das machen muss, was er kann. Also wenn Forscher forschen können, dann müssen sie forschen. Und wenn der Mensch zum Mars fliegen könnte, dann müsse er halt zum Mars fliegen. Wenn ich höre, was das kostet, kriege ich die blanke Wut. Hallo, Milliarden Menschen auf der Welt haben kein sauberes Trinkwasser, Hunderttausende Kinder sterben deswegen. Davon schon mal was gehört? Könnte man da mit Forscherdrang vielleicht Lösungen finden? Reicht das nicht als Ansporn? Und um den Nobelpreis zu gewinnen?

4. Wie sinnvoll ist es, Joghurt quer durch Deutschland zu fahren?

Auf manche Fragen gibt es vielleicht keine Antwort. Aber ich finde, Fragen stellen muss man wenigstens, zum Beispiel: Warum muss man Joghurt quer durch Deutschland fahren, immer schön im Lkw, hin und her, damit Bayern norddeutschen Joghurt essen und Friesen bayerischen? Ich weiß schon, »freie Marktwirtschaft«. Ich finde es trotzdem erstaunlich. Und ärgere mich immer über die Tausenden von Lkws, die die rechte Autobahnspur dafür brauchen und ganz nebenbei Tonnen von Ruß und Kohlendioxid ausstoßen, die wir dann in der *Tagesschau* bejammern. Aber jetzt mal wieder ein bisschen Selbstkritik: Wenn wir den weit gereisten Joghurt nicht kaufen würden, würden die nicht fahren.

Ich verstehe nicht, warum Bauern, die unter dem niedrigen Milchpreis stöhnen, den Billighändler zahlen, nicht eine Genossenschaft gründen mit einer eigenen kleinen Molkerei und in jeder Stadt in der Nähe ein Milchgeschäft eröffnen, wo sie einen ordentlichen Anteil am günstigen Verkaufspreis erhalten, weil sie den Zwischenhandel ausschalten. Ich würde dort einkaufen. Und ich kenne viele, die das auch täten (sagen sie jedenfalls). Der Genossenschaftsgedanke, der bei Banken ja auch noch funktioniert, war ja kein ganz schlechter. Vielleicht sollten wir neue kleine, regionale Milcheinkaufsgenossenschaften gründen? Also, ich bin wie viele andere schon *taz*-Genossenschaftlerin, eine Zeitung, die beste Überlebenschancen hat, weil sie nicht auf Anzeigen angewiesen ist. Vielleicht können wir dieses Modell auf andere Lebensbereiche ausweiten?

Ich verstehe nicht, warum man in Billigläden einkauft, wo man für einen Euro oder weniger Plastikschrott aus China bekommen kann, der sowieso gleich wieder kaputtgeht oder den man eh nicht braucht. Und damit rechnet sich auch der Superduper-Preis nicht. Etwas nicht kaufen ist billiger, als viel billig kaufen. Leider werden in diesen Geschäften genau die Menschen zu Käufen verführt, die sich eigentlich nicht leisten könnten, Dinge zu kaufen, die gleich wieder kaputtgehen.

5. Warum verschrotten wir fahrtüchtige Autos?

Ich schaue fassungslos, nein wütend auf Schnellschüsse von Politikern, die Krisen damit bekämpfen wollen, dass sie Werte zerstören und das ungebremste Kaufwachstum noch anheizen (und Wahlgeschenke verteilen). Das beste Beispiel: Die Abwrackprämie. Da werden neunjährige Autos, die noch ein paar Jahre prima fahren könnten, in den Schredder geknallt, damit die Autoindustrie ihre Fahrzeughalden abbauen kann. Das heißt für die einzelnen Käufer: Sie haben bisher ein abbezahltes Auto gefahren, bei dem sie vielleicht ab und zu ein paar Reparaturen zahlen mussten. Jetzt zahlen sie wieder Raten für ein neues Auto. Haben sich also wieder auf Jahre verschuldet, um ein Auto wegzugeben, was noch prima war, um 2 500 Euro Zuschuss für ein Auto zu bekommen, das sie eigentlich nicht gebraucht haben. Und dass sich einige eigentlich auch gar nicht leisten können. Verrückte Welt.

Und das mit meinen und mit Ihren Steuergeldern. Beziehungsweise mit denen unserer Kinder, weil ja alles auf Pump geschieht. Denn auch der Staat hat das Geld dafür nicht unter der Matratze. Mit der großzügigen Aktion wird eine Branche belohnt, die jahrelang fahrlässig (oder vorsätzlich) versäumt hat, umweltfreundlichere Fahrzeuge zu entwickeln; die Geschosse auf die Straße gebracht hat, die im Jahr die Öllieferung eines Kleinstaates verbrauchen. Das alles im Zeichen der »Arbeitsplätze«. Selbstkritik gefällig? Wo waren wir als Verbraucher, die nach unhübschen, aber spritsparenden Modellen gerufen haben? Gell, der Lupo war nicht wirklich schnittig?

Ich frage mich kampfeslustig, wenn hier mal eben fünf Milliarden oder mehr Schulden für lustiges Autokaufen gemacht werden, wo war die Bereitschaft, mit fünf Milliarden unseren Bildungsnotstand zu beseitigen? In Deutschland leben Hunderttausende von Kindern, die kein gescheites Deutsch sprechen (ja, auch deutsche Kinder), die die Hauptschule nicht schaffen, die in der Anstrengung für ein zukunftsfähiges Deutschland in Sachen Kreativität und Zupacken einfach ausfallen, weil sie weder rechnen noch gescheit schreiben können! Wo ist die Bildungsoffensive, hier aktiv zu werden, damit wir nicht, wie es der Kabarettist Georg Schramm mal als nörgelnder Rentner Dombrowski gesagt hat, »unseren Kindern vorm Fernseher beim Verblöden zusehen«?

6. Warum darf ein Staat überhaupt Schulden machen?

Das habe ich schon im Gemeinschaftskundeunterricht in der 12. Klasse nicht verstanden: Warum traut sich die Regierung unseres Staates, Schulden zu machen, die unsere Kinder niemals werden zurückzahlen können? Der Staat ist damit der Schrittmacher des Kaufens auf Pump. Die Bush-Regierung in Amerika hat es vorgemacht. Wir in Europa sind auch nicht besser. Wenn die Regierung das so macht, dann machen die Bürger das auch: Kein Eigenkapital, aber Haus kaufen (mit extremen Zinsen). Kein Geld im Haus, aber den Fernseher mit Plasmabildschirm kaufen (Kaufe jetzt, zahl später). Kein Geld für den Musikunterricht der Kinder, aber im Internet-Versandhandel die neue Stereoanlage ordern (günstige 36 Raten).

Mit Sicherheit kann mir irgendein Klugscheißer erklären, warum das wichtig ist, dass wir auf Pump kaufen, und dass ein Wirtschafts-Nobelpreisträger die antizyklischen Zusammenhänge bewiesen hat. Mein (angeborener) Hausfrauenverstand sagt mir: Was ich nicht im Geldbeutel habe, kann ich nicht ausgeben. Und: Wenn ich heute anschreiben lasse, muss ich doch morgen oder spätestens übermorgen bezahlen.

Um mal beim Staat zu bleiben (war das nicht mal die Vertretung des Volkes?): Er zahlt mit seiner Schuldenmacherei ausgerechnet den Banken Milliarden an Zinsen, die von ebendiesem Staat in der Krise Milliarden-Sicherheiten verlangen. Leute, da läuft doch was schief! Warum haben Politiker nicht den Mut zu sagen: »Liebes Volk, jetzt heißt es mal, den Gürtel enger zu schnallen. Es schaut nicht so rosig aus, wir müssen mal über unseren Lebensstandard nachdenken. Wir können uns das nicht mehr leisten.« Aber offensichtlich würde das wieder »Arbeitsplätze« gefährden.

Das sind nur Fragen. Wenn ich die Antworten hätte, wäre ich vielleicht Bundeskanzlerin (oder als politischer Flüchtling irgendwo). Ich wünschte mir einfach, mehr Menschen würden sich Fragen stellen und miteinander darüber reden. Ich wünsche mir, dass mehr Menschen naive Fragen stellen: Denn naiv heißt gutgläubig, vertrauensselig. Und das ist für mich die Grundlage eines guten Zusammenlebens. Ich persönlich glaube übrigens, dass Menschen mit der Wahrheit viel besser umgehen können, als Politiker sich vorstellen können. Wahrheit ist vertrauensbildend.

S. A.

13

Ja. Wir können unser Schicksal in die Hand nehmen

Kleinbonum? Sie erinnern sich. Asterix! Das Römische Reich hatte einen großen Teil der Welt unter seine Herrschaft gebracht ... und Gaius Julius Caesar berichtete in seiner Schrift *Der gallische Krieg* über Gallien:

Gallien ist dreigeteilt (Gallia est omnis divisa in partes tres), in einem Teil wohnen die »Belgier« (quarum unam incolunt Belgae), im anderen die Aquitanier (aliam Aquitani) und im dritten Teil die, die wir Gallier, die sich in ihrer Landessprache aber Kelten nennen (tertiam qui ipsorum lingua Celtae, nostra Galli appellantur).

Und ganz oben im Norden Frankreichs gab es jenes Dorf Kleinbonum mit Asterix, Obelix, Idefix, dem Druiden und Zaubertrankmixer Miraculix, dem Schrägsänger Troubadix, Majestix, mit Gutemine, Verleihnix und Methusalix, das die Römer nie erobern konnten. Kleinbonum kann frei übersetzt werden mit Kleinglückshausen Und dort werden wir hinziehen. Das ist jedenfalls unser Traum.

Wo's liegt, wissen wir noch nicht so genau, aber sicher

nicht in München, sondern mehr in der Mitte Deutschlands. Irgendwo zwischen zwei unserer Lieblingsstädte, Weimar und Heidelberg – da aber auf dem Land.

Das Haus wird sehr groß, weil dort Platz sein soll – das ist unser Tribut an unsere Zukunftsängste – für alle uns lieben Menschen, die vielleicht in den nächsten Jahren mal irgendwie auf der Strecke bleiben könnten. Für sie sollte es ein Bett und eine warme Suppe geben. Für Gäste auch. Ein großer Raum, ein großer Ofen im Winter, ein Kartoffelkeller, hundert und noch ein paar Weckgläser …

Das Haus heißt Haus und nicht »Mehrgenerationenhaus«, weil das Haus seit seiner Erfindung immer schon ein Mehrgenerationenhaus war. Und erst mit der Industrialisierung vor zweihundertundnocheinpaar Jahren hat man disponierbare und verschiebbare Einzelpersonen gebraucht. Und hat, damit sie nach Feierabend nicht gar so allein waren, die Kleinfamilie erfunden, Vadder, Mudder und alle Kinder, die durchgekommen sind.

In unserem Haus wohnen Menschen – auch das ist ein Wort, das aus der Mode gekommen ist. Denn:

▶ Im Verkehrsfunk heißen Menschen nur noch »Personen« – »Vorsicht, es sind Personen auf der Autobahn«. Damit meinen sie Menschen, und falls es sich um Wildschweine handelt, werden sie beim Namen genannt.

▶ Politiker sagen gerne »die Leute« – und »die Leute«, das war früher das Personal. Sie hießen Johann und Marie – Betonung auf der zweiten Silbe, damit sie auch hörten, wenn man sie rief. Eigentlich hatten Johann und Marie andere

Namen, aber dann hätten die demenz- und dekadenzge-schwängerten »Herrschaften« (Frauen mitgezählt) ja nach jedem Rausschmiss von Personal umlernen müssen.

▶ Und Wirtschaftspolitiker reden gleich von dem, was sie von Menschen halten, sie reden von Funktionsgrößen des Wirt-schaftssystems, von »Verbrauchern«.

Was braucht es in unserem kleinen Pellkartoffelglücksburg-hausen? Nur wenige Dinge braucht der Mensch, um gut und gesund über die Runden zu kommen:

1. Freiheit von Not

Ein Dach überm Kopf und genug zu essen, egal wie karg beides ausfällt. Garten, Fischteich, Hühner, ein Schwein, und der Traum wäre eine Kuh – eine heilige Kuh, denn ich kenne nichts Beruhigenderes, als einer Kuh beim Kauen und Wiederkäuen zuzuschauen, so etwas Unaufgeregtes! Wunder-bar!

2. Freiheit von Angst

Jeder Mensch sollte eingebettet sein, geborgen sein im Schutz mehrerer Gemeinschaften, die sich wie Ringe um uns als Einzelwesen legen:

▶ Ring 1: die feste Partnerschaft – am besten in Liebe
▶ Ring 2: die Familie, deren Blut ja dicker ist als Wasser
▶ Ring 3: die Verwandten, mit denen man gut Freund sein kann
▶ Ring 4: die engen Freunde, die nächsten Nachbarn
▶ Ring 5: die Gemeinde.

Freiheit von Not und Freiheit von Angst garantieren die beiden wesentlichen Grundrechte: die Redefreiheit (Grundrecht 3) und die Religionsfreiheit (Grundrecht 4).

Gearbeitet wird nicht für immer größeren Reichtum, sondern für die Grundversorgung mit den fünf Basics, die der Mensch für den Körper braucht: Wasser, Körner-Müsli, Obst, Gemüse und das Fünfte wäre Bewegung, die aber soll durch Gartenarbeit und nicht durch Jogging, Walking oder andere »ings« gestellt werden.

Drei Basics brauchen wir Menschen für die Seele

▶ Wir müssen verortet sein, einen Wohlfühlort, einen Heimatort haben – einen Ort, an den (für Schwaben: wo) ich hingehöre. Kunst und Literatur weisen uns immer wieder darauf hin: Schlager mit Zeilen wie »Homeward bound«, »Look homeward, angel«, Freddy Quinns »Brennend heißer Wüstensand«, Tom Jones' »I wanna go home«. Der Dichter Novalis hat konstatiert: »Wir wollen doch alle immer nur nach Hause.« Rilkes Herbstgedicht, das das Gegenteil von Geborgenheit, nämlich Geworfensein, ausdrückt: »Wer jetzt kein Haus hat, baut keins mehr« (also fangt rechtzeitig an, euer Haus zu planen).

▶ Wir müssen vernetzt sein, wir brauchen Wohlfühlmenschen um uns herum, die uns akzeptieren, wie wir sind – und nicht wie wir sein wollen, sollen, sollten, wollten oder müssten, um mehr aus uns zu machen, unser Potenzial zu entwickeln oder das Erbe zu mehren. Das sind die Menschen, an die wir eine emotionale Bindung haben.

▶ Und wir brauchen spirituelle Führung oder spirituelle Begleitung – und zwar immer dann, »wenn etwas größer als ich« ist, und ich deshalb nicht weiterweiß. Diese Funktion hat früher die Kirche übernommen. Heute werden immer öfter Coaches diese Funktion übernehmen.

Drei Basics schließlich braucht der Mensch fürs Glück

▶ Ein bisschen verwöhnt werden;
▶ eine Tätigkeit, in die der Mensch sich mit seinen Signaturstärken einbringen kann;
▶ und Lebenssinn – oder wie Friedrich Nietzsche gesagt hat: »Wer ein Warum zu leben hat, erträgt (fast) jedes Wie.«

Dieses Haus, unsere oder Ihre »Villa Kleinbonum«, die »feste Burg«, wird es als architektonisches Objekt vielleicht nie geben. Aber darum geht es nicht. Denn das gute, einfache Leben muss nicht in Klein-Großbürger-Romantik unter einem Dach stattfinden. Wir werden den eben umrissenen Bauplan nehmen und dort, wo wir leben, umsetzen.

S. B.

14

Ja. Wir können politisch wirken

Auf dem Kongress zum 30-jährigen Bestehen der Tageszeitung *taz* im April 2009 habe ich zwei interessante Professoren erlebt, die Soziologen Saskia Sassen und Richard Sennett. Beide lehren u. a. an der London School of Economics, beide sind internationale Respektspersonen in ihrem Fach, beide nehmen sich gegenseitig gern auf die Schippe, denn sie sind (offensichtlich glücklich) miteinander verheiratet. Sympathisch!

Beide beschreiben, was die Finanzkrise aus uns macht – und was wir aus ihr machen können.

1. Der oberste Gedanke ist gegen alle politischen Schwärmer gerichtet und lautet: Nein, es wird keine Revolution geben. Deshalb leben wir in keiner vorrevolutionären Situation – hoffentlich nicht. Denn ein Aufstand würde so viel kaputt machen, was wertvoll ist und noch gebraucht wird.

2. Letztlich liegt das Schicksal der halben Menschheit – vielleicht sogar der ganzen – in der Hand von einigen wenigen Personen, die auf der Klaviatur der Finanzmärkte spielen,

die weder politisch legitimiert noch kontrolliert oder auch nur kontrollierbar sind.

3. Umso ernster gemeint ist die Warnung von Sassen und Sennett, nicht an so etwas wie Revolution zu glauben. Dabei würde mehr zerstört als gerettet. Warum? Weil es keine Mauern gibt, die man erstürmen kann, keine Schurken-Diktatoren, die man entmachten kann, im System sind gute wie schlechte Dinge so eng miteinander verwoben, dass auf einfachen und schnellen Maßnahmen kein Segen ruht. Stattdessen müssen viele, viele kleine Maßnahmen gefunden werden. Viele betreffen »die Banken«:

Wenn heute von Banken geredet wird, sind das nicht alle Banken, sondern die großen, die allerdings in den USA 70 Prozent des Geschäftes machen. In den USA aber gibt es immer noch 7000 örtliche Kleinbanken, die das tun, was Banken immer getan haben: nicht wild um den Globus herumspekulieren und aufgeblasene Papiere verticken, sondern Geld gegen Zinsen an kreditwürdige Kunden verleihen.

4. Hinter der Finanz- steht die Klimakrise. Hier etwas zu tun – das große Wort ist »Greening«. Die Umwelt zu begrünen wird auf immer breitere Zustimmung stoßen. Solche Greening-Maßnahmen sind ein wichtiger Übergang von einer rein ich-zentrierten zu einer wir-zentrierten Wirtschaft. Wer also politisch werden will, sollte grün werden. Mit Greening-Maßnahmen erreicht man sehr viele Menschen.

5. Regierungen finanzieren zurzeit das globale Finanzsystem und reparieren, was die Großfinanz-Globalspieler ange-

richtet haben. »Wir« müssen an das Regierungsgeld herankommen, heißt es dort. Über Greening-Maßnahmen kann man am ehesten auch an jenes Regierungsgeld herankommen, das heute an die Großbanken geht. Das Stichwort ist: sich mit »grünen« Maßnahmen (alternative Energie, Landbau, Handel …) selbstständig machen oder durch Greening-Maßnahmen Arbeitsplätze schaffen.

6. Es muss immer mehr Menschen erklärt werden, dass das, was an den Weltfinanzmärkten geschieht, keine Marktwirtschaft ist. Dort werden keine Arbeitsplätze geschaffen, sondern Arbeitsplätze im Weltmaßstab zerstört. Die Weltfinanzmärkte verdienen also auch nicht den besonderen Schutz jenes größeren Teils der Bevölkerung, der Marktwirtschaft – eine soziale Marktwirtschaft! – haben möchte.

7. Wir brauchen die gute Globalisierung, wir brauchen ein globales Justizsystem. Was einige wenige Finanzleute angerichtet haben – sie haben viele Millionen Menschen um Altersversorgung, Haus und Hof und Arbeit gebracht und den Tod vieler Menschen in vielen Teilen der Welt wahrscheinlicher gemacht –, muss justiziabel werden. US-Milliardär Warren Buffet hat schon 2002 vor den Gefahren der Weltfinanzmärkte gewarnt und von »finanziellen Massenvernichtungswaffen« gesprochen, die verboten werden müssen.

8. Sassen und Sennett schätzen, dass es 6000 bis 8000 Wirtschaftsführer gibt, die im Grunde genommen heute die Welt beherrschen. Sie haben keine Gewissensbisse, wenn sie ihre Prämien kassieren. Das ist wie in der Monarchie. Der Adel hat sich früher auch nicht für seine Privilegien geschämt.

9. Diese 6000 bis 8000 werden für ihre Leistungen und sogar noch für ihre Inkompetenz belohnt. Sennett: Die Bosse gehen bei einer von ihnen verursachten Pleite zur nächsten Firma, die Unterbosse, die Nummern 8001 bis vielleicht 1 000 000, bleiben und erledigen die Aufräumarbeiten.

10. Das Leitbild des Unternehmers ist abgelöst worden. Den Ton weltweit geben Großinvestoren – oft genug Politiker – und ihre 6000 bis 8000 Macher an. Für das Volk interessieren sich die Herrscher der Welt nur bedingt.

11. Die Chefs/Unternehmer sind für die Arbeitnehmer und die Manager, die nicht ganz, ganz oben sind, ungreifbar geworden. Die Unternehmen haben durch Kurzzeitdenken ihre Identität verloren. Vor dieser Entwicklung muss der Kapitalismus gerettet werden.

12. Kapitalismus hieß früher Langzeitdenken (und nicht Quartalsdenken) mit
    ▶ Treue gegenüber den Arbeitnehmern,
    ▶ verlässlichem Service,
    ▶ Treue der Arbeitnehmer zur Firma.

13. Die Loyalität zwischen den Menschen in den Unternehmen ist zerbrochen. Man trifft die Menschen wie in einer Drehtür, geht an ihnen vorbei, morgen ist einer aus der Drehtür weg, und ein anderer schaut uns in der Drehtür an, man zeigt stromlinienförmiges, businessgerechtes Verhalten.

14. Getrennt worden ist der Zusammenhang zwischen Macht und Verantwortlichkeit. Die 6000 bis 8000 fühlen sich nicht den Mitarbeitern, nicht den Managern, nicht den Kunden gegenüber verantwortlich, sondern dem Quartals-

profit, den sie an Investoren abzuliefern haben und aus dem ihre Boni berechnet werden.

15. Die Kooperation zwischen Militär und Wirtschaft ist – siehe Irakkrieg – so groß, dass hier wohl geschieht, was Deutschland im letzten Jahrhundert mit einem Wort des Historikers Fritz Fischer zweimal in Weltkriegen vergeblich versucht hat: den »Griff nach der Weltmacht«.

Hier greift der wirtschaftlich-militärische Komplex nach der Weltmacht.

Wir müssen Abschied nehmen vom Modell USA.

S. B.

15

Ja. Wir können Perspektiven entwerfen

Ich habe vor vielen Jahren, als ich wieder einmal in meiner zweiten Heimat Eritrea war und unter dem verschwenderischen südlichen Sternenhimmel saß, versucht, aus afrikanischer Sicht zu definieren, was Glück als Grundlage braucht: die Abwesenheit von Krieg, etwas zu essen und sauberes Wasser, eine Unterkunft, eine freundschaftliche Gemeinschaft und vor allem eine Perspektive für dich und deine Kinder. Und da schließt sich der Kreis zu Deutschland. Es sind weniger die äußeren Umstände, die für Glück verantwortlich sind, solange die Grundversorgung gesichert ist. Es ist die Sicht auf die Welt, auf die äußeren Umstände, die den Grad der Zufriedenheit bestimmt. Wie oft habe ich in Deutschland Menschen klagen gehört: Immer dieses Sauwetter, wenn es geregnet hat. Und ich hätte sie gern nach Eritrea geschickt, damit sie begreifen, wie dankbar wir in Deutschland sein können, dass es regnet. Und dass ihr Glück nicht davon abhängt, dass am Wochenende »schlechtes Wetter« ist.

Vor Jahren traf ich einmal einen Mann, der klagte, wie unglücklich er sei, er leide so. Ich fragte ihn: »Worunter leiden Sie denn?

Er antwortete: »Unter der Gesellschaft.«

Ich: »Was müsste sich denn ändern?«

Er: »Die Gesellschaft müsste sich ändern!«

Ich: »Das kann dauern! Sie sollten Ihr eigenes Glück nicht davon abhängig machen.«

Menschen brauchen eine Perspektive, um glücklich und zufrieden sein zu können. Hoffnungslosigkeit tötet Lebensfreude und lähmt jede Handlungsfähigkeit. Fragen Sie den Besitzer der Dönerbude an der Ecke, was er für seine Zukunft macht. Oder Ihre thailändische Nagelpflegerin. Lassen Sie sich von der Tatkraft und der Hoffnung anderer anstecken. Gestalte dein Leben, heißt die Botschaft. Vielleicht gehören Sie zu der Generation C. C wie Chance. Eine Generation, die die Chance bekommt, aus eingefahrenen Rollen und Gleisen herauszukommen. Generation C, das heißt loslassen, sein lassen, weglassen, aber auch zupacken, verändern, gestalten.

Fragen Sie doch mal den Nachbarn im übernächsten Haus, der seit Jahren arbeitslos ist, wie er sein Leben organisiert hat. Oder die alleinerziehende Mutter nebenan, wie sie es schafft, dass ihre Kinder satt werden. Oder Ihre lustige Tante Dora, die mit der Minirente, wie sie über den Monat kommt. Auch mitten in Deutschland gab und gibt es harte Zeiten. Auch Anfang der 80er, als ich arbeitslos war, waren harte Zeiten.

Bisher hieß es: Die Deutschen jammern auf hohem Niveau. Demnächst heißt es vielleicht: Die Deutschen leiden auf hohem Niveau. Steigen Sie aus dem Boot der jammernden und der leidenden Menschen aus. Schaffen Sie sich eine eigene Perspektive. Das heißt Kurs nehmen und Ballast abwerfen. Welche Erwartungen und welche Pflichten schleppen Sie mit sich herum? Was glauben Sie, was Sie haben oder tun müssten? Was ist Ihnen eher Last als Lust? Wann wollen Sie es loswerden, wenn nicht jetzt? Neulich habe ich in der Zeitung gelesen, dass in den USA ein neues Wort erfunden worden ist, seit im September 2008 die Bank Lehman Brothers pleitegegangen ist. Wenn jetzt jemand sehr angibt und protzt, sagen manche Menschen: »He's so August!« Heißt: Die Zeiten des Prassens sind seit September vorbei.

Die guten Zeiten sind also vorbei, hm. Wenn damit gemeint ist, die satten Zeiten im Überfluss, die Zeiten, die von Werbung und Statusdenken geprägt sind, die Zeiten der Anpassung und der Gier, die Zeiten des »Shareholder Values« und der sagenhaften Geldvermehrung, ja, dann mag das sein. Was gute Zeiten für ein Land sind, wird die Geschichte bestimmen. Was gute Zeiten für Sie sind, bestimmen Sie selbst.

Wenn wir im Coaching zusammensitzen würden, würde ich Sie jetzt bitten, sich ein paar Blatt Papier und einen Stift zu nehmen. Legen Sie als Erstes drei Blatt Papier nebeneinander und notieren Sie auf jeder Seite eine Überschrift:

Blatt 1: In welchen Momenten meines Lebens war ich glücklich/zufrieden?

Blatt 2: Was brauche ich heute, um glücklich/zufrieden zu sein?

Blatt 3: Wie sieht meine Glücks-/Zufriedenheitsperspektive für die nächsten Jahre aus? Was wünsche ich mir? Was brauche ich?

Wenn Sie die drei Fragen beantwortet haben, notieren Sie auf einer weiteren Seite Erkenntnisse aus den Antworten für sich. Mein Tipp: Besprechen Sie Ihre Erkenntnisse mit Ihrem/Ihrer Liebsten, mit guten Freunden. Überlegen Sie, was Sie heute ändern können, damit Sie morgen zufrieden leben können.

Eine Perspektive zu entwickeln heißt, das Wichtige vom Unwichtigen zu trennen. Es heißt aber auch: Sich den Preis der Entscheidungen klarzumachen. »You can't eat the cake and have it!« ist ein altes englisches Sprichwort. »Du kannst den Kuchen nicht aufessen und haben.« Wenn du dich für A entscheidest, geht B vielleicht nicht mehr. Aber vielleicht reicht dir A auch völlig zur Zufriedenheit. Das Ziel: Vom Getriebensein zur Selbstbestimmung kommen.

Oft glauben wir, etwas tun zu müssen, weil andere es von uns erwarten oder ganz einfach, weil »man« das eben tun muss. Doch die innere Schubkraft für solche »von außen geleiteten« Vorhaben ist gering. Überlegen Sie doch einmal für jedes »Muss«, das Sie in Ihrem Leben sehen, warum Sie sich dafür entscheiden. Und erhöhen Sie damit Ihre Eigenmotivation.

Und denken Sie daran: Wer sich für etwas entscheiden kann, kann sich auch dagegen entscheiden.

S. A.

Ich muss ...	Ich entscheide mich ...
Ich muss arbeiten, weil ...	Ich entscheide mich zu arbeiten, weil ...
Ich muss mich um meine Kinder kümmern	Ich entscheide mich, mich um meine Kinder zu kümmern, weil ...
Ich muss freundlich sein	Ich entscheide mich, freundlich zu sein, weil ...
Ich muss jede Woche meine Eltern besuchen	Ich entscheide mich, sie nicht jedes Wochenende zu besuchen
Ich muss ...	Ich entscheide mich ...

16

Ja. Wir können beschließen, fröhlich zu sein

Vor vielen Jahren, als ich als Selbstständige erstmals richtig gutes Geld verdient hatte, ließ ich mich dazu überreden, Aktien zu kaufen. Wow, ich war dabei! Alle kauften schließlich damals Aktien. Die Rede war von »Volksaktien«. Es waren jetzt keine Riesensummen, die ich investiert hatte, aber es reichte, dass ich morgens als Erstes den Sender mit dem Aktienkurs-Laufband einschaltete. Waren meine Aktien im Plus, war ich fröhlich, waren sie im Minus (was sie meistens waren), war ich besorgt.

Irgendwann dachte ich, was hast du eigentlich davon, wenn du jeden Morgen besorgt bist? Welch mieser Start ist das in den Tag? Ein Kollege gab mir den Rat: »Wenn du Aktien gekauft hast, dann musst du sie einfach ein paar Jahre vergessen. Und dann mal schauen, was draus geworden ist.«

Aber das konnte ich nicht. Erstens bin ich neugierig. Zweitens hatte ich auch nicht so viel Geld, dass ich es einfach vergessen konnte. Und drittens hat man ja als Selbstständige immer wieder mal Geldbedarf. Und so beschloss ich irgendwann, meine blöden Ich-bin-dabei-Aktien wieder zu verkaufen. Denn ich wollte nicht mehr morgens und abends Kurse angucken. Und ich wollte nicht mehr, dass meine Laune davon abhing, wie der Kurs stand.

Ich verkaufte die Aktien mit Verlust. Das tat mir weh, aber ich war trotzdem froh, dass ich morgens wieder fröhlich war und den Fernseher ausgeschaltet lassen konnte. Mein Lebensgefühl besserte sich schlagartig. Und ich stellte für mich fest, dass ich nicht die klassische Aktienbesitzerin bin. (Neulich saß ich mit der Dame in einer Talkshow, die die »Börse im Ersten« präsentiert. Die hat mich mit ihren Blicken fast gelyncht, als ich das erzählt habe, und die Hände gerungen ob meiner vermeintlichen Dämlichkeit.)

Es fand sich übrigens schnell Ersatz für meine Geldanlage: die Ausbildung meiner Kinder. Und die Unterstützung meiner Exschwägerin in Eritrea und ihrer neun Kinder, damit sie zur Schule gehen können. Ich glaube, dass diese Geldanlage auf Dauer eine bessere Rendite hat. Generationenübergreifend sozusagen. Eine Investition in die Zukunft. Lieber die Asgodom-Geschwister unterstützen als die Lehman-Brüder (wenn Sie mir den kleinen Witz erlauben).

Mein Beispiel spricht nicht gegen die Geldanlage in Aktien. Viele gute Gründe sprechen sicher dafür, Anlagevermögen zu bilden. Aber es kann Sie zum Nachdenken anregen: Was ist meins? Was will ich? Was kann ich aushalten? Was macht mir Freude? Was macht mir Sorgen? In einer Coaching-Situation würde ich Sie fragen: »Worüber machen Sie sich Sorgen? Sind diese Sorgen berechtigt? Unabwendbar? Können Sie selbst etwas tun, um die Sorgen zu verkleinern? Wollen

Sie etwas verändern?« Manchmal schleppen wir eine Last mit uns herum, weil »man« das so macht, weil irgendjemand das von uns erwartet.

Manchmal können wir uns nicht von Dingen lösen, die uns mitgegeben worden sind, die wir »in Ehren« halten. Die uns aber unfröhlich machen. So wie eine Klientin, die nach dem Tod des Vaters ins kleine Familienunternehmen eingestiegen war. Und dort todunglücklich »durchgehalten« hat, weil sie glaubte, es ihrem Vater schuldig zu sein. Bis wir gemeinsam im Coaching eine Strategie entwickelt haben, wie sie »in Ehren« dort herauskommen konnte, ohne ihren toten Vater zu »enttäuschen«.

Manuela K., 37, übergab die Firma kürzlich an einen Mitarbeiter, der mit Leib und Seele das Erbe erhalten wird. Und sie kann endlich wieder das machen, was sie immer machen wollte: Sie arbeitet als Sozialarbeiterin in Berlin. Darin sieht sie den Sinn ihres Lebens. Und ist fröhlich.

Dieses Recht nehme ich mir und empfehle es allen Menschen, die ich kenne. Ja. Wir können etwas für unsere Fröhlichkeit tun. Wir müssen nicht in Sack und Asche gehen, weil die Welt ungerecht ist. Wir müssen nicht ein Gesicht wie sieben Tage Regenwetter machen, weil die Wirtschaft verrücktspielt. Wir dürfen zwischendurch vergessen, was uns quälen könnte. Ich plädiere für die Kunst des Vergessens und Verdrängens. Ich darf ein Konzert genießen, im Theater oder im Radio. Ich darf tanzen gehen und Eis essen. Und dabei trotzdem ein verantwortungsvoller, manchmal ernster Mensch sein.

Ich darf fröhlich sein und Blödsinn machen mit Freunden,

mit meinen Kindern. Ich darf mich meines Lebens freuen, auch wenn in anderen Ländern Not herrscht. Die Welt hat nichts davon, wenn ich Trübsal blase. Dabei sollte ich nicht vergessen, dass ich dankbar sein kann, dass es mir (noch) so gut geht.

S. A.

17

Ja. Wir können Isolation und Individualismus aufgeben

Wo liegen die großen Gesundheitsrisiken unserer heutigen Art (oder wie Sie gleich sehen werden: Unart) zu leben? Viele Menschen können sie im Schlaf herunterbeten:

- ▶ Armut – und einhergehend damit: schlechte Gesundheitsversicherung und somit schlechte medizinische Betreuung,
- ▶ Übergewicht,
- ▶ starker Alkoholkonsum,
- ▶ Rauchen.

Allerdings: Seit Jahren und Jahrzehnten stimmt dies so nicht, weil es nicht komplett ist. Eine Studie, veröffentlicht im *Journal of the American Medical Association*[13] zählt einen weiteren Hochrisikofaktor für die Gesundheit auf (bitte anschnallen!): Leben in den Vereinigten Staaten! Das kann für die Gesundheit genauso gefährlich sein wie Fast Food, Doughnuts und Bier.

Autor der Studie ist ein Engländer, der Epidemiologe Sir Dr.

Michael Marmot von der London Medical School. Er fand heraus: Die Amerikaner geben zweieinhalbmal so viel Geld für die Gesundheit aus wie die Engländer, aber sie übertreffen die Briten (im negativen Sinne) bei

- Diabetes,
- Bluthochdruck,
- Herzkrankheiten,
- Herzattacken,
- Schlaganfällen,
- Lungenleiden und
- Krebs.

Weiteres Ergebnis, nicht überraschend: Je tiefer die Menschen in den USA und England auf der sozialen Leiter leben, desto kränker sind sie – aber (bitte erneut anschnallen, denn es folgen schon wieder gedankliche Turbulenzen!):

- Die reichsten und gesündesten Amerikaner waren so krankheitsbelastet wie die ärmsten Briten.

Warum sind auch die reichen Amerikaner ungesund? Dr. Marmot glaubt an »seelischen Smog« als Ursache:

- Lange Arbeitsstunden verbunden mit hohem Stress und
- Vereinsamung – fehlende Freunde und soziale Isolation – durch sozialen Stress, weil sich die Schere der Einkommen immer mehr weitet.

Zusammengefasst: Der »American Way of Life« – das Leben in einem Land, in dem die soziale Ungleichheit geschürt wird – hat es in die Liste der »Krankheitserreger« geschafft.

Im Umkehrschluss die gute Nachricht: Wer geborgen ist im Kreis seiner Mitmenschen, lebt gesünder. Was das heißt?

Einer der am höchsten gehaltenen Werte in unserer Zeit und unserer Gesellschaftsform, der Individualismus, ist gesundheitsgefährdend. Individualismus macht einsam und krank. Oder wie die Psychologin Dr. Heidrun Bründel gesagt hat: Konkurrenz und Karriere, die typischen Ausprägungen des Individualismus, führen zum Kollaps, zum Zusammenbruch. Selbst bei den Reichen, die sich alle Gesundheitsdienstleistungen kaufen können.

Also auch hier ist das weibliche Prinzip erfolgreicher als das männliche. Männer halten sich für unheilbar gesund – und wenn mal was ist, dann muss eben die Medizintechnik helfen.

Zum Allgemeinwissen sollte aber gehören, was Frauen immer schon klar war, und was sich in den Worten großer Persönlichkeiten widerspiegelt: Der Mensch ist ein Gemeinschaftswesen. Das Individuum ist eine Abstraktion. Glücklich und gesund lebt der Mensch, der in einer Gemeinschaft geborgen ist (siehe das nächste Kapitel) – und: In einer Gemeinschaft geborgen zu sein, ist das weibliche Prinzip. Und nicht das männliche. Alle Kulturen der Welt haben das immer schon gewusst. Ein paar Beispiele:

Lieber ein kleines Häuschen mit behaglicher Stube
als zehn düstere Paläste.
Ägyptisches Sprichwort

Als wir noch dünner waren, standen wir uns näher.
Georg Kreisler

Nicht der ist reich, der viel hat, sondern der, welcher viel gibt.
Erich Fromm

Viele Kapitalisten verbringen ein Drittel ihres Lebens damit, Kapital zu schaffen, ein weiteres Drittel, ihr Geld zu bewahren, und im letzten Drittel befassen sie sich mit der Frage, wem sie es vermachen sollen.
André Kostolany, Börsenkolumnist und Spekulant

Ein reicher Mann lag einst im Sterben. Sein ganzes Leben hatte sich nur um Geld gedreht, und als es nun mit ihm zu Ende ging, dachte er, dass es nicht schlecht wäre, auch im Jenseits immer ein paar Rubel zur Hand zu haben. Darum bat er seine Söhne, ihm einen Beutel voll Rubel in den Sarg zu legen. Die Kinder erfüllten ihm diesen Wunsch. Im Jenseits angekommen, entdeckte er eine Anrichte mit Speisen und Getränken, wie im Erste-Klasse-Wartesaal eines großen Bahnhofs. Vergnügt betrachtete er seinen Beutel und trat an die Theke. Alles, was dort angeboten war, kostete eine Kopeke: die appetitlichen Pastetchen ebenso wie die frischen Sardinen und der Rotwein. »Billig«, dachte er, »alles sehr billig hier«, und wollte sich einen guten Teller voll bestellen. Als der Mann an der Theke ihn fragte, ob er auch Geld habe, hielt er ein Fünf-Rubel-Stück hoch. Doch der Mann sagte trocken: »Bedaure! Wir nehmen nur Kopeken!« Der Reiche,

inzwischen – wie sich leicht nachvollziehen lässt – furcht-
bar hungrig und durstig, befahl daraufhin seinen Söhnen im
Traum, den Beutel mit Rubeln im Grabe auszutauschen ge-
gen einen Sack Kopeken. So geschah es. Und triumphierend
trat er wieder an die Theke. Doch als er dem Mann hinter
der Theke eine Handvoll Kopeken übergeben wollte, sagte
der lächelnd, aber bestimmt: »Wie ich sehe, haben Sie dort
unten wenig gelernt. Wir nehmen hier nicht Kopeken, die
Sie verdient, sondern nur die, die Sie verschenkt haben.«[14]
Leo N. Tolstoi

Es ist kein Ziel, der reichste Mensch auf dem Friedhof zu
werden!
Sir Peter Ustinov
S. B.

18

Ja. Wir können alle reicher werden

In den großen Mythen vieler Kulturen gibt es ein Monster, einen Drachen. Die Drachen sind Segen und Fluch zugleich. Sie bringen Wohlstand und Glück – in China glaubte man (und glaubt es mancherorts noch heute), dass Drachengottheiten Regen für die Felder bringen –, aber auch Stürme und Überschwemmungen.

In den nordischen Sagen gibt es den Riesen Fafnir (bei Richard Wagner »Fafner« genannt). Und mein alter Brockhaus weist auf Parallelen zur heutigen Finanzkrise hin:

1. Fafner war obszön reich – er war Besitzer des sagenhaften Nibelungenschatzes.
2. Wenn Fafner das Nibelungengold verteidigte, nahm er die Gestalt eines Drachen an.
3. Fafner hat den Nibelungengoldschatz unrechtmäßig erworben – nur ein Teil gehörte ihm, die anderen Teilhaber waren sein Vater und sein Bruder Regin.
4. Fafner hat seinen Vater erschlagen und dann Regin das Erbteil nicht ausbezahlt.

5. Regin hat darauf einen – heute würden wir sagen – Auftrags-killer angeheuert, der hieß Sigurd, alias Siegfried.
6. Sterbend warnte Fafner Siegfried vor dem Gold.

Wir sehen: Ganz so unklug wie wir Menschen heute waren unsere Vorfahren nicht. Sie haben gewusst: Ein gewisses Maß an Wohlstand ist nötig und gut. Aber der Mensch kennt Maß und Mitte nicht, sondern glaubt: Immer mehr ist immer besser. Deshalb warnte u. a. Papst Benedikt XVI. in seinen roten Prada-Schühchen vor der Gier, statt den gesamten Nibelungenschatz der katholischen Kirche den Armen in den Ländern der Dritten Welt zu spenden. In der Bibel – jenem sehr empfehlenswerten Buch, auf das sich auch die katholische Kirche sehr oft bezieht – wird von einem barmherzigen Samariter berichtet und von einem Jesus, der die Geldhändler aus dem Tempel vertreibt. Die Bibel erzählt auch die Geschichte von dem Kaufmann, der eine so reiche Ernte eingefahren hat, dass er zusätzliche Scheunen bauen musste. Und dann die heftige Pointe: »In derselben Nacht forderte der Herr seine Seele von ihm.« Er musste sterben. Gemein? Eigentlich nicht, denn er war schon tot. Er hatte geglaubt: »Ich habe ausgesorgt. Alles ist gut. Alles bleibt gut.« Das Leben aber ist Veränderung. Alles fließt. Und wer das nicht wahrhaben will, hat sich vom Leben verabschiedet.

Worum geht es bei dem, was wir die Krise nennen und die Weltfinanzkrise meinen? Ums Geld.

Eins aber ist klar: Die Geldskala ist wie die Richterskala, die die Stärke von Erdbeben angibt – »nach oben offen«. Es scheint kein »Genug« zu geben.

Es wird immer Menschen geben, die mehr haben, mehr können, besser aussehen und klüger sind als ich und du. Dich mit anderen zu vergleichen, bringt deshalb immer die traurige Erkenntnis mit sich: Mein Besitz an Geld, Talent, Schönheit und Wissen ist geringer als der Besitz einer erschreckend großen Zahl von Menschen. Und dennoch kann ich reich sein. Denn:

Reich ist, wer sagt: »Für uns reicht es.«
Reich ist, wer sagt: »Für mich reicht es.«

Geld allein macht nicht unglücklich. Richtig! Und wann Geld glücklich machen kann – das zeigt sich auf der Geldskala an dem wichtigen Wendepunkt im Leben:

Jeder Dollar, jeder Euro, jedes Pound, jeder Rubel, jeder Yen, der das Los der mehr als eine Milliarde Menschen auf dieser reichen Welt, die in bitterster Armut leben, lindert, erhöht das Glück. Und wenn Sie in bitterer Armut leben, gibt mehr Geld Ihnen mehr Glück.

Ist dieser Wendepunkt aber erreicht – die Abwesenheit von Angst, Ausbeutung und Armut –, finden Sie mehr Glück nicht durch Geld. Oder glauben Sie, dass ein Oberschurke mit seinen erschwindelten 50 Milliarden Dollar glücklicher ist als ein kleiner Straßenkrimineller, der gerade 50 Dollar ergaunert hat?

Und wenn Sie heute mehr Einkommen haben als in der Ausbildungszeit oder als Student – sind Sie heute glücklicher als damals?

Der sicherste Reichtum ist die Armut an Bedürfnissen, hat Franz Werfel gesagt. Das Gegenteil davon hat George W. Bush gefordert. Am 20. Dezember 2006 hat der damalige US-Präsident »den Glücksdrachen beschworen«. An übermächtige Kräfte hat George W. Bush in einer Pressekonferenz zum Ausblick auf das Jahr 2007 appelliert: Amerikaner haben die Macht, ihre Wirtschaft wachsen zu lassen – und zwar durch mehr Shopping. Dies hat er seinen Landsleuten als Mittel gegen die voraussehbaren »zunehmenden wirtschaftlichen Schwierigkeiten« in 2007 anempfohlen. »Ich ermutige Sie alle, öfter shoppen zu gehen.«

So einfach ist Wirtschaftspolitik für einfache Gemüter mal gewesen, aber so einfach ist es ganz offensichtlich nicht mehr. George W. Bush hat auf ein Rezept gesetzt, das aus den 50er-Jahren des letzten Jahrhunderts stammt. Der große amerikanische Traum von Reichtum und Happiness, von Elvis und Easy Rider, von Hamburger und Marshmallows hing an einer einzigen Idee, die letztendlich zum Sündenfall geworden ist. Mitschuldig an der heutigen Weltwirtschaftskrise sind wir alle!

Die Saat der heutigen Weltkrise, der Finanzkrise, ist vor 50 Jahren gesät worden! Es lohnt sich, das zu verstehen – damit wir nicht wieder auf irgendwelche Finanzklugscheißer hereinfallen.

Es muss ein Ende sein mit der Unzufriedenheit – mit der Mentalität der Unzufriedenheit, wie sie in dem alten Spottlied »Der Hans im Schnokeloch« zum Ausdruck kommt.[15]

Das Schnokeloch ist das Schnakenloch, das Stechmückenloch, eine Gegend mit Tümpeln, in der es – typisch für die Rheinauen (und von dort stammt der Dialekt) – viele Schnaken gibt.

1. D'r Hans im Schnokeloch hett alles, was er will!
Und was er hett, des will er nit
und was er will, des hett er nit;
D'r Hans im Schnokeloch hett alles, was er will!

2. D'r Hans im Schnokeloch sagt alles, was er will!
Und was er sagt, des denkt er nit,
und was er denkt, des sagt er nit!
D'r Hans im Schnokeloch sagt alles, was er will!

3. D'r Hans im Schnokeloch duat alles, was er will!
Und was er duat, des soll er nit,
und was er soll, des duat er nit!
D'r Hans im Schnokeloch duat alles, was er will!

4. D'r Hans im Schnokeloch kann alles, was er will!
Und was er kann, des macht er nit,
und was er macht, gerot im nit!
D'r Hans im Schnokeloch kann alles, was er will!

5. D'r Hans im Schnokeloch geht anne wo er will!
Und wo er isch, do bleibt er nit,
und wo er bleibt, do g'fällt's em nit!
D'r Hans im Schnokeloch geht anne, wo er will!

6. D'r Hans im Schnokeloch, der hot a guate Knecht!
Eines gfallt dem Hans doch nit,
er ißt und trinkt auch fleißig mit.
D'r Hans im Schnokeloch, der hot a guate Knecht!

7. D'r Hans im Schnokeloch, der het a schöne Magd!
Und doch er sagt sie isch zu dumm
und noch dazua saumäßig fromm.
D'r Hans im Schnokeloch, der het a schöne Magd!

8. D'r Hans im Schnokeloch, der het a schöne Frau!
Sie isch net krumm, sie isch net grad,
sie hot an Arsch wi a Wagenrad.
D'r Hans im Schnokeloch, der het a schöne Frau!

9. D'r Hans im Schnokeloch, der het a liabe Frau,
bloß wenn sie will, dann kann er nit
und wenn er kann, dann will sie nit.
D'r Hans im Schnokeloch, der het a liabe Frau!

10. D'r Hans im Schnokeloch, der het das Leben satt:
Und leben, sagt er, kann er net
und sterbe, sagt er, will er net,
drum hüpft er aus'm Fenster naus und kommt ins Irrenhaus.

Irrenhaus? Was wir bräuchten, wäre für alle Männer, die glauben, es gäbe für Lebensfragen nur die rein technischen oder finanztechnischen Lösungen, eine beschützende Werkstätte. Dort könnten sie den ganzen Tag Monopoly spielen oder mit ihrem Stabilbaukasten oder ihren Legosteinchen, nebenbei so laut ins Handy röhren, dass alle mithören müssen, und immer, wenn sie »ich« sagen oder »wichtig«, »Super, so machen wir das« oder »Wunder werden sofort erledigt« oder »Das kriegt top priority«, ertönt eine Sekretärinnenstimme: »klasse, Chef«.

Wenn alle Menschen, die in den letzten Jahren die Top-Luxushotels bevölkert haben, auf eine riesige Luxusinsel geschickt würden, die extra für sie im Golf von Shubidubidubye angelegt wird, hätte man viele der an der Weltfinanzkrise Schuldigen auf freundliche Weise aus dem Finanzverkehr gezogen.

S. B.

19

Ja. Wir können einen Plan B überlegen

Ich habe Ihnen ja schon angekündigt, Sie mit einem Plan B für die berufliche Zukunft bekannt zu machen. Meine fünf Hauptthesen, die ich schon in meinem Buch *Raus aus der Komfortzone* beschrieben habe:

1. Wir können nicht mehr damit rechnen, dass das Unternehmen, für das wir arbeiten, uns für immer beschäftigen wird.
2. Wir können nicht mehr damit rechnen, immer einen Job in unserem erlernten Beruf zu finden.
3. Wir können nicht mehr damit rechnen, dass der Lohn für unsere Arbeit oder unsere Rente für unseren Lebensunterhalt ausreicht.
4. Wir können im Fall der Arbeitslosigkeit nicht mehr damit rechnen, dass unser Lebenspartner uns unterhält oder unterhalten kann.
5. Wir können nicht mehr damit rechnen, dass uns der Staat nach einem Jobverlust finanziell ausreichend unterstützt.

Das heißt: Jede/r von uns muss aus Eigeninitiative und mit etwas Kreativität ein Konzept in der Tasche haben, womit er/sie zukünftig eventuell den Lebensunterhalt verdienen könnte. Klingt brutal, reißt uns aus der Gemütlichkeit, ist aber realistisch. Sprich: Jede Frau und jeder Mann braucht einen Businessplan zum Selbstständigmachen in der Schublade, einen Plan B, und das B steht hier für das eigene Business. »Womit könnte ich selbstständig Geld verdienen? Was kann ich, was andere brauchen? Was brauchen andere, was ich bieten kann?« Ich bin überzeugt, dass gerade im Bereich gesunde Ernährung und Umweltschutz ganz viele Nischenangebote drin sind, die es zu entdecken gilt.

Mit einem Beispiel möchte ich Ihnen zeigen, wie beruflicher Erfolg aus lauter »Zufällen« entstehen kann (ich glaube übrigens seit Langem nicht mehr an Zufälle, ich glaube an Fügung). Es hat etwas mit einem Trend zur neuen Zufriedenheit zu tun – dem »Slow Food«. Antonett Briese aus der Nähe von Bremen schildert ihren Weg in die Selbstständigkeit so:

»Bereits vor 10 Jahren hatte ich den Entschluss gefasst, mich selbstständig zu machen. Anfangs war das Produkt noch nicht klar definiert – ich wusste nur: Ich will etwas Sinnvolles und Gesundes schaffen, meine Vorstellungen und Ansprüche an die Herstellung von Lebensmitteln umsetzen. Dann gab es einige Irrungen und Rückschläge in meinem Leben, es waren harte Lehrjahre.

Zum 1. November 2007 habe ich mich dann mit meiner ›Antonett Briese Nudelmanufaktur‹ selbstständig gemacht.[16] Ich stelle Bio-Frischnudelspezialitäten in verschiedenen Geschmacksrichtungen her – ohne Ei und konsequent ohne künstliche oder naturidentische Aroma-, Hilfsstoffe oder Ähnliches! Meine Nudeln schmecken ausschließlich nach dem, was die Zutaten wie Getreide, Gemüse, Kräuter, Gewürze oder Wein tatsächlich hergeben. Ich biete sie auf Biomärkten in der Umgebung, über Bioläden und über das Internet an, dort kann man die Nudeln bestellen, und ich verschicke sie dann im Frischhaltepack.

Trotz meiner Selbstständigkeit fühle ich mich nicht unabhängig – denn man hat einen neuen Chef: den Kunden! Um den dreht sich alles. Doch ich kann mir die Arbeit selbst einteilen, Entscheidungen selber treffen – das sehe ich als großen Gewinn. Ich kann Visionen entwickeln und mir daraus Ziele setzen und sie umsetzen – auch mit kleinem Budget gibt es viele Möglichkeiten. Durch mein Wirken lerne ich interessante Menschen kennen, es wird nie langweilig. Das persönliche Wachstum ist nicht zu unterschätzen.«

Antonett Brieses Mut wurde belohnt: Die Herrmannsdorfer Landwerkstätten in Glonn bei München haben ihre Pasta ausgezeichnet und als »hochwertiges Bioprodukt in die Selektion Herrmannsdorfer« aufgenommen. Aus der Begründung: »Gute Produkte brauchen Menschen, die sich etwas trauen und neue Wege gehen!« Übrigens: Auch 2015 ist Antonett Briese mit ihrer wunderbaren Nudelproduktion noch erfolgreich.

Was hat jetzt der Plan B mit Zukunftsängsten oder Zufriedenheit zu tun? Ich bin überzeugt, dass wir die Zukunft gelassener erwarten können, wenn wir Alternativen haben. Überlegungen zum Plan B sind übrigens auch für bestehende Unternehmen überlebenswichtig. »Was würden wir tun, wenn …?« Unser Unternehmen *Asgodom live* hat ja inzwischen vier Mitarbeiter/innen, und wir haben uns schon vor Monaten zusammengesetzt, um zu überlegen, was wir tun werden, falls die Wirtschaft so darniederliegt, dass sie sich keine Motivationsvorträge und Seminare mehr leisten kann/will? Denn es war erschreckend still im Büro geworden. Hatte ansonsten ununterbrochen das Telefon geklingelt mit Anfragen für Vorträge, Trainings und Einzelcoachings – plötzlich die große Stille. Wir merkten: Die Post wird weniger, E-Mail-Anfragen werden seltener. Da muss etwas geschehen!

Wir haben seit 2009 unsere Angebote erweitert, wir haben zum Beispiel 2013 eine Coach-Akademie gegründet, in der wir Coaches im »Lösungsorientierten Kurzcoaching« ausbilden. Wir haben das Marketing für meine Redneraufträge verbessert, und das Geschäft hat wieder tüchtig angezogen. Wir arbeiten am Thema Merchandising, also der Entwicklung von Produkten im Weiterbildungsbereich.

Das Ziel: Ein zweites und gar drittes Standbein aufzubauen, unabhängig von den bisherigen Kunden und den bisherigen Branchen zu werden. Ich halte ein »Puzzle-Leben« für viele Menschen für zukunftsträchtig (später darüber mehr).

Wenn wir in einem Coaching zusammensäßen, würde ich Sie fragen: »Was könnten Sie sich vorstellen, beruflich noch zu machen?« Und wir würden Alternativen sammeln – verrückte, unmögliche, mögliche, lustige, kluge, sinnliche, schwierige, einfache, egal. Gute Überlegung dabei: Was haben Sie in Ihrem Leben an Fähigkeiten erworben – auch außerhalb Ihres

Berufs? Was machen Sie richtig gern? Wir würden erst einmal alles aufschreiben. Dann würden wir im zweiten Schritt sehen, wie hoch Ihre Affinität zu den einzelnen Alternativen ist. Was macht Sie wirklich an? Wobei erscheint ein Glitzern in den Augen? Ein Grinsen? Dieses einzigartige Kitzeln hinterm Brustbein, das signalisiert: »Ja, das wär's!« Dann geht es im dritten Schritt um die Umsetzung: Was kann ich tun, um meinem Ziel näher zu kommen?

Hier das Beispiel von Katharina, 37 Jahre alt, Angestellte aus Osnabrück, privat ein absoluter Skandinavienfan. Sie schreibt einfach alles auf, was ihr zum Thema Berufsperspektiven einfällt, ohne gleich zu werten:

▶ Reiseberichte schreiben,
▶ im Internet ein Forum für Skandinavien-Liebhaber aufbauen,
▶ mich als Beraterin für skandinavische Firmen in Deutschland selbstständig machen,
▶ einen Coffeeshop in Osnabrück eröffnen,
▶ nach Finnland auswandern,
▶ Norwegerpullover stricken,
▶ Fjordreisen organisieren und als Reiseleiterin arbeiten,
▶ eine Rentierfarm im Weserbergland gründen,
▶ für eine skandinavische Firma arbeiten.

Katharina verteilt jetzt Punkte für die aufgeschriebenen Möglichkeiten. 10 Punkte sind der Höchstwert. Je mehr ihr die Idee gefällt, umso mehr Punkte verteilt sie:

- Reiseberichte – 8 Punkte
- Internetforum – 7 Punkte
- Beraterin für Firmen – 6 Punkte
- Coffeeshop in Osnabrück – 3 Punkte
- Auswandern – 9 Punkte
- Norwegerpullover – 5 Punkte
- Fjordreisen organisieren – 10 Punkte
- Rentierfarm – 2 Punkte
- Skandinavische Firma – 8 Punkte

Tagessieger sind die Ideen »Fjordreisen zu organisieren und zu leiten« mit 10 und »Nach Finnland auswandern« mit 9 Punkten.

Im dritten Schritt checkt Katharina jetzt ab, ob sich ihre Wünsche auch realisieren lassen. Kennt Katharina jemanden, der Reisen organisiert, könnte sie sich dort bewerben? Welche Voraussetzungen braucht es, um nach Finnland auszuwandern? Da sie schon mal zwei Semester in Helsinki studiert hat, bestehen tatsächlich Kontakte. Und sie schreibt eine To-do-Liste, welche Fragen sie in den nächsten Monaten klären wird.

Diese Beschäftigung mit dem Plan B hat einen wunderbaren Nebeneffekt. Sobald wir über unsere Wünsche reden, anderen davon erzählen, wächst einmal unsere Aufmerksamkeit für Chancen, die sich ergeben, und zum Zweiten treffen wir vielleicht auf Menschen, die uns wichtige Hinweise geben können.

Plan B heißt, ich öffne das Tor der Möglichkeiten, ich schaffe mir Perspektiven. Denn eins wissen wir schon lange: Es

gibt keine Sicherheit mehr im Job, vor allem nicht in Groß-
unternehmen. Es gibt eine einzige Sicherheit, und zwar, dass
ich weiß, was ich kann. Wo ich das beweisen kann, das ist die
Frage.

S. A.

20

Ja. Wir können alles gleichzeitig wollen

Ich begegne immer mehr Menschen, die zu viel können, zu viel wissen. Und die sich nicht länger in eine Berufsschablone pressen lassen wollen. Für die habe ich das Puzzle-Leben-Prinzip entwickelt, das ich weiter vorne angekündigt habe. Ein spannendes, abwechslungsreiches Lebensmodell, das für unsere Zukunft wie geschaffen scheint.

Natürlich gibt es Handwerker und Spezialisten, Experten und Berufene – die machen, was sie machen, und nie den Wunsch haben, noch einmal etwas ganz anderes zu tun. Und wenn sie damit zufrieden sind, ist das wunderbar. Ich kenne aber auch viele Menschen, die können viele unterschiedliche Dinge: Sie sind gute Buchhalterinnen, geben aber nebenbei Yogakurse und könnten sich vorstellen, ein Gesundheitshaus zu eröffnen. Sie sind fleißige Beamte, könnten bis zur Pensionierung ihre Arbeit machen, aber sie spüren, dass es da noch etwas anderes geben könnte. Sie helfen dem Freund in seinem Cateringservice, trainieren die Jugend-Handballmannschaft und schrauben abends mit Freunden an ihrem Motorrad rum.

In Coachings treffe ich oft Menschen, die »zu viel« können und sich unzufrieden fühlen, weil sie glauben, »nicht richtig zu ticken«. Für die habe ich eine gute Nachricht: Diese Menschen müssen sich nicht auf einen Job, ein Thema, eine Fähigkeit beschränken. Vielleicht brauchen sie ein »Puzzle-Leben«, um alle ihre Talente leben zu können. Puzzle kennen Sie (Könner sagen »Pazzel«, bei mir heißt es, wie zu meiner Kindheit »Pussel«): 1000 Stücke vom Pariser Eiffelturm, 5000 Stücke »Die Unterwasserwelt der Südsee« (ein Albtraum für mich). Ganz so viele Stücke gibt es im Puzzle-Leben nicht, aber doch genügend, um das Leben bunt und tänzerisch zu gestalten.

Ein weiterer großer Vorteil: In Zukunft wird es die klassischen Laufbahnen – unten eingestiegen, oben angekommen – nicht mehr geben. Wir alle müssen für die Arbeitswelt der Zukunft flexibler werden, und das kommt den kreativen Vielkönnern zugute.

Wenn es in Coachings um die großen Lebensentscheidungen geht – soll ich A tun oder B? –, rate ich, wo immer möglich: »Probieren Sie das Neue aus, aber geben Sie das Alte nicht völlig und spontan auf.« Für Kopfarbeiter, Weiterbildner, Dienstleister etc. ist ein solches Job-Puzzle super. Hier ein paar Beispiele, wie sich ein Puzzle-Leben verwirklichen lässt:

Das Angestellten-plus-Selbstständigkeits-Puzzle

Johanna B., 45, möchte ihren Job als Sachbearbeiterin nicht völlig aufgeben, weil sie die (vermeintliche) Sicherheit der Festanstellung nicht verlieren will. Sie kann sich vorstellen, drei Tage in der Woche weiterzuarbeiten. Sie hat schon mal vorgefühlt, wäre das in ihrem Unternehmen möglich. Dazu möchte sie in Zukunft verstärkt als Yogalehrerin arbeiten, sie hat eine gute Ausbildung gemacht und langjährige Praxis. Ihre beste Freundin ist Inhaberin eines Geschenkeladens und hat sie gefragt, ob sie nicht am Samstag dort aushelfen könnte. Das würde Johanna Spaß machen.

Damit sind schon drei Puzzlestücke ausgefüllt. Außerdem braucht Johanna Zeit für ihre kranke Mutter, die sie zukünftig einen Tag in der Woche betreuen möchte. Stück Nummer vier. Und ihr Puzzle vervollständigt sich, weil sie für ihren freiberuflich arbeitenden Bruder die Buchführung macht, gegen Geld natürlich. Was für andere ein furchtbares Chaos sein kann, zaubert ein breites Lächeln auf Johannas Gesicht. Ja, so kann sie sich ihr Leben die nächsten 20 Jahre gut vorstellen.

Das Existenzportfolio für Selbstständige

Gleiches Modell, andere Einteilung: Peter D., 38, möchte sich als Trainer selbstständig machen. Seine Puzzlestücke heißen: Seminare geben, Vorträge halten, Einzelcoachings machen, ein kleines Unternehmen beraten, ein Buch schreiben, Artikel für eine Fachzeitschrift verfassen.

Er überlegt für jedes Stück dieses Existenzportfolios: Wie viele Tage möchte ich das im Jahr machen? Wie viel Geld möchte ich mit jedem Teil verdienen? Was muss ich dafür tun?

Das Richtungswechsel-Puzzle

Wenn Sie selbst vorhaben, Ihr zukünftiges Leben bunt und spielerisch zu gestalten, überlegen Sie doch mal, wie die Puzzlestücke Ihres Erfolgs aussehen könnten. Manchmal sind es nur drei, manchmal sieben. Denken Sie immer daran: Sie können das eine tun und müssen das andere nicht lassen. Bedenken Sie dabei einen meiner Lieblingssprüche: Es hat alles seinen Preis.

Diesen Preis war auch Veronika G., 42, bereit zu zahlen. Sie fühlte sich als Fachärztin mit eigener Praxis nicht mehr wohl, war ausgebrannt und sagte im Coaching: »Das kann doch nicht bis an das Ende meines Lebens so weitergehen.« Sie entschied sich nach langer Beratung dafür, ihre Praxis aufzugeben und in eine andere als Teilhaberin einzusteigen.

Dort arbeitet sie jetzt dreieinhalb Tage und hat daneben einen Vortrag zum Thema »Gesundheitsvorsorge« ausgearbeitet, mit dem sie jetzt erst einmal in Volkshochschulen auftritt. Ihr Ziel: Unternehmen in Sachen Gesundheitsvorsorge zu beraten. Die ersten Kontakte sind geknüpft.

S. A.

21

Ja. Wir können uns vom Ichling zum Wirling entwickeln

Die Menschen liebten Pizza, Pasta und Salami – alles, was gut und kalorienreich war. Und sie liebten es reichlich: 2700 Kalorien, davon mehr als 40 Prozent in Fett, tagaus, tagein – mehr Fleisch und Fett als der amerikanische Durchschnitt.

Sie hatten genauso viel Übergewicht und Bluthochdruck wie die Durchschnittsamerikaner, rauchten und tranken genauso viel (also: zu viel) und waren genauso bewegungsfaul. Man sollte meinen, dass der Ort, in dem diese Vielfraße wohnten (das Dorf Roseto in Pennsylvania, USA), eine Goldgrube für Herzspezialisten und Totengräber wäre. Das Gegenteil aber war der Fall. Die Leute in den Nachbarorten von Roseto hatten dreimal so viele Herzinfarkte, und doppelt so viele Menschen starben daran.

Wer ein gutes Verhältnis zu den Nachbarn hat, lebt länger und gesünder

Von 10 000 Männern starben damals in den USA 35 an Herzerkrankungen und von 10 000 Frauen 29. In Roseto aber waren es nur 10 von 10 000 Männern und 6 von 10 000 Frauen. Und die allgemeine Lebenserwartung lag in Roseto weit über dem US-Durchschnitt – ein wirklich gewichtiges Beispiel dafür, dass manche Menschen trotz eines ungesunden Lebensstils einfach nicht krank werden.

Was war das Besondere an diesem Ort – abgesehen von dem gesunden, eigentlich aber ungesunden Appetit seiner Einwohner? Es war seine Sozialstruktur, bekannt geworden als »Roseto-Effekt«:

▶ (Fast) alle Bewohner waren italienische Einwanderer.
▶ (Fast) alle waren katholisch und bekannten sich somit zu den gleichen Werten im Leben.
▶ Mit 25 war jeder verheiratet, und in der Ehe waren die Rollen klar verteilt.
▶ Man hielt zusammen – auch gegen die teilweise recht feindselige neue Heimat.
▶ Armut und Verbrechen waren rar.
▶ Man kannte seine Nachbarn und half ihnen, wo man konnte.

Die Bewohner der Nachbarorte lebten nicht so streng religiös-konservativ, sie lebten eher isoliert nebeneinander her, jeder sorgte vor allem für sich selbst. Die Rollenverteilung in der Ehe war dort nicht so klar, es kam öfter zu Partnerkonflikten.

Isoliert leben macht krank

In Roseto hingegen muss niemand vereinsamen. Um die abends – zwar nicht reich, aber reichlich – gedeckten Tische versammeln sich nicht nur Vater, Mutter und ein Kind, sondern dazu auch die verwitwete Tante, der einsame Freund, der Junge aus der Nachbarschaft, der gerade Ärger mit seinem Vater hat, die Cousine mit dem unehelichen Kind, der Großvater, und ab und zu kommen der Briefträger und der Dorfpolizist noch dazu.

Mitmenschlichkeit schützt vor Krankheit

In Roseto, dem fast rein italienischen Auswandererdorf, leben und essen die Menschen in guter und großer Gemeinschaft. Sie folgen dem göttlichen Gebot aus der Schöpfungsgeschichte: »Es ist nicht gut, dass der Mensch allein sei.« Und um uns Menschen die Wahrheit seines Gebotes zu dokumentieren, gab Gott dem »nach seinem Bilde geschaffenen Menschen« einen Partner.

Ergebnis: Nicht nur Jogging oder cholesterinarme Kost schützen Sie vor Herzkrankheiten – Mitmenschlichkeit ist vielleicht sogar noch wichtiger, das schloss der Leiter der Forschungsgruppe, der Mediziner Professor Stewart Wolf.

Fünf Faktoren für Glück und Gesundheit

Befunde dieser Art sind nicht nur in Roseto, sondern zum Beispiel auch in der Alameda-Studie[17] bestätigt worden. 7000 Bewohner eines kalifornischen Landkreises (Alameda County) sind neun Jahre lang von Sozialforschern der renommierten Universitäten Yale und Berkeley in Untersuchungen einbezogen worden, in denen eine Vielzahl von Lifestyle- und Gesundheitsdaten erfasst und miteinander verglichen worden sind. In fünf Punkten lassen sich die Ergebnisse solcher Studien – erforscht an Zehntausenden von Menschen – zusammenfassen:

1. Wer verheiratet ist, lebt länger als Geschiedene.
2. Wer einer Kirche angehört und am Gemeindeleben aktiv teilnimmt, lebt länger als Menschen ohne Bindung an eine Religionsgemeinschaft.
3. Wer Freunde hat und den Kontakt pflegt, lebt länger als der, der keine hat.
4. Wer Verwandte hat und den Kontakt pflegt, lebt länger als Menschen ohne Anhang.
5. Wer einem Club oder Verein angehört, lebt länger als Menschen, die vielleicht sogar stolz darauf sind, keine »Vereinsmeier« zu sein.

Sicher ist: Unfreiwilliges Singleleben – die ungewollte Isolation von anderen Menschen – macht krank und verkürzt das Leben. In vielen Großstädten gibt es heute mehr als 50 Prozent Single-Haushalte. Eigentlich müsste an jeder Türklingel eine Warnung wie auf den Zigarettenpackungen stehen: »**Der**

Gesundheitsminister hat herausgefunden: Das Single-dasein gefährdet Ihre Gesundheit.« Die große Täuschung unserer Zeit hat einen Namen: Individualismus. Und manch-mal auch Selbstverwirklichung. Wichtiger als alle persönlichen Erfolge sind gute Kontakte zu anderen Menschen – nicht das berühmte »Vitamin B«, nicht die Amigo-Seilschaft, sondern das Eingebettetsein in ein Netzwerk guter Beziehungen zu Fa-milie, Nachbarn, Freunden und/oder zu einer Gemeinschaft. Wenn Sie sich unter den Mitmenschen wohlfühlen, dienen Sie Ihrer Gesundheit. Das ist die Botschaft aus Roseto, denn die Menschen dort haben ja ungesund gelebt, haben eben nicht dreimal täglich Vollkornbrot und Müsli gegessen. Wahre Ge-sundmacher sind:

❱ Höflichkeit,
❱ Fehler verzeihen,
❱ Hilfsbereitschaft,
❱ Streit vermeiden, nach der Regel »Mit mir bekommt man nur Streit, wenn ich es will«,
❱ Ärger so äußern, dass nicht noch mehr Ärger aufgebaut wird.

Halbwahrheiten der heutigen Gesundheitsapostel

Wichtig ist, dass Sie in einer Gemeinschaft leben, die Ihnen einen festen Platz gibt. Diese Gemeinschaft ist größer als die heutige Kleinfamilie, und sie hat auch für Außenseiter und Exzentriker Raum.

Wenn heute von Gesundheit geredet wird, geht es fast nur

um Sport, Fitness und Ernährung. Aber das ist nur die halbe Wahrheit – und halbe Wahrheiten sind ganze Lügen! Gesund hält uns, wenn wir uns wie die Menschen in den Mittelmeer-ländern um die großen Tische versammeln, essen, reden, dis-kutieren, schimpfen und scherzen. Und wenn alle – auch die Kinder und die alten Menschen – in solch einer Gemeinschaft ihren festen Platz haben.

Moral, Ehe & Co halten uns gesund

Das Spieler- und Scheidungsparadies Nevada beschert seinen Bürgern die niedrigste Lebenserwartung der Vereinigten Staa-ten überhaupt. Östlich der Grenze, im Mormonenstaat Utah, finden wir hingegen einen der gesündesten Plätze der USA überhaupt.

Über Ehen wird heute viel geklagt. Medizinstatistiken zei-gen dennoch: Wer verheiratet ist – gefragt wurde nicht, ob glücklich oder nicht so glücklich (!) –, hat eine bessere Ge-sundheits- und eine höhere Lebenserwartung als ein unver-heirateter Mensch. Witwen, Singles oder Geschiedene sterben früher und sterben häufiger an Krebs, Herzinfarkt, Verkehrs-unfällen oder durch Selbstmord – vier Todesarten, bei denen Stress eine Rolle spielt. Total schlecht kann die Ehe für den Menschen also nicht sein. Sie schafft »social support«.
S. B.

22

Ja. Wir können uns
helfen lassen

»Das kann ich schon alleine!« – »Ich weiß, du bist Amanda, das deutsche Kraftweib!« Dieser Dialog steht für einen langen Prozess des Umdenkens, des Weicherwerdens, der Öffnung zur Leichtigkeit. Dieser Prozess hat mein Leben in den letzten Jahren verändert.

Ich habe vorher das gelebt, was ich bei anderen den »Fluch der starken Frauen« nenne. Ich kann viel, ich schaffe viel, ich bin stark, ich bin ausdauernd, ich bin schnell, ich habe jede Menge Energie, ich kann mich quälen … Und das war gut so.

Aber das Bessere ist der Feind des Guten. Und was ich in den letzten Jahren gelernt habe, ist: Wir müssen nicht alles selbst tun. Wir dürfen uns helfen lassen. Wir dürfen um Hilfe bitten. Das gilt für unser Privatleben genauso wie für unseren Beruf. Wir müssen nichts mehr beweisen, wir sind schon wer (wie ein weiser Mann mal gesagt hat).

Das heißt im Einzelnen: mühsam Verantwortung abzugeben; genießerisch mich verwöhnen zu lassen. Es hieß, Arbeit abzugeben, die nicht unbedingt ich tun muss. Es hieß,

»Halt« zu rufen, wenn es mir zu viel wurde. Es hieß abzugeben, aufzugeben, Grenzen zu erkennen, zufrieden zu sein, Stärke zu spüren, gehalten zu werden, Geborgenheit. Es heißt auf der anderen Seite, das zu tun, was nur ich tun kann. Meine Fähigkeiten und Talente einzusetzen für das Wohl von allen.

Was vielleicht dramatisch klingt, bestand und besteht aus einem Prozess von vielen winzigen Mäuseschritten. Ich gebe all die Tätigkeiten ab, die jemand anders genauso gut für mich machen kann. Ich muss nicht den schweren Koffer tragen, wenn jemand da ist, der es gern für mich tut. Ich muss nicht selbst die E-Mails beantworten, wenn jemand da ist, der es für mich tun kann. Ich muss nicht selbst den Entkalker und das Küchenpapier kaufen, wenn jemand mir das abnehmen kann. Ich muss nicht selbst im Internet googeln, wenn ich etwas recherchiert haben will. Ich muss nicht mehr selbst zur Reinigung gehen, das Bild vom Rahmenlassen abholen, bügeln, die Blumen bestellen. Ich weiß, ich könnte es, aber es ist sinnvoll, dass mir jemand das abnimmt.

Denn dann kann ich mit großer Konzentration und Ruhe das machen, was nur ich kann. Meine Reden halten, meine Coachings machen, meine Seminare geben, meine Bücher schreiben. Und das ist der Luxus des Helfenlassens in meinem Leben: Ich habe Menschen um mich herum, die mir Freiraum schaffen.

Anfangs war das ein komisches Gefühl. Ich bin nicht als »höhere Tochter« geboren und dazu erzogen worden, anderen Anweisungen zu geben. Ich bin nicht als Unternehmerin erzogen worden, die anderen Menschen Arbeit anschafft. Ich war

Self-made Woman, und ich war stolz darauf – »Amanda, das deutsche Kraftweib« eben.

Aber ich gewöhne mich daran. Und merke, dass andere manches besser können als ich. Und ich lasse sie machen. Erfolg ist, seine Talente zu erkennen und einsetzen zu können. Erfolg ist aber noch mehr, mit anderen Menschen zusammenzuarbeiten, die ihre Fähigkeiten für das gemeinsame Ziel einsetzen. Ich genieße es inzwischen, wenn mein Mann nach einem Vortrag den Laptop abbaut und meinen Koffer im Auto verstaut. Und ich mich in der Zwischenzeit in aller Ruhe mit den Zuhörern unterhalten kann.

Ich genieße es, wenn meine Tochter völlig eigenständig einen Kongress organisiert, dort auch die »Chefin im Ring« ist, und ich mich auf meinen Part als Key-Note-Rednerin konzentrieren kann. Ich genieße es, wenn meine Office Managerin sich um den Büroumzug kümmert und ich einfach die Schlüssel in Empfang nehme.

Was ich bei all dem gelernt habe: Helfen lassen ohne Vertrauen geht nicht. Helfen lassen heißt auch, sich auszuliefern: der Anständigkeit, dem guten Willen und dem besten Bemühen von anderen.

Übrigens: Manches mache ich weiter, obwohl es jemand anders könnte oder sogar besser könnte, weil es mir einfach Spaß macht: Kochen zum Beispiel. Aber das ist auch Meditation im Alltag. Vor allem wenn man es nicht jeden Tag tun muss.

S. A.

23

Ja. Wir können Ballast abwerfen

»Was raten Sie denn Menschen, wie sie mit ihren Zukunftsängsten besser fertigwerden können?«, wurde ich neulich in einem Zeitungsinterview gefragt. Ich rate: Augen auf und durch!
Ja. Die Welt, unser Leben wird sich verändern. Basta. Die einzige Frage ist, wie gehe ich damit um.

Wenn Sie mir jetzt in einem Coaching gegenübersitzen würden, würde ich Sie bitten, sich ein Blatt Papier und einen Stift
zu nehmen und als Überschrift zu notieren: »Worauf könnte
ich verzichten?« Und darunter schreiben Sie, worauf Sie verzichten könnten – und worauf nicht. Ich mach das mal an einem Beispiel deutlich. Reinhardt ist Ende 40, beruflich sehr
erfolgreich, verheiratet, drei Kinder. Er schrieb:

Worauf könnte ich verzichten?

Großes Haus   Bilder   Cabrio

Fußball   Fernreisen   Zweitwagen

Ferienhaus   Privatschulen

Worauf nicht?

Meine Frau

    Meine Kinder

        Unsere Freunde

Skifahren

Meine Arbeit
(eine Arbeit, die
mich befriedigt

Wem's so gut geht, der kann ja leicht reden, denken Sie jetzt vielleicht. Ja, manchen geht es besser als anderen. Und sie brauchen auch deswegen nicht in Sack und Asche zu gehen. Sie können ihren Lebensstandard und ihren Lebensstil genießen. Interessant ist, was die Essenz des Lebens ist, egal ob arm oder reich. Die soziale Verarmung, der Mangel an Liebe, Freundschaft und Gemeinschaft, kann alle treffen. Die, die sich schämen, weil sie arbeitslos oder arm sind. Wie die, die hochmütig in ihrem Wohlstand werden. »Es ist kein Ziel, der reichste Mensch auf dem Friedhof zu sein.« Dieser Satz stammt von Sir Peter Ustinov. Und er stimmt.

Ich halte die »Worauf könnte ich verzichten«-Übung für so hilfreich, weil sie uns vorbereitet auf das, was kommen kann. Ja, es kann sein, dass sich manche Menschen in Zukunft weniger leisten können als bisher. Gehen Sie einfach einmal davon aus. (Wenn es nicht eintritt, umso besser.) Schauen Sie jetzt schon mal, welche fröhlichen Alternativen es gibt. Zur Anregung werden wir Ihnen gleich ein paar vorstellen. Auch deshalb rate ich vor allem Menschen unter 30 (wirklich, ich mag sie, meine Kinder gehören ebenfalls zu dieser Generation), sich mit anderen über Alternativen zu unterhalten.

Veränderungen im Aufschwung, so sagt man, sind einfacher als die im Abschwung. Verstehe ich auch. Aber lassen

Sie sich nicht einreden, dass ein Leben ohne Sushi und Caipirinha keine Perspektive sei. Glauben Sie daran, dass es ein Leben ohne Flachbildschirm-Fernseher und Spielekonsole, ohne Surfkurs und After-Work-Party gibt. Es gibt ein Leben zu erobern, das Ihre Eltern fast schon vergessen haben. Das aber nicht schlechter ist. Löchern Sie Ihre Eltern: Wie war das damals, als du noch Schüler, Student, Lehrling warst? Wie habt ihr gelebt, was habt ihr in eurer Freizeit gemacht? Woran hattet ihr Spaß?

Ist das Leben dann noch lebenswert? Das fragen Sie sich vielleicht. Das kommt darauf an, was Sie für lebenswert halten. Zurück in eine Coaching-Situation. Dort würde ich Sie auffordern, doch einmal aufzuschreiben, was für Sie »lebenswert« bedeutet. Wissen Sie, warum ich den sicher kommenden Veränderungen ziemlich gelassen gegenüberstehe? Weil das, was ich für lebenswert halte, wenig mit Geld zu tun hat, aber viel mit Sinn und mit Gemeinschaft. Ich weiß, dass ich mit wenig auskommen kann, das habe ich öfter müssen. Ich weiß, dass ich glücklich bin, wenn ich mit meiner Familie zusammen bin. Alles andere ordnet sich dem unter. (Und diese Angst, dass einem von denen etwas passieren könnte, verstecke ich ganz hinten in meinem Hirn, sonst würde ich verrückt.) Wir haben deshalb nicht nur einen Plan B für die Zukunft, sondern auch einen Plan C. Den stellen wir Ihnen später vor.

Es gibt Dinge, die haben wir mal unbedingt gebraucht: das tiefergelegte Auto, die modische Uhr, die Felljacke, der Super-Mixer, die Leopardenstühle, bei eBay günstig ersteigert. Damals erschienen uns die Dinge erstrebenswert, sie haben Spaß gemacht, wir haben sie gern benutzt und uns an ihrem Anblick erfreut. Doch mit der Zeit verblasst das mit den Dingen verwandte Gefühl, und wir sehen sie oft nicht mehr.

Ein kleiner Test

Schreiben Sie doch mal all die Dinge auf, die sich in Ihrem Wohnzimmer befinden – natürlich ohne hinzugucken. Sie werden vielleicht auf Hunderte von Dingen kommen. Und wahrscheinlich werden Sie sich an viele gar nicht erinnern. Wenn Sie dann Ihre Liste mit der Realität vergleichen, merken Sie vielleicht, dass Dinge, die wir nicht mehr wahrnehmen, auch keinen Wert mehr für uns haben. Sie könnten genauso gut verschwinden.

Die gleiche Übung können Sie, wenn Sie Kinder haben, auch im Kinderzimmer machen: Was liegt einfach nur noch herum, was hat keinen Wert (mehr) für die Kinder? Worauf könnten sie gut verzichten und sich dadurch auch mehr Raum im Zimmer schaffen? Was wollen sie aufheben und im Keller deponieren? Womit könnte man anderen Kindern eine Freude machen? Was könnte man auf dem Flohmarkt verkaufen?

Das Anhäufen von Dingen, die keinen Wert haben, vermüllt unsere Welt, nimmt Raum zum Atmen und zum Bewegen. Dinge können zum Ballast werden, der wie Fußketten unsere Freiheit einschränkt. Ein Beispiel: Ich habe bis kurz vor meinem fünfzigsten Geburtstag Elefanten gesammelt. Ich habe Elefantenbilder und große Holzelefanten, kleine Elefanten aus Glas, Eisen und sogar als Kerze. Ich habe thailändische Bierflaschen mit einem Elefanten drauf und eritreische Münzen mit einem Elefanten. Elefanten als Windlicht und Türstopper, auf Postkarten und Briefmarken. Kurz vor meinem 50. Geburtstag habe ich dann offiziell das Sammeln für beendet erklärt. Ich hatte Angst, dass ich zum Geburtstag nichts anderes als Elefanten geschenkt bekommen würde. Ich war zufrieden, als tatsächlich der Elefantenregen ausblieb.

Nun habe ich eine vergessene Elefantensammlung in den Regalen. Und erst vor Kurzem ist mir aufgefallen, dass meine Reinigungsfrau jeden dieser blöden Elefanten in die Hand nehmen muss, wenn sie Staub wischt. Aufnehmen, abwischen, darunter wischen, hinstellen. Was für eine überflüssige Arbeit – ich sehe nämlich die Dinger nicht einmal mehr, ja, mein Blick geht über sie hinweg.

Also, falls Sie eine schöne Elefantensammlung erwerben wollen, machen Sie mir ein Angebot – ein Teil des Erlöses geht dann an ein Frauenprojekt in Eritrea, das ich unterstütze. S. A.

24

Ja. Wir können uns verändern

Der Weg vom Ich zum Wir heißt, sich von der Egozentrik zum Gemeinschaftsgefühl bewegen. Was dies bedeutet, zeigt die Tabelle, die wir für Sie zusammengestellt haben. Auf der linken Seite der Tabelle finden Sie Eigenschaften und Verhaltensweisen, die dem »männlichen Prinzip« entsprechen, die auf der rechten Seite entsprechen eher dem »weiblichen Prinzip«. Die Beschreibungen haben die maskuline Form, weil Frauen eine Frage wie »Wären Sie lieber Klempner als Gärtner« beantworten können, während viele Männer bei der Frage »Wären Sie lieber Klempnerin als Gärtnerin« denken würden: »Ich lass mich doch nicht geschlechtsumwandeln.«

Kreuzen Sie an, welche Aussagen – linke oder rechte Spalte – besser auf Sie zutreffen. Sie müssen nicht alle Kästchen ankreuzen, sondern es lohnt sich, zuerst herauszufinden, wo Sie treffender beschrieben sind, und dann, ob Sie Verhaltensweisen aus der rechten Spalte stärker in Ihr Leben integrieren möchten. Das Schema kann ebenfalls nützlich sein, um grundlegende Lebensorientierungen von Menschen zu erfassen und gegebenenfalls Ideen zu einer Umorientierung zu liefern.

Wann immer Sie eine Aussage in der rechten Spalte angekreuzt haben, können Sie etwas von möglichen Zukunftssorgen und Ängsten lassen, denn Sie haben eine Lebenseinstellung, die Sie fit für harte, spannende, interessante Zeiten macht.

Bei welchem Typ Mensch wäre die Welt besser aufgehoben?	
Vom ICH ...	zum WIR
vom Machen ...	zum Wachsen und Reifen
vom »männlichen Prinzip«	zum »weiblichen Prinzip«
schreckt vor destruktiver Kritik nicht zurück	ist kreativ und baut andere durch Feedback auf
paart Wunschdenken mit Durchsetzungswillen	hat Wirklichkeitssinn, ist offen für Impulse anderer Menschen
ist durchsetzungswillig bis zur Intoleranz	urteilt objektiv, überzeugt und lässt sich überzeugen
ordnet sich über oder unter	ist unabhängig
Typ Einzelkämpfer: bewundert und strebt Macht an	Typ Teamplayer: praktiziert und fördert Selbstverantwortung
würde lieber Klempner als Gärtner sein; ist fasziniert von technischen Abläufen, weil man sie komplett unter Kontrolle haben kann	würde lieber Gärtner als Klempner sein; ist fasziniert von natürlichen Abläufen, die man unterstützen, aber nicht kontrollieren kann
möchte die eigene Welt beherrschen	hat Liebe zum Eigenwillig-Lebendigen, zum organisch Wachsenden

Bei welchem Typ Mensch wäre die Welt besser aufgehoben?	
kennt Tendenzen, auch mal etwas kaputtgehen zu lassen oder kaputt zu machen	möchte auch das Schwache, das Unperfekte, zum Blühen, Wachsen und Gedeihen bringen
lebt ich-bezogen	hat lebhaftes Interesse an der Außenwelt
tritt dem/den Fremden eher skeptisch gegenüber	integriert Ungewohntes, Neues und Fremdes
urteilt zuverlässig vorhersehbar – im Zweifelsfall wie beim letzten Mal in vergleichbarer Situation	urteilt rational und kann die eigene Meinung ändern
ist kulturell eher desinteressiert	ist kulturell reich
folgt auch nicht hinterfragten Vorschriften	übernimmt und fördert Eigenverantwortung
setzt Regeln und Verordnungen durch	sucht und gibt Denk- und Entscheidungsfreiheit
ist gewitzt, geschickt und manchmal gerissen, wenn es um den eigenen Vorteil geht	hält sich an moralische und menschliche Werte – auch wenn sie keinen eigenen Vorteil bringen
ist geleitet von unbewussten Wünschen	hat objektiv richtige Selbstwahrnehmung
fühlt sich als Angehöriger irgendeiner Elite	spürt und will, dass alle Menschen gleich sind
benutzt Menschen für eigene Zwecke	fördert die Zwecke anderer Menschen

Bei welchem Typ Mensch wäre die Welt besser aufgehoben?	
lähmt andere Menschen	beflügelt andere Menschen
strebt nach Herrschaft	strebt keine persönliche Macht an
praktiziert Eigennutz	denkt an sich selbst nicht zuerst
ist konsumorientiert	ist leistungsorientiert
will für Arbeit gut entlohnt werden	liebt die Arbeit mehr als die Entlohnung
pflegt Vorurteile	entwickelt eigene Vernunft
nutzt andere aus	nutzt eigene Energie aus
hält eher an der eigenen Meinung fest	ändert sich nach Erfahrung und Wirklichkeit
ist eigensinnig	ist meinungsfreudig und offen für fremde Ideen
ist pedantisch, korrekt und genau	ist großzügig, kann Fehler auch mal übersehen
ist rechthaberisch	ist gerecht
fühlt sich einer höheren Ordnung verpflichtet	ist tolerant
fühlt sich durch Lockerheit gestört	hat Humor
will alles korrekt und richtig machen	nimmt das Leben eher spielerisch und leicht

Bei welchem Typ Mensch wäre die Welt besser aufgehoben?	
übernimmt Verantwortung für den eigenen Bereich – z.B. die eigene Wohnung, den eigenen Garten	übernimmt Verantwortung für Wohnung, Haus, Straße und den Ort, in dem SIE oder ER lebt – auch für die Natur, die Tiere und Pflanzen; glaubt: Jeder ist des eigenen Glückes Schmied, führt andere Menschen zu Erfolgen
möchte gern viel mit einigen wenigen Menschen zu tun haben – und möglichst wenig mit dem Rest	ist ein aufgeschlossener, interessierter Kollege, Chef, Nachbar und Bürger
folgt stur den eigenen Prinzipien	sucht Ausgleich mit den Prinzipien der anderen
ist streng und fordernd	praktiziert Fürsorge und Pflege
arbeitet in Nachbarschaft, Job oder Gemeinde auch mal gegen die anderen Menschen	arbeitet in Nachbarschaft, Job oder Gemeinde nicht gegen die, sondern mit den Menschen
will auch auf Kosten anderer nach oben kommen	strebt keine Karriere an
klammert sich an die eigenen Pflichten	erfüllt die eigenen Pflichten
kooperiert mit Menschen, die nützlich sind	kooperiert mit möglichst allen Menschen
spannt (als Lehrer, Eltern, Vorgesetzter) Menschen für die eigenen Interessen ein und nutzt sie aus	fördert (als Lehrer, Eltern, Vorgesetzter) die Interessen aller

Bei welchem Typ Mensch wäre die Welt besser aufgehoben?	
hält enge menschliche Bindungen oft für belastend, verpflichtend und unbequem	sucht und pflegt Bindungen mit anderen Menschen
tut Gutes, wo ein Gegenwert zu erwarten ist	tut Gutes aus innerem Antrieb
ist in der Liebe und bei Liebesbeweisen oftmals unsicher und misstrauisch	kann Liebe und Liebesbeweise annehmen
nimmt gerne auch kleine Vorteile mit	nimmt keine kleinen Vorteile für sich mit
probiert, womit man durchkommt (»nur nicht erwischen lassen«)	hält sich streng an Ethik und Moral, wo es um den eigenen Vorteil geht
ist maßlos beim Verfolgen persönlicher Ziele	kennt Grenzen beim Verfolgen persönlicher Ziele
will den eigenen Willen und die eigene Meinung zur Geltung bringen	sucht Ausgleich der Interessen und die Integration persönlicher Ziele und Lebensstile
mischt sich in menschliche Händel nicht ein, sondern vertraut den Autoritäten und Instanzen	hilft beim Interessenausgleich – überlässt dies nicht den Behörden, Politikern, Managern, Lehrern u.a.
überlässt Moralfragen den Kirchen oder anderen Sinn stiftenden Institutionen	fühlt sich für Moralfragen mit verantwortlich
ist bei allen Projekten ziel-, zweck- und erfolgsorientiert	ist nur bei ethisch verantwortbaren Projekten ziel-, zweck- und erfolgsorientiert

Bei welchem Typ Mensch wäre die Welt besser aufgehoben?	
ist lebensklug	hat Lebensweisheit
glaubt an nichts oder glaubt hundertprozentig an eine bestimmte religiöse/ethische Lehre	ist auch in religiösen/ethischen Fragen kritisch
lebt Religion und Glaube maximal bei Taufen, Hochzeiten, Krisen oder Krankheit	ist aktives Mitglied einer Religions- oder anderen ethisch orientierten Gemeinschaft
lässt die Menschen kommen	geht auf andere Menschen zu
gibt sich integer, aber ein Restzweifel bleibt	ist persönlich unumstritten integer
ist arbeitsbesessen	ist fleißig, hält durch, ist aber nicht arbeitssüchtig
findet Eigenheiten anderer Menschen oft uninteressant und unbequem	ist neugierig interessiert an anderen Menschen und deren Art zu leben
ordnet alles der eigenen Weltsicht unter	besitzt einen flexiblen Geist und wache Urteilskraft
ist berechenbar und somit unanregend	besitzt Originalität
hat meist immer noch ein Ass im Ärmel	besitzt Offenheit und geistige Redlichkeit
ist für alle Aufgaben ausreichend intelligent	hat hohe Intelligenz: IQ – aber auch praktische, emotionale und soziale Intelligenz
blüht auf, wann immer etwas funktioniert	bleibt gelassen, auch wenn's nicht so glattläuft

Bei welchem Typ Mensch wäre die Welt besser aufgehoben?	
hält sich selbst für den Größten und Schönsten (und ordnet sich nur den Stars unter)	hat Sinn für alles Herausragende und Schöne und entdeckt beides in allen Menschen
sucht den Nutzwert von Menschen und Schöpfung	lebt in Respekt vor den Menschen und der Schöpfung
scheint immer schon alles zu wissen	kann immer noch erstaunt sein
hat den Zwang zu lernen	hat Liebe zum Lernen
hat den Zwang zu wissen	hat Liebe zum Wissen
lebt zukunftsbezogen, ist aber auch vergangenheitsbezogen und nachtragend	lebt gegenwartsbezogen
ist fordernd	zeigt Dankbarkeit
lebt das Sichere, das Messbare und Machbare oder geht extreme Risiken ein	lebt mit Hoffnung und Optimismus, geht aber keine extremen Risiken ein
erzeugt öfter Chaos im eigenen und im Leben anderer Menschen	erzeugt kein Chaos im eigenen und im Leben anderer Menschen
sieht das Leben als Kampf an	sieht das Leben als Gemeinschaftsaufgabe an
kämpft für die eigenen Erfolge	macht das Beste aus dem, was das Leben gibt oder fordert
ist immer aktiv und geschäftig	lebt im Rhythmus von Aktivität und Entspannung

Bei welchem Typ Mensch wäre die Welt besser aufgehoben?	
ist angetrieben von Angst und/oder motiviert durch irrationale Leidenschaften	arbeitet selbstgesteuert und eigenmotiviert
zeigt in der Liebe Herrschsucht und Besitzgier	zeigt in der Liebe Fürsorge und Verantwortung
sucht in der Liebe das für sich selbst Angenehme	sucht in der Liebe das für beide Angenehme
zeigt Leidenschaft, die die anderen Menschen manchmal überwältigt	begeistert andere Menschen, reißt sie mit
will vom anderen verstanden werden	will den anderen verstehen
will sich selbst mitteilen und ausbreiten	ist neugierig auf den anderen
setzt Grenzen für zu viel Nähe	sucht, fördert, steigert und pflegt Nähe
möchte, dass der Partner »verschmilzt« und die eigene Identität verliert	bleibt in der Partnerschaft eigenständig und unabhängig und unterstützt dies beim Partner
braucht Zeit, um sich auf Menschen einzustellen	kann spontan und unmittelbar Kontakt finden
lebt Selbstliebe durch Für-sich-Nehmen	lebt Selbstliebe durch Sich-Geben
praktiziert Nächstenliebe nur für wenige	pflegt Nächstenliebe als Lebenshaltung allgemein

Bei welchem Typ Mensch wäre die Welt besser aufgehoben?	
streicht im Zusammenleben die eigene Art, das Trennende, heraus	stellt im Zusammenleben das Gemeinsame in den Mittelpunkt
teilt nicht gerne	kann teilen
nutzt Kommunikation als Machtspiel	teilt sich mit und bringt sich ein
ist nicht immer offen für Neues	hat zumindest ein Anfangsinteresse an allem
weiß immer schon alles	will wissen
redet lieber als zuzuhören	kann zuhören
kommuniziert, um sich selbst und die eigenen Wirklichkeiten, Nöte und Freuden zu erklären	kann ganz beim anderen sein und sich in den anderen, seine Wirklichkeit, Not, Freude einfühlen
nähert sich anderen mit prüfender Skepsis	bringt anderen als Vorschuss Vertrauen entgegen
nähert sich der Welt mit jener Intelligenz, die auf das Funktionieren und den Nutzen achtet	kann sich einfühlen in das Wesen von Dingen, Menschen, Tieren und Pflanzen
bleibt im Denken an der Oberfläche haften	versucht, zum Wesen der Dinge vorzudringen
betrachtet Menschen, Tiere, Pflanzen, Dinge emotionslos-objektiv als »Gegenstände von Interesse«	baut eine persönliche, emotionale Bindung zu Menschen, Tieren, Pflanzen und Dingen auf

Bei welchem Typ Mensch wäre die Welt besser aufgehoben?	
nutzt den Verstand, um Vorteile für sich selbst zu entdecken	nutzt den Verstand, um eine Intuition für Menschen, Tiere, Pflanzen und Dinge zu entwickeln
glaubt: je emotionsloser das Betrachten, desto erfolgreicher das Denken	glaubt: je enger die emotionale Bindung, desto fruchtbarer das Denken
versucht oder gibt vor, immer objektiv zu sein	bereichert objektive Erkenntnis mit subjektivem Einfühlungsvermögen und Empfinden
Intelligenz dient Kosten-Nutzen-Überlegungen	Intelligenz fördert Respekt und Achtung vor anderen
geht bei wichtigen Dingen ins Detail und kann dabei das Ganze aus dem Auge verlieren	sucht ganzheitliche Erkenntnis
sucht Macht, Gewalt, Herrlichkeit, Überlegenheit, Vorrangstellung, Großartigkeit, Willkür	sucht Bindung, Gleichheit, Übereinstimmung und Gleichberechtigung
kann nur schwer verzeihen	kann verzeihen
kann sich unterwerfen und Anordnungen der Obrigkeit oder Sachzwängen folgen	prüft Anordnungen und Sachzwänge und beugt sich nicht der Obrigkeit
erwartet das Gute von einer Autorität – oft mit Geduld und Leidensfähigkeit	möchte das Gute selbst herbeiführen
hat auch eine sadistische Ader – kann Menschen strafen und quälen	möchte Menschen fördern, aufbauen, hegen und pflegen

Bei welchem Typ Mensch wäre die Welt besser aufgehoben?	
bewundert die Starken, die Mächtigen	bewundert Mut vor Fürstenthrönen
ist fähig zu blindem Gehorsam, Demut und Dankbarkeit Autoritäten gegenüber	folgt niemandem blind, denkt und fühlt nach
kann sich fügen und selbst verleugnen	geht nie aus der Eigenverantwortung
will seine Pflicht erfüllen gegenüber Autoritäten	will das Richtige tun
unterdrückt Kritik als Anzeichen von Rebellion	fördert kritisches Denken
baut auf Gesetz und Ordnung, Kontrollen und hartes Durchgreifen	schätzt autonome, trotzige, widerständige, nach Unabhängigkeit strebende Menschen
ist in der Grundhaltung feindselig und misstrauisch gegenüber allem und jedem	ist in der Grundhaltung freundlich und offen gegenüber allem und jedem
schätzt Schwache und Hilflose gering	hilft Schwachen und Hilflosen
betont Unterschiede und Klassengegensätze	nivelliert Unterschiede und Klassengegensätze
ist als Helfer von bevormundender Fürsorglichkeit	empowert als Helfer, fördert Selbstverantwortung und Eigenständigkeit
festigt Abhängigkeiten	löst Abhängigkeiten
Motto: »Ich bin, was ihr wollt«	Motto: »Ich bin, was ich bin«

Bei welchem Typ Mensch wäre die Welt besser aufgehoben?	
richtig ist, was »man« tut, liest, anzieht, kauft usw.	richtig ist, was mir passt und zu mir passt
wichtig ist Flexibilität, Abwechslung, das Neue und Andere, das Nicht-Festgeschriebene, die Herausforderung, das Spielen mit der eigenen Persönlichkeit und den persönlichen Rollen	wichtig und wertvoll ist das Gewachsene und Beständige
wichtig ist, speziell in der Wirtschaft, Mobilität	wichtig ist Heimat und Zugehörigkeit
wichtig und richtig ist, überall zu Hause zu sein	wichtig und richtig ist ortsgebunden und fest verwurzelt zu sein
wichtig ist der Marktwert von Tieren, Pflanzen, Dingen, Ideen und Menschen (deren Employability)	wichtig ist das Gedeihen von Tieren, Pflanzen, Dingen, Ideen und Menschen
das Schlimmste ist, erfolglos zu sein	das Schlimmste ist, Unrecht zu tun
Bindungslosigkeit und Unverbindlichkeit machen die Liebe und den Umgang mit Menschen leichter	gut in der Liebe und im Umgang mit Menschen ist eine feste und gepflegte emotionale Bindung
Bindung und Treue im Geschäftsleben reichen so weit, wie sie mit Markterfordernissen, Flexibilität und Erfolgsstreben vereinbar sind	wichtig im Geschäftsleben sind über den Tag hinausgehende Bindungen an das Unternehmen und an andere Menschen

Bei welchem Typ Mensch wäre die Welt besser aufgehoben?	
wichtig im Geschäftsleben ist, dass Bindung und Vertrauen entzogen werden können	wichtig im Geschäftsleben ist, dass Menschen den Vorgesetzten vertrauen können
Vorgesetzte müssen nach unten Distanz und Gleichgültigkeit wahren	Vorgesetzte müssen nach unten Nähe und Glaubwürdigkeit wahren
Toleranz und Fairness sind Untergebenentugenden	Toleranz und Fairness sind Vorgesetztentugenden
wichtig im Geschäftsleben sind Ent-Bindung, Ent-Emotionalisierung und Coolness	wichtig im Geschäftsleben sind Bindung, Beziehung, Gefühl
Gefühle sind im Geschäftsleben »Sand im Getriebe«	Gefühle sind im Geschäftsleben das »Schmiermittel aller erfolgreichen Geschehnisse«
Gefühle stören die Leistungsfähigkeit	Gefühle fördern die Leistung
Gefühle sind irrational	Gefühle geben dem Verstand Energie
wirtschaftlicher Erfolg hängt ab von rationalem Denken, kühlem Verstand, Psycho- und Sozialtechnik (social engineering)	rationales Denken, kühler Verstand, Psycho- und Sozialtechniken demotivieren die Menschen und mindern so den wirtschaftlichen Erfolg
wichtig im Geschäftsleben sind »Ich-Erleben« und »Eigen-Sinn«	wichtig im Geschäftsleben sind »Wir-Erleben«, »Wir-Gefühl« und Gemeinsinn
wichtig ist Selbstverwirklichung	wichtig ist gemeinsame Verwirklichung

Bei welchem Typ Mensch wäre die Welt besser aufgehoben?	
wir sollten spontan, grenzenlos, vorwärtsblickend-rücksichtslos sein, um unser Leben zu inszenieren	wir sollten authentisch sein
alles Machbare sollte auch gemacht werden	alles Unethische und Unsinnige ist zu meiden
wertvoll ist alles, was neu und anders ist	wertvoll ist Beständigkeit
Kreativität heißt, fremde Quellen (Internet, Software, auch Gestaltungs- und Malprogramme) auszuschöpfen	Kreativität heißt, aus dem Eigenen zu schöpfen
alles Bestehende, Wertgeschätzte und Gesicherte ist zu attackieren und ins Lächerliche zu ziehen	Bestehendes, Wertgeschätztes und Gesichertes sollte nicht leichtfertig aufgegeben werden
Erfolg bringt das Riskante, Grenzwertige, Übergriffige, Unkonventionelle	Erfolg bringt, das Bestehende umsichtig und verantwortungsvoll weiterzuentwickeln
die natürliche Ordnung (z.B. Tag-Nacht-Rhythmus) ist auf den Kopf zu stellen	der natürlichen Ordnung (z.B. Tag-Nacht-Rhythmus) ist zu folgen
Kultur schaffen heißt: Gefühle inszenieren, anbieten, aneignen	Kultur schaffen heißt: Raum für authentisches Empfinden schaffen
Kultur speist sich aus Seifenopern, Musicals, Lovestorys, Klatsch, Blogs, Promi-Kult	Kultur speist sich daraus, sich von Menschen und vom Menschlichen bewegen zu lassen

Bei welchem Typ Mensch wäre die Welt besser aufgehoben?	
Kultur erzeugt Sentimentalität	Kultur möge Selbst- und Mit-gefühl erzeugen
der richtige Lebensstil ist Kon-taktfreude, Netzwerken, dabei sein, dazugehören	der richtige Lebensstil sollte letztendlich echte, andauern-de Freundschaften mit sich bringen
wichtig ist Breitenkontakte und punktuelle Beziehungen pflegen	wichtig sind Kontakte und Beziehungen, die uns menschlich berühren
wichtig an Beziehungen ist, die Leidensseite auszuklammern	wichtig ist, mehr als nur Schönwetter-Beziehungen zu pflegen
Menschen sollten in ihren Beziehungen immer positiv und optimistisch und nie nach-tragend sein	Beziehungen können schmerz-voll sein, und Menschen sollten mitleiden können
am Ende einer Liebe sollte man gute Freunde bleiben	am Ende einer Liebe darf man den geliebten Menschen las-sen
es ist klug, Eifersucht nicht zu kennen	es ist klug, Eifersucht zu spü-ren, statt sie zu verdrängen
sexuelle Rollen können gespielt werden – von Promiskuität bis Enthaltsamkeit	es ist klug, eine sexuelle Per-sönlichkeit zu entwickeln, zu leben und zu zeigen
Sex und Liebe sind Selbstver-wirklichung und ein gemeinsa-mer Event mit auswechselbaren Partnern	bei Sex und Liebe geht es nicht um mich oder uns, sondern um etwas Drittes, das ohne dich und mich nicht da ist

Bei welchem Typ Mensch wäre die Welt besser aufgehoben?	
wichtig ist, nur positiv zu denken, fühlen und handeln und jedem Konflikt aus dem Weg zu gehen	wichtig ist, positiv, aber auch negativ wahrnehmen, denken und fühlen zu können
Optimismus ist die optimale Lebenseinstellung	Reife zeigt sich in der Fähigkeit zum Optimismus als Grundhaltung und in kritischen Situationen durch Pessimismus
klug ist, dem Schwierigen, Kritischen, Konflikthaften aus dem Weg zu gehen	das Schwierige, Kritische, Konflikthafte ist der Impuls zur Weiterentwicklung
wichtig ist, von allem das Beste zu haben	wichtig ist, nicht das Maximale, sondern das Optimale zu bekommen und eigene Grenzen durch schicksalhafte Fügungen anzuerkennen und mit weniger zufrieden sein zu können
wichtig ist, immer der Größte, Beste, Humorvollste, Netteste, Aktivste, Gewaltigste sein zu wollen	wichtig ist, sich selbst auch als hilflos, passiv, machtlos, isoliert, unfröhlich und nicht stromlinienförmig akzeptieren zu können
Trauer, Alleinsein, Verlust, Enttäuschung sollte man wenig und am besten gar nicht spüren	wichtig ist, Sehnsucht, Treue, Nähe, Zuneigung zu spüren und Verluste auszuhalten
Angst sollte man überspielen durch Nervenkitzel	Angst sollte man spüren und zeigen können

Bei welchem Typ Mensch wäre die Welt besser aufgehoben?	
klug ist, immer stark und selbstbewusst zu sein	klug ist, Schwächen zeigen und zu ihnen stehen zu können
Erfolg hat, wer schamlos ist	Erfolg hat, wer sich auch schämen kann
eigene Schuld kann man durch Finden von Sündenböcken und Mitschuldigen minimieren	einfacher und praktischer ist, eigene Schuld auch einzugestehen
wichtig ist, sich an Vorbildern, Ratgebern, Werte-Kanons oder political correctness zu orientieren	wichtig ist, niemanden schädigende eigene Normen und Ideale zu leben
wichtig ist, unangenehme Wirklichkeiten nicht zur Kenntnis zu nehmen	wichtig ist, unsere und die uns umgebende Wirklichkeit wahrnehmen zu können
hilfreich ist, mit Fantasien der Realität zu entfliehen	hilfreich ist, Fantasien zu nutzen, um die Welt zu gestalten
wichtig ist, dass von der eigenen Persönlichkeit nur gezeigt wird, was dem eigenen Wunschbild entspricht	wichtig ist, die nicht so »tollen« Aspekte der eigenen Persönlichkeit nicht zu verdrängen
erfolgreich und praktisch ist, von anderen Menschen nur anzunehmen, was unserem Wunschbild entspricht	wichtig ist, zwischen dem zu unterscheiden, wie man sich den anderen wünscht, und dem, wie der andere ist

Bei welchem Typ Mensch wäre die Welt besser aufgehoben?	
eine lässliche Sünde ist, das Bild des anderen mit unserem Hassbild von ihm zu verwechseln	klug ist zu unterscheiden, wovor man sich beim anderen fürchtet, von dem, wie der andere ist
Sinn macht, immer höher, weiter, schneller und mehr zu wollen	Sinn macht, auch Begrenzungen und Leid akzeptieren zu können
klug ist, oft von Idealen und Werten zu reden	klug ist, Ideale und Werte zu leben
klug ist, Impuls- und Affekt-Kontrolle zu fordern	klug ist, Impulse und Affekte selbst modulieren zu können
eine lässliche Sünde ist, sich selbst vorzugsweise positiv und andere eher negativ wahrzunehmen	eine gute Gabe ist, positive und negative Wahrheiten bei sich selbst und bei anderen wahrnehmen zu können
klug ist, Denken, Fühlen und Handeln zu trennen	klug ist, Denken, Fühlen und Handeln als Einheit zu erleben
klug ist, Kritik, Versagungen und Enttäuschungen nicht an sich heranzulassen	klug ist, Kritik, Versagungen und Enttäuschungen aushalten zu können
leichter ist es, konfliktscheu-angepasst zu leben	langfristig leichter ist, Konflikte zu wagen und zu ertragen
klug ist, alles selbst zu machen	klug ist, alles selbst zu können, aber das Angewiesensein auf andere akzeptieren zu können
ich fühle mich in Gemeinschaft oft fremd und deplatziert	ich kann selbstständig sein und Gemeinschaft finden

Bei welchem Typ Mensch wäre die Welt besser aufgehoben?	
ich erlebe Bindung als angenehm, Trennung als unangenehmen Selbstverlust und Selbstwertverlust	gut ist, sich binden und trennen zu können, ohne dass man sich selbst aufgibt oder zu verlieren droht
ich meide gern körperliche, seelisch-geistige Anstrengungen	ich suche körperliche, seelische und geistige Anstrengung
ich tue nur, worin ich mich anderen überlegen fühle	ich tue auch Dinge, bei denen ich nicht glänzen kann
ich kann mich nur schwer in andere hineinversetzen	ich kann mich in die Situation des Partners, Gegners, Unterlegenen, Gescheiterten hineinversetzen
ich konfrontiere mich nicht mit eigenen Schwachstellen	ich kenne meine Illusionen und Lebenslügen
ich bin rundum angepasst	ich weiß, wo ich mich von familiären, gesellschaftlichen, kulturellen Mustern und Werten unterscheide
ich hänge eigene Mäntelchen immer nach dem Wind	ich übe zu widersprechen und zu eigenem Denken und Urteilen zu stehen
ich gehe Konflikten aus dem Weg	ich spreche Konflikte an und stehe deren Klärung durch
ich richte mich nach den Überzeugungen anderer	ich lebe die eigenen Überzeugungen

Bei welchem Typ Mensch wäre die Welt besser aufgehoben?	
ich lebe in einer weitgehend virtuellen Welt	ich weiß, welche Tagträumereien, Fantasien und fiktive Welten in Film und Literatur mich ansprechen
ich lasse mich von Ärger, Wut, Eifersucht, Trauer, Hass leiten	ich erkenne Ärger, Wut, Eifersucht, Trauer, Hass
ich versuche, Angst-, Schuld- und Schamgefühle zu leugnen	ich kann Angst-, Schuld- und Schamgefühle bekennen
ich suche oft zwanghaft Gesellschaft	ich kann auch gut allein sein
ich bin wohl eher ein modischer Konsumidiot	ich übe, ohne Moden und Marken auszukommen
ich praktiziere Einkaufsvöllerei	ich praktiziere oft Einkaufsfasten
ich praktiziere Musik-, TV-, Handy-, E-Mail-, SMS-Völlerei	ich praktiziere Musik-, TV-, Handy-, E-Mail-, SMS-Fasten
ich praktiziere Alkoholvöllerei	ich praktiziere Alkoholfasten
ich praktiziere Völlerei	ich praktiziere Fasten
ich hechele ständig den Events hinterher	ich mag immer wieder einmal nichts erleben wollen

25

Ja. Wir können die Freunde finden, die wir in harten Zeiten brauchen

Mich hat einmal ein junger Kollege, etwa Mitte 40, angerufen, ob ich für die Zeitschrift eines Altenheims – pardon: einer Seniorenresidenz – etwas darüber schreiben würde, wie man im Alter noch Freunde findet.

Erwartet hatte er – »du bist ja ein erfahrener Psychologe« – eine jener 10-Punkte-Dale-Carnegie-Lehrer-Lämpel-Listen à la »Wie man Freunde gewinnt, Menschen beeinflusst, zarte Füße und ein volles Bankkonto bekommt«. Sie wissen schon: »1. Gehen Sie unter Menschen (denn wenn Sie keine Menschen sehen, können Sie auch keine Freunde finden)« usw. – alles bekannt …

Nein, wir müssen nicht alles von Psychologen und Beratern lernen – richtig essen, fit sein für Körper, Geist und Geldanlage, richtig schlafen, den Walzer links rum, politisch rechts rum (oder war's umgekehrt?) … Es mangelt uns ja kaum an Lebenswissen, sondern meist am Schwung und an der Begeisterung, dieses Wissen auch nutzbar zu machen. Und da fiel mir Sabines Bestseller ein: *Lebe wild und unersättlich.*

Wie finden wir im Alter Freunde? Wir finden sie, indem wir wild und unersättlich leben. Nicht gemeint ist die ungezügelte Habsucht, mit der Menschen an der Börse, in Kriegen oder bei Tisch nach allem greifen, was erreichbar ist, sondern unkontrollierte und unstillbare Lebensfreude.

Ein guter Menschenkenner, Johann Wolfgang von Goethe, hat die wilde und unersättliche Lebensfreude in seinem Plädoyer für mehr Eitelkeit beschrieben: »Wenn du es recht betrachtest, was ist denn das, was man oft als Eitelkeit verrufen möchte? Jeder Mensch soll Freude an sich selbst haben. Und glücklich, wer sie hat. Hat er sie aber, wie kann er sich verwehren, dieses angenehme Gefühl merken zu lassen? Wie soll er mitten im Dasein verbergen, dass er eine Freude am Dasein habe?«[18] Das war mein *Tipp eins:* »Wenn du Freunde finden willst, sei, wer du bist, so schwer das auch ist.« Oder in Sabines Lebe-wild-und-unersättlich-Liste:

- Ich darf mich mögen.
- Ich darf Erfolg haben.
- Ich darf älter werden.
- Ich darf emotional sein.
- Ich darf Fehler machen.
- Ich darf Angst haben.
- Ich darf aus der Reihe tanzen.
- Ich darf »Nein« und »Ja« sagen.
- Ich darf glücklich sein.
- Ich darf meine Welt verändern.

Tipp zwei: Wie man Freunde findet, ist in jedem Alter gleich. Und es ist im Prinzip einfach. Ich habe es von AFN gelernt, da habe ich früher Elvis und Country & Western gehört und jahrelang den Spruch (die Amis sind ja zwanghafte Lebensratgeber und Menschheitsbeglücker): »If you want to have a friend, you have to be one.«

Ja, so ist es. »Wenn du einen Freund haben willst, musst du einer sein.« Ein Freund bist du, wenn du aufmerksam, achtsam und hilfreich bist, ein positiv eingestellter Mensch. Das reicht für die ersten Phasen der Freundschaft, das Näher-Kennenlernen und das Sympathie-Erzeugen. Auf Dauer aber muss die von Goethe gemeinte Freude am Dasein hinzukommen. Und dazu gehört, dass auch die Freundin und der Freund die zehn Wild-und-unersättlich-Punkte leben dürfen – Eigenarten zeigen und sich manchmal »unmöglich« aufführen.

Tipp drei gilt der Frage: Wie viele Freunde brauchen wir?

Benjamin Franklin, der Staatsmann und Erfinder des Blitzableiters, hat hier einen interessanten Rat gewusst: »Sei anständig mit allen. Umgänglich mit vielen. Vertraut mit wenigen. Freund mit einem. Feind mit keinem.« Ähnlich Friedrich Schiller, der in seiner Hymne an die Freude schreibt: »Wem der große Wurf gelungen, eines Freundes Freund zu sein … ja – wer auch nur eine Seele sein nennt auf dem Erdenrund …«

Schiller beschreibt die Freude als die große Kraft, die uns verbindet. Gemeinsame Freude schafft eine Gemeinschaft von gleichberechtigten Menschen und sichert Freundschaft: »Freude, schöner Götterfunken, Tochter aus Elysium, wir betreten feuertrunken, Himmlische, dein Heiligtum. Deine

Zauber binden wieder, was der Mode Schwert geteilt. Bettler werden (den) Fürsten Brüder, wo dein sanfter Flügel weilt« (andere Texte weichen davon etwas ab).

Gemeinsame Freude – wild und unersättlich – ist die Kraft, die Freundschaft wachsen und gedeihen lässt. Also: Wenn Sie heute – wie so viele andere und sehr sympathische Menschen ebenfalls – Sorgen haben, wohin alles geht und wie es weitergeht: Schütten Sie die Sorgen nicht »in ein Gläschen Wein«, wie das Wiener Sauflied heißt, sondern öffnen Sie eine Flasche und öffnen Sie sich den Menschen, die Sie immer schon mal ansprechen wollten. Wir alle kennen den Spruch: Geteiltes Leid ist halbes Leid, und geteilte Freude ist doppelte Freude. Und wer in dieser Weise teilen will, wird Freunde finden. So einfach klingt das, wenn man es schreibt, und noch einfacher, wenn man es liest.

S. B.

26

Ja. Wir können negative Gedanken stoppen

Wohl jeder Mensch kennt und hat bedrückende Gedanken (»Das schaffe ich nie!«) oder macht sich innere Vorwürfe (»Wie konnte ich nur!«). Als Kind habe ich immer wieder mal gehört: »Du bist ja zu blöd zum Milchholen.« Und wie oft habe ich mich als Erwachsene innerlich gescholten: »Du bist ja zu blöd zum Einparken, Nein-Sagen, Dinge erledigen.« Beginnen die inneren Beschimpfungen erst einmal, lassen sie sich kaum bremsen. Sie laufen ab wie eine Gebetsmühle, immer rund im Kopf herum: »Ich kann mich heute nicht leiden, die Welt ist grau, das macht mich ganz grau, keiner kann mich leiden, und ich mag mich schon gar nicht.«

Wie lassen sich diese Gedanken abstellen? Einige einfache, aber wirkungsvolle Methoden führen heraus aus so einem Seelentief. Sie alle haben mit dem Wort »STOPP« zu tun: Schlagen Sie mit der Handfläche auf einen Tisch oder gegen die nächste erreichbare Tür oder Wand (es muss etwas wehtun), und brüllen Sie laut: »STOPP«! Was passiert? Ihre negativen Gedanken werden, zumindest für den Augenblick, unterbrochen.

Holen die finsteren Gedanken Sie bald wieder ein, folgt das nächste STOPP! Oder:

▶ Sie klatschen nicht gegen die Wand, sondern in die Hände, um das ungute »Gedankendurcheinander« in sich zu stoppen. Sie geben Ihren Gedanken Befehle wie ein Schiedsrichter beim Tennis: »Quiet, please – Ruhe, bitte«.
▶ Der Psychologe Professor Martin Seligman empfiehlt, ein Gummiband ums Handgelenk zu tragen, mit dem Sie sich schnippen, wenn die Novembernebel-Gedanken immer und immer wieder kommen.
▶ Gut auch: Ein STOPP-Schild bei sich tragen, als Talisman im Portemonnaie oder Kalender.

Wann immer Sie sich in Gedanken selbst fertigmachen, schauen Sie drauf: STOPP! Oder Sie stellen es sich in einem Silberrahmen auf den Schreibtisch oder platzieren es gut sichtbar an jenem Ort, an dem Sie am häufigsten vom Stress der Gebetsmühle im Kopf geplagt werden.

Diese Methoden wirken durchs Tun, durch regelmäßiges Wiederholen. Kommt man sich anfangs auch noch etwas seltsam vor, wird das automatische STOPP bald zum Gedankenklärer und Türöffner für frischen Wind im Hirn. Und irgendwann reicht bereits die Vorstellung, auf den Tisch zu hauen, um den inneren Frieden wieder herzustellen.

Die tägliche Happy Hour und Unhappy Hour

Um zu dem zu kommen, was wirklich wahr und wichtig ist, haben die Engländer eine Sitte gefunden, ein Ritual, das den Übergang vom Arbeitstag zum Feierabend markiert:

Die Happy Hour
Machen Sie den Abend durch eine Happy Hour, eine Glücksstunde, zu einem echten Feierabend. Sie schalten dabei Körper, Geist und Seele von der Tagesanspannung auf Entspannung um. Und wenn Sie den Tag entspannt abschließen, regenerieren sich Ihre Kräfte.

▶ Setzen Sie sich hin – allein oder mit Partner/in. Sitzen Sie einfach da – gerade so, wie es die alten Leute vor hundert Jahren auf dem Land am Abend auf der Gartenbank getan haben.

▶ Sie können etwas trinken, einen Absacker – es muss kein Alkohol sein, ein Tee ist genauso gut.

▶ Schauen Sie vor sich hin, ohne etwas zu fixieren oder genau erkennen zu wollen. Schauen Sie in die Natur und nicht auf die Flimmerwelt eines TV- oder Computerbildschirms. Natur wirkt heilsam auf Ihre persönliche Natur.

▶ Lassen Sie die Gedanken fließen, und wenn Ihnen nach Reden ist, lassen Sie die Worte fließen.

▶ Sagen Sie nichts Kluges, nichts Neues, beginnen Sie keine kontroversen Diskussionen. Die Gedanken, Eindrücke und Bilder des Tages sollen jetzt entsorgt werden – und zwar dadurch, dass Sie sie als Worte herauslaufen und ins Leere laufen lassen.

- Lassen Sie dann Ihren Tag an sich vorüberlaufen. Wie einen Film. Schauen Sie hin, was ist gut gelaufen, was weniger gut?

- Gut möglich ist, dass zuerst kein fröhlicher Film vor Ihrem geistigen Auge abläuft und dass Sie deshalb keine positiven, sondern stressige Gefühle verspüren. Das hat einen biologischen Sinn! Unsere Gefühle sind Grobeinschätzungen unserer momentanen Lebenssituation. So wie die Zunge uns durch bitteren Geschmack vor unverträglicher Nahrung warnt, warnen uns unsere bitteren Gefühle vor anderen möglichen Gefahren: »Hast du etwas Wichtiges vergessen?«, ist eine typische Mahnung dieser Art. Oder: »Das darf dir nicht noch einmal passieren.«

- Anfangs kommen also meist die negativen Bilder, Eindrücke und Stimmungen hoch. Die wollen Sie warnen: »Irgendwelche Fehler gemacht? Irgendwas vergessen? Irgendwas noch zu tun?« Sich mit diesen unerfreulichen seelischen Tagesresten zu konfrontieren, braucht man manchmal sogar Mut.

- Wenn Sie sich etwas notieren wollen, das Sie nicht vergessen sollten, tun Sie es und kommen Sie dann zurück in Ihren bequemen Sessel; bald aber stellen sich wie von selbst leichte Gedanken und Glücksgefühle ein. Glück ist ein zartes Gefühl. Es meldet sich erst, wenn sich die negativen Gefühle abreagiert haben. Bleiben Sie also in der Ruhe. Ihr »innerer Arzt« wird Sie von negativen auf glückliche Gefühle umschalten.

- Lassen Sie den Film des Tages weiterlaufen und immer dann anhalten, wenn Sie sich in einer fröhlichen Situation erleben, wenn Sie eine gute Tat vollbracht haben, wenn Sie eine Ihrer geistigen Stärken, eines Ihrer Talente oder eine Ihrer Charakterstärken ins Leben eingebracht haben.

Die Happy Hour, die Glücksstunde, ist der Weg zu tagtäglicher Zufriedenheit. Probieren Sie es einfach aus. Mag sein, dass es Wochen dauert, bis Sie das gute Gefühl der Zufriedenheit spüren, aber diese Zeit zu investieren lohnt sich.

Machen Sie jeden Vormittag eine Unhappy Hour

Reservieren Sie sich eine Stunde am Tag, in der Sie all die Aufgaben erledigen, zu denen Sie keine Lust haben. Legen Sie Ihre Unhappy Hour in die Morgenstunden – am besten ganz am Anfang, wenn Sie noch richtig fit sind. Manche Arbeit ist eklig. Aber sie liegen zu lassen, schafft auf Dauer noch mehr Unbehagen.

Eine jahrtausendealte Weisheit, mit der Sie mehr Zufriedenheit im Leben finden

Einen – neben der Happy Hour – weiteren Weg zu mehr Zufriedenheit zeigt die Geschichte des Gelehrten, zu dem ein paar Suchende kommen und fragen: »Was tust du, um glücklich und zufrieden zu sein? Wir wären auch gerne so glücklich wie du.« Der Gelehrte antwortet mit einem Lächeln: »Wenn ich liege, dann liege ich. Wenn ich aufstehe, dann stehe ich auf. Wenn ich gehe, dann gehe ich, und wenn ich esse, dann esse ich.« Einem der Fragenden platzte da heraus: »Bitte, treibe keinen Spott mit uns. Was du sagst, tun wir auch. Wir schlafen, essen und gehen. Aber wir sind nicht glücklich. Was ist also dein Geheimnis?« Es kam die gleiche Antwort: »Wenn ich liege, dann liege ich. Wenn ich aufstehe, dann stehe ich auf. Wenn ich gehe, dann gehe ich, und wenn ich esse, dann esse ich.« Und dann die Erklärung: »Sicher liegt auch ihr, und ihr steht auch auf, ihr geht auch, und ihr esst. Aber während ihr liegt, denkt ihr schon ans Aufstehen. Während ihr aufsteht, überlegt ihr, wohin ihr geht, und während ihr geht, fragt ihr euch, was ihr essen werdet. So sind eure Gedanken ständig woanders und nicht da, wo ihr gerade seid.«

Das Extrem beschreibt der Philosoph Wolfgang F. Schmid als »Menschen ohne Augenblick«[19]: »Der Mensch ohne Augenblick denkt voraus und nicht an das, was ist. Wenn er erwacht, denkt er daran, sich zu waschen. Wenn er sich wäscht, denkt er ans Frühstück. Während er frühstückt, liest er Zeitung oder denkt an die Fahrt zur Arbeit. Wenn er zur Arbeit fährt, denkt er an die vielen Gesprächstermine. Wenn er Gespräche führt, hört er nicht hin und denkt an das, was er noch zu erledigen hat oder was er am Abend tun wird. Wenn er endlich Feierabend hat und nach Hause fährt, freut er sich auf das Abendessen. Wenn er zu Abend isst, denkt er an den Film, den er sehen möchte. Während er sich den Film anschaut, denkt er daran, dass er bald schlafen gehen muss, weil er sonst unausgeschlafen ist. Wenn er zu Bett geht, denkt er an den morgigen Tag, und wenn er schläft, träumt er vielleicht von dem, was er versäumt hat«.

S. B.

27

Ja. Wir können
Chancen erkennen

Den Schock, seinen Arbeitsplatz zu verlieren oder zu erleben, wie im eigenen Unternehmen die Aufträge wegbrechen und die Konten ins Minus rutschen, das wünscht man keinem Menschen. Und doch begegnen mir immer wieder Frauen und Männer, die genau das erlebt haben und – zugegebenermaßen nach einigen Jahren – nicht mit ihrem Schicksal hadern. Sie haben etwas anderes gefunden, manchmal sagen sie sogar: »Ohne diese Krise wäre ich nicht so zufrieden, wie ich es heute bin.«

Ich kann das aus eigener Erfahrung nur bestätigen. Immer schon gab es »schwere Zeiten«, nämlich jedes Mal, wenn jemand in eine persönliche Krise schlitterte. Immer schon haben Menschen ihre Arbeit verloren, gingen pleite, oder ihre Träume platzten wie Seifenblasen.

Ende der 70er-Jahre war ich Redakteurin bei einer Tageszeitung in München, war Rathausreporterin und gleichzeitig Betriebsrätin, gewerkschaftlich engagiert und politisch eher links. Dadurch geriet ich immer wieder in Konflikt mit meinen Chefredakteuren. So geschah es mehrmals, dass mir, ohne mich zu fragen, Kommentare umgeschrieben wurden. Ich sah am nächsten Morgen mein Foto und meinen Namen in der Zeitung mit einer Meinung, die ich nicht geschrieben hatte.

Ich diskutierte, ich beschwerte mich, ich protestierte. Aber das half nichts. Irgendwann musste ich mich entscheiden: Den Job behalten und Kreide fressen oder meine Ehre retten und gehen. Keine einfache Entscheidung, wenn man wie ich ohne finanzielle Mittel dastand und mit einem afrikanischen Freund, der politisch aktiv, aber ohne Einkommen war.

Irgendwann ging es einfach nicht mehr, und ich kündigte, ohne eine neue Stelle zu haben. Ich kündigte so richtig mit Tschumderassa, einem anklagenden Brief an den Verlag und dem Vorwurf der Meinungsunterdrückung.

Ich hatte zwar keinen neuen Job, aber ich war 26 und würde schon etwas finden. Dachte ich. Ich hatte ganz gute Kontakte zum Bayerischen Rundfunk und hoffte, als freie Mitarbeiterin Aufträge zu bekommen. Vier Wochen nach meiner Kündigung merkte ich, dass ich schwanger war.

Schwanger, ohne festen Job, mit einen Mann ohne Einkommen – ich geriet in Panik. Um ehrlich zu sein: Reumütig fragte ich bei meinem Chef an, ob ich meine Kündigung zurückziehen könnte. Ich erinnere mich noch genau, wie ich ihm gegenübersaß und zu Kreuze kroch. Ich habe mich selbst verachtet, aber ich hatte nur Angst.

Doch er war enttäuscht von mir, mit meiner geräuschvollen Kündigung hatte ich verbrannte Erde geschaffen. Großmütig erlaubte er mir nach Bitten und Betteln, bei dem ich heulend einen Teil meiner Selbstachtung drangab, bis zur Mutterschutzfrist weiterzuarbeiten. Aber dann musste ich gehen.

Harte Zeiten standen bevor. Ich heiratete im neunten Monat hochschwanger, bekam im Mai 1980 meine Tochter, war ein Jahr lang arbeitslos, bot mich als freie Journalistin an, suchte verzweifelt eine neue Festanstellung. Ohne Erfolg. Glauben Sie mir: Auch Anfang der 80er-Jahre waren schon »schwere Zeiten«, es gab eine Menge arbeitslose Journalisten, und niemand wartete auf eine Mutter mit einem kleinen Kind.

Zwischendrin ging es uns finanziell so schlecht, dass ich beim Sozialamt um Hilfe bat. Übrigens: Eines der erniedrigendsten Erlebnisse in meinem Leben. Verheiratet mit einem Afrikaner, ohne Geld, mit einem kleinen Kind, in München – also liebevolle Zuwendung war das nicht, was man mir dort entgegenschleuderte. Ich habe mich zutiefst geschämt.

Und dann kam die unglaubliche Chance, die mein Leben veränderte: Ingelore Pilwousek, eine engagierte Sozialdemokratin und Gewerkschafterin, die das »Bayerische Seminar für Politik« leitete, bot mir 1981 eine ABM-Stelle an (ABM = Arbeitsbeschaffungsmaßnahme). Ich bekam für ein Jahr eine Festanstellung mit einem Gehalt, das über dem Arbeitslosengeld lag, um in dieser Zeit zum Thema Arbeiterwiderstand in der Nazizeit zu recherchieren, Interviews zu führen, zu schreiben und dann eventuell ein Buch zu veröffentlichen.

Mit großer Hoffnung sagte ich zu. Die ABM-Stelle war der Anfang einer Erfolgsstory. Im Jahr 1983 erschien nämlich mein erstes Buch. Besser gesagt ein Buch, dessen Herausgeberin ich war. Es enthielt Interviews, die ich mit damals noch lebenden Zeitzeugen des Arbeiterwiderstands in der Nazizeit geführt hatte.

Heute noch werde ich oft auf dieses Buch angesprochen, weil Seminarteilnehmer oder Kunden es gegoogelt oder sonstwo gefunden haben. Dieses Buch hat mein Leben in mehrfacher Weise verändert.

Einmal hat es mir einen gewaltigen Mut-Schubs gegeben. Ich war sicher kein Feigling, ich war engagierte Gewerkschafterin, politisch aktiv, war mitten im Krieg zwischen Eritrea und Äthiopien im Kampfgebiet gewesen und hatte tapfer Luftangriffe miterlebt. Aber ich war ein Angsthase, wenn es um mich selbst ging. Nach außen zwar kämpferisch, aber innen drin ein kleines Mädchen. Ich hatte Angst, meine Meinung zu sagen, etwas für mich zu fordern, Nein zu sagen, war voller Selbstzweifel. Durch die Arbeit mit den Widerstandskämpfern relativierte sich das Thema »Mut«.

Was waren meine Ängste gegen die Risiken, die diese Männer und Frauen getragen hatten!? Sie hatten Verfolgte über die Grenzen gebracht, Nazis bekämpft, den Widerstand organisiert, waren ins Zuchthaus und ins Konzentrationslager gekommen. Und warum hatten sie all das auf sich genommen? »Ich konnte nicht anders«, war die häufigste Aussage.

Und wovor hatte ich Angst? Dass mein Mann mal sauer würde? Mein Chef Nein sagen könnte? Dass andere meine Meinung nicht teilten? Mein Mutfaktor hat sich nach diesen Begegnungen verzehn-, ach was, verhundertfacht.

Zum anderen erlebte ich die pure Freude daran, ein Buch selbst zu gestalten, selbst zu schreiben, es in den Händen zu halten und darüber zu reden. Als Schülerin schon hatte ich die

Gemeindebibliothek meines Heimatdorfes betreut und in diesen drei Jahren fast alle vorhandenen Bücher gelesen. Bücher waren wertvoll, sie waren Lebensbegleiter, manchmal Lebensretter. Und sie rochen gut. Ich war eine absolute Leseratte, ja schon büchersüchtig. Und nun hatte ich selbst eins herausgegeben. Willy Brandt schrieb mir eine Widmung. Ich saß in Podiumsdiskussionen und erzählte von meinen Recherchen. Meinem Stolz und Selbstbewusstsein tat das gut.

Damit Sie nicht glauben, dass alles immer in Friede, Freude, Eierkuchen endet: Nach dem ABM-Jahr fand ich immer noch keinen Job, bekam aber noch einen Sohn. Nahm eine Stelle im Rathaus in München als Sekretärin an. Mit immer noch zu wenig Geld.

Wir mussten in eine kleinere Wohnung umziehen, weil wir die Miete der größeren Wohnung nicht mehr zahlen konnten. Ich musste mir von Freunden helfen lassen, war oft verzweifelt. Ich hatte oft am Wochenende keine zehn Mark mehr in der Geldbörse und musste überlegen, was das Wichtigste für die Kinder war, was ich einkaufen konnte. Und ich kenne das Gefühl, wenn am Bankautomaten die Karte eingezogen wird, weil du wider besseres Wissen und entgegen aller Vernunft noch ein letztes Mal versucht hast, ob du nicht doch noch ein bisschen Geld bekommst.

Abends schrieb ich am Küchentisch auf der Reiseschreibmaschine, die ich von meinem Vater geerbt hatte, Geschichten über meine Kinder. Eine Geschichte über die Eifersucht meiner Tochter auf den kleinen Bruder, die mich schier wahnsinnig machte, hielt ich selbst für richtig gut. Ich schickte das Manuskript an die Zeitschrift *Eltern*.

Und jetzt gab es das nächste Wunder in meinem Leben: *Eltern* veröffentlichte nicht nur die Geschichte, sondern bot mir wenige Monate später eine Stelle als Redakteurin an. Und damit war ich 1983 wieder zurück im Journalismus. Nach fünf Jahren *Eltern* folgte eine kurze Zeit als Textchefin bei der *Freundin,* in der ich merkte, dass ich für eine solche »Sandwich-Position« nicht geschaffen war. Ich konnte den Druck von allen Seiten nicht aushalten. Durch »Zufall« lernte ich 1989 auf einem Netzwerktreffen in Hamburg die Chefredakteurin von *Cosmopolitan* kennen, die mich als Ressortleiterin »Beruf und Karriere« abwarb.

Im Nachhinein komme ich zu folgender Erkenntnis:

▶ Ohne meinen Mut zu kündigen, wäre ich nicht arbeitslos geworden.

▶ Ohne die Arbeitslosigkeit hätte ich die ABM-Stelle nicht bekommen.

▶ Ohne die ABM-Stelle wäre das erste Buch nicht entstanden.

▶ Und ohne das erste Buch hätte es vielleicht auch keine weiteren gegeben.

▶ Ohne die Geburt meiner Kinder hätte ich keinen Job bei *Eltern* bekommen,

▶ Ohne die Stelle bei *Eltern* hätte ich nicht die Chance bekommen, fünf Jahre lang mit den interessantesten Psychologen und Pädagogen zu arbeiten, unter anderem mit Alice Miller und John Horman, mit Frederic Vester und den Wissenschaftlerinnen des Deutschen Jugendinstituts. Das alles zusammen ergab meine »Trainerausbildung«, von der ich heute noch profitiere.

- Ohne die Vier-Tage-Woche, die ich bei der *Cosmo* hatte, hätte ich nie die Zeit gefunden, nebenher Bücher zu schreiben.
- Also ohne all dieses Erleben und all dieses Lernen wäre ich heute nicht die, die ich bin.

Ich habe meine Lektion verstanden: In jedem Schlechten steckt auch etwas Gutes. Du musst aber lange genug hinschauen, um das zu erkennen. Es erschließt sich nicht augenblicklich. Nimm dein Schicksal an, hadere nicht, jammere nicht, mach's Beste draus. Nimm die Puzzlesteine deines Lebens und setz sie so zusammen, dass du zufrieden damit sein kannst. Schau nach vorn oder, noch besser, schau auf den heutigen Tag. Lebe intensiv. Glaub an Wunder.

Auf der Fußmatte meines Büros steht: Carpe diem. Jeden Tag werde ich daran erinnert: »Pflücke den Tag«.
S. A.

28

Ja. Wir können unser Konsumverhalten erkennen

1959 hatte ich, 16 Jahre alt, das ungeheure Glück, ein Jahr als Austauschschüler in die USA gehen zu dürfen. Von den glückseligen USA, die gleich beschrieben werden mit ihrer Ersatzreligion, dem Konsum, habe ich noch etwas aus eigener Anschauung mitbekommen. Ich habe dem damals jungen Senator John F. Kennedy aus Massachusetts die Hand drücken dürfen, habe am TV miterlebt, wie Castro die Macht auf Kuba errungen hat – allerdings:

Anfang der 50er-Jahre war die Welt der USA schwer in Ordnung. Die Nachkriegswirtschaft boomte: Die Babyboomer wurden geboren. Und wenn der Nachwuchs der Familie Jones frische Windeln brauchte, ging Mrs Jones nicht mehr ans Waschbrett, sondern ab Mitte der 50er ging sie an die neu angeschaffte Waschmaschine.

Wenn Mrs Jones etwas einkaufen musste – musste, nicht etwa: shoppen wollte –, trug sie die Positionen, die sie brauchte, auf dem Einkaufszettel ein. Den legte sie abends Mr Jones vor, dem Versorger jener intakten Familie mit mehr als zwei

Kindern plus Hund, für die Mrs Jones eben nicht die Ver-Sorg-erin, sondern die Für-Sorgerin war.

Mr Jones prüfte den Einkaufszettel und wandte die Grund-rechenarten Addition und Subtraktion an. Das wurde da-mals einer Frau nicht zugetraut, denn es galt das erste Gebot des American way of family life: »Solange ich hier die Rech-nungen bezahle ...!« (»as long as I pay the bills around this house«) ...

War diese Hürde genommen, kam die zweite. Mrs Jones trug den Einkaufszettel zur amerikanischen Ausgabe von Tante Emma. Unter deren strengem Blick »outete« Mrs Jones, was im Haushalt fehlte. Tante Emma wusste daraufhin, wie es bei den Jones unter und vielleicht sogar auf dem Sofa aussah, ließ sich herab, das Gewünschte zu verkaufen – gegen Bares.

Nur in Ausnahmefällen konnte Mrs Jones anschreiben las-sen. Dann führte Tante Emma das Haushaltsbuch, machte Ritzen ins Kerbholz. Wurden sie zu zahlreich, kamen die Jones' an den Pranger. Der stand bei Onkel Ärmelschoner in der Bank des Ortes. Man beichtete die Sünde unwirtschaftlicher Haus-haltsführung und kaufte Ablass – man barmte also um einen Kleinkredit. Schande!

So etwa sah sie bis vor 50 Jahren aus – die geordnete Welt des »homo oeconomicus«. Aber dann das: 1957 erschien ein Buch, das damals schon *Die Zukunft ist Marketing* hätte hei-ßen können. Es hieß *The hidden Persuaders* – deutsch: *Die geheimen Verführer.*[20] Die Verführer – das waren die Marke-tingleute, und verführt werden sollten die Verbraucher – schö-nes, neues Wort, denn die Vorsilbe »ver« relativiert das Wort »brauchen« zu »ver-brauchen«, zu »konsumieren, was man eigentlich gar nicht braucht«. Und genau darum ging es und geht es noch heute.

Wie verkauft man dem amerikanischen Consumer den zweiten Kühlschrank und das dritte Auto? Das war das größte nationale Problem der USA – und 2007 immer noch, als George W. Bush sein »Konsumieren ist die erste Bürgerpflicht« ausrief. Die boomende Wirtschaft musste vor einem Kollaps durch Kauf-Unlust bewahrt werden. Und da der Einkaufszettel – geprüft und durchgerechnet – kaum rationale Gründe für den Kauf des Zweitkühlschranks und des Drittwagens hergibt, musste der Mensch eben von den »Hidden Persuaders« zum Einkaufen verführt werden – am kritischen Bewusstsein vorbei.

Das schöne neue Marketing in der schönen neuen Welt zielte aufs Unbewusste. »Massen-Psychoanalyse« sollte die Consumer-Kampagnen lenken, sagte Packard auf der ersten Seite der *Geheimen Verführer*. Käufer würden ihren unbewussten Trieben folgen, Wähler würden konditioniert wie Pawlows Hunde, und die Hausfrauen, so zitiert Packard eine der vielen, damals neuen Motivationsstudien, schweben in »hypnoidaler Trance« durch den Supermarkt. Wer die Emotionen beherrscht, hat die Macht, war die Parole. (Nicht lächeln, sondern an die Macht der Emotionen denken, die Hitler und Goebbels in Deutschland entfacht haben.)

Airlines schulten ihre Piloten, mit vertrauenerweckender Stimme zu sprechen – damals entstand, was heute noch als »Stewardesslächeln« zu sehen ist: Der Mund wird in die Breite gezogen, Freundlichkeit wird vorgetäuscht.

In den 50er-Jahren wurde Tante Emma entmachtet. Ihr prüfender Blick auf den Einkaufszettel wurde im Supermarkt ersetzt durch das »Einkaufserlebnis« – die Mutter aller »Spontankäufe«. Und eine Werbeagentur in Rochester, N. Y., nahm sich der geheiligten Institution der Banken an. Sie erkannte, »dass die Menschen die Banken unbewusst als eine Art Elternfigur sehen, die tadelt und Akzeptanz versagt«. Also wurden auch die Bankleute auf »Stewardesslächeln« umgeschult.

Die Macht unserer Emotionen! Es begann die große Zeit des 1907 in Wien geborenen Ernst (später: »Ernest«) Dichter. Der war nach seiner Promotion 1934 aus der Heimatstadt von Sigmund Freud und der Psychoanalyse in die USA ausgewandert und war Marktforscher geworden. Er gilt als Begründer des M. R., des »Motivational Research«, der Motivforschung.

Kostprobe: Dichter psychoanalysierte in den 50ern bei den Ärmelschonerbankern »das Image uneinfühlsamer Besserwisserei«. Die Bankkunden fühlten sich gegenüber diesen »moralisch-rechthaberischen Erwachsenen« wie »unzuverlässige Heranwachsende«. Hätten die Banker sich diese Haltung doch bis zur Krise bewahrt! Aber nein, die Banken wollten ihre Kunden nicht verlieren. Denn die hatten damals Ernst gemacht und ließen sich lieber von den Kredithaien auf nette Weise höhere Zinsen abknüpfen, als von Banken gewissenhaft beraten.

Die Kunden waren bereit, viel Geld und Zinsen dafür zu bezahlen, dass sie nicht als unmoralisch und verschwenderisch angesehen wurden. Nein, sie waren noch nicht ganz am Boden. Die Kredithaie waren ihnen gegenüber servil, also standen zumindest die noch unter ihnen auf der Rangskala. So funktioniert die Logik der Emotionen.

Dr. Dichter empfahl den Banken, ihr »Image« zu »soften«,

kundenfreundlich zu werden – und damals begann, was heute zur größten Wirtschaftskrise geführt hat: Banken nahmen Geld und gaben dafür zu oft nur noch gute Worte. Die Langzeitfolgen von Dr. Dichters Forschen und Wirken sind Sprüche wie »Leben Sie. Wir kümmern uns um die Details«, mit denen eine große deutsche Bank um Kunden geworben hat, die nicht rechnen müssen oder können.

»Self-indulgence« war und ist das Gebot der Wachstumswirtschaft – nachsichtig sein mit sich selbst, sich selbst verwöhnen. Warum? »Weil ich es mir wert bin.« Auch dieser Slogan ist keine Erfindung unserer Zeit, sondern ist ein Werbe-Opa. Er kommt schon bei Packard vor. Ein Klassiker, der geistige Beschränktheit und seelische Unsicherheit in Spontankäufe verwandelt. Die Werbewirtschaftsalchimisten haben vielleicht nicht Wasser in Wein, wohl aber Sprechblasen in Gold verwandelt.

Die Quengelware wurde damals entdeckt, all das Zeug in Reichweite von Kleinkindern, während die Mutter an der Ladenkasse wartet. Kinder kaufen noch spontaner als Mütter, fanden die »depth boys« (wie die seelischen Tieftaucher, die von Dr. Dichter & Co tiefenpsychologisch geschulten Marketingleute, genannt wurden). Und bevor Leser (männlich) jetzt glauben, dass sie die Lordsiegelbewahrer der rationalen Einkaufstraditionen des Abendlandes sind: Die »depth boys« fanden auch, dass die am leichtesten zu verführenden Gefühls- und Impulskäufer die Männer sind. Leider kaufen sie viel zu selten ein.

Die Marketingleute empfahlen deshalb, die Werbung auch für Männerprodukte gleich auf die Frauen abzustimmen: Bier und Bourbon, Zigaretten und sogar Zigarren. Und sie entdeckten dabei auch, was jeder hätte sehen können, der genau hingeschaut hätte – nämlich dass bereits in den puritanischen 50er-Jahren mehr als ein Drittel der Kunden der Liquor-Stores Frauen waren. Empfehlung: Weg mit dem miefigen Männerimage dieser Schnapsläden. Man muss den Frauen – nicht den Männern – ein emotional erfreuliches Einkaufserlebnis bereiten.

Die Farben wurden entdeckt. Wo neue Technik die Autos des Vorjahres nicht alt aussehen lassen konnte, weil es keine neue Technik gab, sollten neue Farben dies bewirken. »Psychologische Obsoletheit« wurde in die Autos eingebaut.

Kleine Denkpause!

Neue Automobiltechnik wäre Innovation gewesen. Die Realwirtschaft wäre um einen wahrhaftigen Wert bereichert worden – vielleicht einen Motor, der etwas weniger Sprit verbraucht als eine Toilette, wenn man die Wasserspülung betätigt. Der spritfressende Motor wäre überflüssig, veraltet – eben: obsolet – geworden.

Aber »psychologische Obsoletheit«?! Das ist ein Nullwort, eine Luftnummer. Die US-Wirtschaft zuerst und unsere wenig später hat mit solchen Wortkreationen vor 50 Jahren bereits begonnen, sich von der Realwirtschaft abzukoppeln. Und begonnen hat es mit dem Austausch gut durchgerechneter Einkaufszettel gegen Worte wie »psychologische Obsoletheit«, die das Hirn vernebeln.

Eben diese »psychologische Obsoletheit« ist auch in viele andere Produkte eingebaut worden. Der Kühlschrank mag ja noch funktionieren, aber leider ist er weiß und nicht so schön pink oder türkis wie die Küchenkacheln oder die Haartönung der Vorstadthausfrau. Und letztlich der zweimal im Jahr stattfindende wunderschöne Modellwechsel bei der Mode … oops, nein, ich plädiere ja nicht dafür, dass alle Menschen so verschlampt herumlaufen wie ich, aber aus meiner Warte sehe ich nur gut angezogene Menschen …

Neben den Farben gab es die Formen. FFF? Raymond Loweys Grundgesetz des Designs – »Form Follows Function« – wurde abgeschafft. Erst die Funktion, der Nutzen, dann die Form, das Design. Warum? Weil neues Design reicht, ein Produkt zu verkaufen.

Die Autos wurden in den 50ern immer größer und immer schwerer zu parken. Aber die Marketingleute argumentierten: »Je mehr Blech, desto sicherer.« Sie hatten den von Sigmund Freud beschriebenen seelischen Mechanismus der Rationalisierung für sich entdeckt – und im Marketing geht der so:

Man muss den Verstand mit logisch klingenden Argumenten füttern, dann ist er mit sich selbst beschäftigt. Und der Weg von Botschaften an unbewusste Kaufimpulse wird nicht mehr kontrolliert. Heute nennen wir so etwas »Neurolinguistisches Programmieren«. Die Worte werden toller, die Erkenntnisse nicht unbedingt.

Und so wurde in den 50er-Jahren der Ford Lincoln Continental größer als der im Prestige bis dahin unerreichbar scheinende Cadillac – Sie erinnern sich: »Mehr Blech = mehr Sicherheit«. Völlig überflüssig, völlig unhandlich, aber jeder schaut hin.

Sogar der Preis wurde als Verkaufsargument neu entdeckt, nicht der Preisvorteil, sondern der Preisnachteil. Billig war

»out«. Teuer war »in«. Schaut her, Nachbarn: Ich habe den Größten. Aus dem Penisneid wurde Potenzneid. Ich habe den Dicksten (Geldbeutel)!

Wer Packard heute liest, fühlt sich vielfach ertappt. Er kannte schon die Antworten, wo wir auch heute manchmal die Fragen noch nicht kennen:

▶ Warum kaufen Frauen im Supermarkt 35 Prozent mehr, als sie eigentlich vorgehabt haben? Weil Package Design den Blick wie magisch anzieht – da war sie wieder, die »hypnoidale Trance«, ausgelöst durch Signalfarben, vor allem Rot und Gelb.

▶ Warum lieben Kinder Cerealien, die knistern und krachen? Weil sie so ungestraft Aggressionen ausleben können. (Versuchen Sie mal, Haferflocken knackige Geräusche zu entlocken.)

▶ Warum kaufen die meisten Frauen Kleider, die sie eigentlich gar nicht mögen? Weil ihr Bewusstsein durch die geheimen Verführerinnen in den Modemagazinen manipuliert worden ist.

Diese Zeiten sind lange vorbei! Oder?

Oder warum entscheiden wir rationalen, aufgeklärten Menschen uns heute für das größere Auto und die höhere Leasingrate? Weil die größeren Autos eben doch irgendwie, irgendwo sicherer sind als die kleinen Ökoflitzer. Oder? Und weil es kein Prestige bringt, wenn die Kollegin pünktlich zu einem Meeting kommt, weil sie für ihren kleinen Flitzer einen Parkplatz gefunden hat, ohne dreimal um die Häuser zu fahren.

Klüger sind wir alle geworden. Jeder weiß inzwischen, dass Politik heute verkauft wird wie Seife. Nur – wer jemals versucht hat, Seife zu verkaufen, weiß, wie schwer das ist. Wenn das mit dem Verführen nur etwas einfacher wäre! Im Marketing und auch in der Liebe. Da vor allem!
S. B.

EGO, EMO, ESO & Co

Wie Werbung das kritische Bewusstsein umgeht (manchmal sogar auch Ihres). Fünf Wege lassen sich zeigen.

Weg 1: Umgehen des kritikfähigen Bewusstseins durch Appelle an verdrängte egoistische Wünsche und Gefühle, Appelle also an

- Status
- Wunsch nach Reichtum
- Macht
- Sex (Werbung zeigt heute Bilder, für die ich früher auf dem Schulhof einen Groschen bezahlen musste, um sie ansehen zu dürfen)
- verwöhnt werden/sich durch Produkte selbst verwöhnen
- Narzissmus (»Weil ich es mir wert bin«)
- Träume vom besseren Leben
- Feindseligkeiten
- Appelle an die Angst-Lust (Beispiel: Events für High Sensation Seekers – etwa die Marlboro-Abenteuer-Reisen)
- Abbau von Angst- und Schuldgefühlen beim Kauf oder Konsum (»Ich rauche gern«)

***Weg 2: Umgehen des kritischen Bewusstseins durch direkte An-
sprache unserer fünf Sinne – möglichst mehrere Sinne gleichzeitig. Dies geschieht durch***

- Bilder, bewegte Bilder
- Farben
- Musik
- Klänge/Geräusche allgemein
- Duftstoffe
- Events mit Alkohol/anderen Drogen

***Weg 3: Verfremden, verhöhnen, vernichten (fast) aller traditi-
onellen Werte. Sinngebung durch Kreation neuer Orientierungen***

- Abbau von Einsamkeitsgefühlen, Versprechen von sozialer
  Geborgenheit (Bier-Werbung) durch Kauf und Konsum
- Abbau innerer Spannungen (Psychopharmaka, Tabak) und
  Versprechen emotionaler Sicherheit
- Drohung mit Einsamkeit und Außen-vor-Bleiben: das Koppeln
  von Bindungsgefühlen an Kauf und Konsum
- Abbau traditioneller Werte (in den 90er-Jahren ist zuerst das
  Thema »Sex« abgegrast worden; heute werden gerne christ-
  liche Leitbilder und Symbole »hinterfragt«)
- Events zur Erzeugung von Wir-Gefühl – Spezialität der 90er-
  Jahre: Erzeugen von Wir-Gefühlen innerhalb einer Generation
  und damit Ausgrenzung anderer Gruppen (»Arme und Alte«)
- Verdammung von rationalem Handeln durch Abheben auf
  »ganzheitliches Empfinden«, Betonung von »Fun« und »Fee-
  lings«

- Erzeugen von Konformitätsdruck; Produkte und Dienstleistungen werden psychologisch obsolet gemacht, wer das jeweils Neueste nicht hat, ist nicht mehr »in«

- Vermittlung von »neuer Heimat« in Showrooms, Läden, Schalterräumen (Werbung durch Architektur, wie sie in Corporate-Design-Manuals festgelegt ist)

- Auch: Vermittlung von »neuer Heimat« durch jahrzehntelange Markenpflege

- Aufgreifen des Lebensgefühls der drei heute interessantesten Zielgruppen. Es sind nicht mehr die »Upward Striving« der 50er-Jahre, sondern die kaufkräftigen Gruppen
  - Kinder und Jugend – die Erbengeneration
  - Frauen (deren Emanzipation die Werbung immer noch zelebriert, obwohl sie – wie Marylin French sagt – aufhören könnten zu kämpfen, weil sie schon gewonnen haben)
  - Wohlhabende generell – die materiell Saturierten –, denen Sinnsuche als Sahnehäubchen empfohlen wird (siehe: »Leben Sie – wir kümmern uns um die Details«)

Weg 4: Umgehen des kritischen Bewusstseins durch »Psychotechniken«. Der bereits in den »Hidden Persuaders« beschriebene Klassiker hier ist das »Ablenken« des Verstandes dadurch, dass man ihm Futter gibt (z. B. das Argument »größere Autos sind sicherer«), und im Hintergrund kann an all jene Emotionen appelliert werden, die unbewusst sind.

- Techniken des NLP (»Neurolinguistisches Programmieren«), die das rationale Bewusstsein (»linke Gehirnhälfte«) oft mit quasi logischen Argumenten zuschütten und so den Zugang zur »rechten Gehirnhälfte«, zu den Emotionen und Gefühlen frei machen (Media-Markt: »Gut, dass wir verglichen haben«).

- Humor – der Königsweg zum Erzeugen positiver Emotionen, auf die dann eine Botschaft draufgesattelt werden kann
- penetrierende Rhythmen (gleich ob Marschmusik oder Hip Hop – Rhythmen legen das Bewusstsein ähnlich lahm wie NLP-Techniken)
- Nonsens-Sprache als »white noise«
- Und nicht zu vergessen: geschönte Wahrheiten (Beispiel: »Verkauf« von automatisiertem Online-Service als »individuell«) und schlichte Unwahrheiten. Beispiel: Privatanlegern wird immer wieder gepredigt, dass Aktien ein Geschäft mit langem Atem sind.

Es gab mal eine Zeit, in der Menschen Produkte gebraucht haben, um zu überleben. Heute brauchen Produkte Menschen, um zu überleben!

Selbstverständnis der Marketingleute in Zitaten aus der Marketingszene (gesammelt an der University of Texas)[21]

- Ethik im Marketing? Marketing hat in etwa denselben moralischen Standard wie die oberen sozioökonomischen Schichten, denn Werbung wird von diesen Schichten kreiert, genehmigt und bezahlt. Ich modifiziere das etwas: Werbung ist ein bisschen ethischer und moralischer, weil sie die sichtbarste aller ökonomischen Maßnahmen ist.
- Politische Werbung sollte verboten werden. Sie ist die einzige total unehrliche Werbung.
- Die Arbeit einer Werbeagentur ist zutiefst warm und human, denn es geht um menschliche Bedürfnisse, Sehnsüchte, Träume und Hoffnungen.
- Werbung ist der Hauptgrund dafür, dass die Wirtschaft sich die Erde untertan gemacht hat.
- Werbung ist die Wissenschaft, wie man die Intelligenz so lange lähmt, bis man Geld verdient hat.
- Werbung ist legalisiertes Lügen.
- Werbung ist der Geist aus der Flasche, der das Leben von Millionen in Amerika bequem, luxuriös und einfach gemacht hat.
- Werbung gibt es nur in Ländern, in denen die grundlegenden Bedürfnisse befriedigt sind.
- Der Konsument ist kein Idiot, sondern deine Ehefrau.
- Im Kern ist der Grund für Angriffe auf die Werbung Feindschaft gegenüber Kapitalismus und Egoismus.
- Werbung ist ein wichtiger Wirtschaftsfaktor, weil sie der billigste Weg ist, Güter zu verkaufen – insbesondere wertlose Güter.

29

Ja. Wir können konsum-abrüsten

Max und Clara Kynast wohnten in zwei Zimmern in einem alten Pfarrhaus in Apelern, einem kleinen Dorf in Niedersachsen. Zwei Zimmer ohne fließend Wasser, Toilette auf der halben Treppe. Wasser holten sie in einem Zinkeimer von einem Wasserhahn im Flur. Wenn ich als kleines Mädchen bei meinen Großeltern zu Besuch war, machte mir Oma Clara immer »Brause«. Sie schöpfte mit einer großen braunen Kelle Wasser aus dem Eimer in ein Glas mit einem Löffel Himbeersirup, tat etwas kohlensaures Natron aus einer weiß-grünen Tüte dazu, damit es schäumte. Ich liebte diese Himbeerbrause.

Nachmittags gingen wir spazieren bis zu dem kleinen Garten, den sie sich am Rand eines Feldes von einem Bauern gepachtet hatten, vielleicht zehn mal 15 Meter. Entlang der gesamten Hecke wuchsen Wicken. Daran erinnere ich mich genau. Ein Traum. Ich durfte mir so viele Blumen abpflücken, wie ich wollte. Erst vor Kurzem ist mir klar geworden, dass meine Großeltern diesen Garten nicht wegen der Blumen hatten (oder dem Tabak, den mein Großvater für seine geliebten Zigarren angebaut hatte), sondern weil sie sich aus diesem

Garten überwiegend ernährt haben. Es wuchsen Kartoffeln darin und Zwiebeln, Lauch und Kohl, Bohnen und Erbsen. Und an einer Seite waren Johannisbeer- und Himbeerbüsche, daher kam der Sirup.

Meine Großeltern waren Flüchtlinge aus Schlesien. Sie waren nach dem Zweiten Weltkrieg in dem alten Pfarrhaus einquartiert worden. Erst viele Jahre später, Anfang der 60er, zogen sie in eine eigene Wohnung. Ihren Garten hatten sie noch länger.

Neulich habe ich mir in einem Münchner Blumengeschäft ein Sträußchen Wicken ausgesucht, 15 Euro sollte ich dafür bezahlen. Ich war fassungslos. Was kann so teuer an Wicken sein, die wie Unkraut am Zaun des Gartens meiner Großeltern gewachsen sind?! Stehen sie auf der Liste der bedrohten Arten? Werden sie künstlich verknappt? Mit Gold aufgewogen?

Ich selbst bin als Lehrerskind in einem alten Schulhaus aufgewachsen. »1906« stand in Stein gemeißelt über dem Portal des Backsteingebäudes. Wenn meine drei Brüder und ich Durst hatten, liefen wir in die Küche, öffneten den Kaltwasserhahn (warmes gab es nicht), nahmen das Glas, das auf dem Fensterbrett neben dem Spülstein stand, und tranken Wasser. Dann stellten wir das Glas wieder hin. Getränkeverbrauch für vier Kinder: Leitungswasser und ein Glas zum Abspülen pro Tag.

Neulich war ich auf der Durchreise in Garmisch-Partenkirchen. In einem großen Getränkemarkt wollten wir uns eine Flasche Mineralwasser kaufen. Ich stand plötzlich im Mineralwasser-Schlaraffenland. Eine Regalwand, etwa acht Meter lang, vier Reihen übereinander. Wasser mit und ohne Kohlensäure, medium, mit Sauerstoff oder Aktivkohle versetzt, mit

Geschmack und mit Vitaminen, in PET-, Glas- und was weiß ich für Flaschen, mit »Erwachsenen-Nuckel« obendrauf und ohne, von einem halben Liter bis anderthalb, aus allen Kontinenten dieser Welt. Mir wurde schwindelig. Ich wollte doch nur eine Flasche ganz normales Wasser gegen den Durst.

Dies war der Wasser-Overkill. Und ich erinnerte mich an ein Erlebnis, das ich einmal in New York hatte (klingt aufgeblasen, ich weiß, aber es war so): Ich fand auf meinem Hotelzimmer drei Wassersorten in der Minibar, eine kanadische, eine irische und ein Mineralwasser von den Fidschi-Inseln, 0,25 Liter, bunte Blumen und ein Vulkan auf dem Bildchen, 7 Dollar 95. Welches habe ich getrunken? Na, das Fidschi-Wasser natürlich. Natürlich nur, weil ich einfach wissen wollte, ob es wirklich besser schmeckt als die anderen (nee, tut es nicht). Ach Quatsch: Es hatte so etwas Kosmopolitisches, in New York in der 46. Straße ein Mineralwasser von den Fidschi-Inseln zu schlürfen, der »Duft der großen weiten Welt«.

Ich stelle mir vor, wie auf den Fidschi-Inseln die Fidschianer den Wasserhahn öffnen und ihr Wasser in Flaschen füllen. Die kleinen Plastikflaschen werden dann noch mit bunten Blumen und einem Vulkan bedruckt. Sie kommen auf eine Palette. Die Paletten werden in ein Flugzeug oder Schiff verladen und einmal halb um den Erdball transportiert. Dann wird das Fidschi-Wasser mit dem Lkw nach New York, Genua oder Rotterdam verfrachtet (in meinem Feinkostladen in der Nachbarschaft habe ich es auch schon gesehen).

Haben wir sie eigentlich noch alle? Was ist der Wert dieses Wassers, ziehen wir all die Transportkosten und Gewinne der

Zwischenhändler ab? Und warum muss ich Fidschi-Wasser trinken, wenn das Münchner Leitungswasser genauso gut schmeckt? Kann es sein, dass es uns einfach zu gut gegangen ist in den letzten Jahren? Dass wir nicht mehr wussten, wohin mit unserem Geld? Dass Angeberei wichtiger wurde als Verstand? Dass der Verdruss am Überfluss zu immer schrägeren Ausschlägen geführt hat? Oder hängt es damit zusammen, dass sich viele Menschen vorgenommen haben, 120 Jahre alt zu werden? Und dafür brauchen sie natürlich 500 verschiedene Mineralwassersorten und 100 Heil-, Quell- und Tafelwasser. Sie brauchen Wasser mit Sauerstoff versetzt, kalziumreich, rechtsdrehend, isotonisch und nach hawaiianischer Flug-Guave schmeckend. Prost.

S. A.

30

Ja. Wir können glücklich sein

Ich rate allen Menschen, die Angst vor dem Rückschritt des Fortschritts haben, die sich vor dem fürchten, was kommt, einmal mit ihren Eltern oder Großeltern, alten Onkeln und Tanten zu reden, sie zu fragen, wie es war, damals in deren Kindheit. Als es noch nicht 62 verschiedene Sorten Cornflakes gab, sondern Haferflocken. Einfach Haferflocken, mit Zucker und Milch. Als statt einer Nussnougatmischung selbst gekochte Erdbeermarmelade aufs Brot geschmiert wurde. Vielleicht kommen wir dann darauf, dass ein Rückschritt dorthin ein Fortschritt sein könnte.

Ich will wirklich nicht nostalgisch werden, und es war natürlich nicht alles toll in den Nachkriegsjahren. Ich will nicht zur Enge und zur Borniertheit zurück, nicht zum Restfaschismus und zu drakonischen Erziehungsmethoden. Ich will übrigens auch nicht jeden Tag Haferflocken und Erdbeermarmelade essen. Aber es wäre keine Katastrophe!!!

Es ist hilfreich, das Gute in dieser Zeit anzuschauen und die Angst vor der Einfachheit zu verlieren. Es geht nicht um einen Arm-aber-glücklich-Mythos, es geht nicht um »Früher war alles besser«. Beileibe nicht. Aber eine neugierige Rückschau kann sehr hilfreich sein für eine mutige Vorausschau.

In meiner Küche steht übrigens ein altes Grundig-Radio von meinem Großvater Kynast. Es ist etwa so alt wie ich und läuft wie eine Eins. Ein toller Klang, und ich freue mich, wenn ich die aufgemalten Stationen lese: Stavanger, Oslo, Moskau, Venedig, Lyon (auch wenn ich meistens Bayern 3 höre).

Ich habe meine damals 83-jährige Mutter im Vorfeld dieses Buches gebeten, einmal die Mitbewohner in ihrer Seniorenresidenz zu befragen, an welche glücklichen Momente aus der Zeit nach dem Weltkrieg sie sich erinnern. Die Antworten: Als ich meine Frau kennengelernt habe. Als unser Sohn geboren wurde. Als wir unser Geschäft eröffnet haben … Es waren kleine Geschichten des privaten Glücks. Am eindrucksvollsten war für mich die Erzählung von Peter, Mitte 70:

»Am allerglücklichsten war ich in diesem alten, kleinen Haus im Wald, in das wir von Hamburg aus gezogen sind. Ich war vielleicht zehn, als wir ausgebombt wurden. Also, unsere Wohnung war zerstört, meine Mutter marschierte mit mir und meinen Geschwistern aufs Land, um irgendwo eine neue Unterkunft zu finden. Wir fanden ein kleines, halb verfallenes Haus an einem Waldrand. Dort zogen wir ein, mit einem Koffer und zwei Taschen als Umzugsgut. Es war eine paradiesische Zeit für mich dort. Keine Fliegerangriffe mehr, keine Angst. Wir haben im Wald gespielt. Von den Mühen, von denen meine Mutter später erzählt hat, haben wir Kinder wenig mitbekommen.«

Peters Erzählung erinnert mich an eigene Glückserfahrungen, die ich in einem der ärmsten Länder der Welt gemacht habe. 1979 reiste ich als junge Journalistin und Mitglied einer Hilfsorganisation mitten ins Kriegsgebiet in Eritrea (Ostafrika). Eritrea war damals noch eine Provinz Äthiopiens und kämpfte für die Unabhängigkeit. Ich erlebte Bombenangriffe und lebte mit den Freiheitskämpfern in Zelten. Ich besuchte unter der Erde verborgene Hospitäler und Flüchtlingslager in ausgetrockneten Flussbetten. Ich schrieb die Geschichten von Menschen auf, die ihre Familien verloren hatten, Heimat, Hab und Gut. Menschen, die im Krieg verwundet worden waren, Halbseitig- und Querschnittsgelähmte, Blinde und Amputierte. Eigentlich sollte man dort die pure Hoffnungslosigkeit erwarten. Aber: Ich erlebte in Eritrea eine so tiefe Lebensfreude, eine Freude am und aufs Leben, wie niemals zuvor.

Wenn die Nacht kam und die Menschen keine Angst mehr vor äthiopischen Luftangriffen haben mussten, sammelten sie Holz und entzündeten ein großes Lagerfeuer. Es gab ein Stück Brot, einen Becher sandiges Wasser für jeden. Jemand begann, auf einem Plastikkanister zu trommeln, die anderen fingen an, rhythmisch dazu zu klatschen, Frauen begannen zu singen. Und plötzlich versammelte sich ein großer Kreis von Tanzenden rings um das Feuer. Alte tanzten hinter Jungen, die Amputierten humpelten auf ihren Krücken mit, Blinde wurden von anderen geführt. Und darüber der funkelnde afrikanische Sternenhimmel.

Noch heute kommen mir die Tränen, wenn ich an diese Nächte denke. Sie gehören zu den intensivsten Lebenseindrücken, die ich habe, mit einer tief empfundenen Freude, am Leben zu sein. Und dem Gefühl von Geborgenheit, mitten im Krieg. Dem Gefühl von Gemeinschaft, die dich aufhebt und trägt.

Gemeinschaft ist für mich das Zauberwort geworden. Sei nicht allein, nicht im Glück und nicht im Leid. Distanziere dich nicht von Menschen, sondern suche ihre Nähe. Baue keine Zäune zwischen sie und dich, sondern baue Durchgänge. Bitte um Hilfe, wenn es dir schlecht geht, bitte um Solidarität der Gemeinschaft, und gib sie, wenn du siehst, dass jemand sie braucht.

Übrigens: Auch das Gefühl der Gemeinschaft ist flüchtig. Sobald es einigen Menschen besser geht als anderen, beginnen der Neid und der Unfrieden. Auch Eritrea ist keine Insel der Glückseligkeit. Das Land ist inzwischen unabhängig, aber die ständige Bedrohung durch den alten Nachbarn hält das Land im Kriegszustand, die Wirtschaft kommt nicht voran, die Menschen werden immer unzufriedener. Heute sitzen die meisten Menschen auch in Eritrea abends vor dem Fernseher und tanzen immer seltener. Einige wenige haben mehr, und viele andere sind enttäuscht. Viele suchen ihre Perspektive woanders. Sie schippern in maroden Schiffen, von Schleusern um alles Geld gebracht, übers Mittelmeer. Manche ertrinken, manche kommen in Europa an. Viele werden zurückgeschickt. Manche sind Ihre Nachbarn.

Fragen Sie doch mal Ihre Nachbarn aus Eritrea, Syrien, Ruanda, aus dem Kosovo, dem Irak, Afghanistan, der Türkei oder Bangladesch, warum sie nach Deutschland gekommen sind. Fragen Sie doch mal die Eltern dieser süßen dunkelhäutigen Kinder im Kindergarten nach ihrer Heimat, ihren Bräuchen, ihrem Heimweh und ihren Hoffnungen. Und oft werden Sie hören, es war die letzte Alternative zum Untergehen, zum Verrecken. Es war die schwerste und einzige Alternative, um wieder eine Perspektive in ihr Leben zu bekommen. Und der Preis war hoch.

Was wir noch von diesen Menschen lernen können, ist, dass es nirgends auf der Welt einen Anspruch auf Wohlstand und Glück gibt. Auch nicht in Deutschland. Wir haben einfach verdammtes Glück gehabt, dass es nach dem Zweiten Weltkrieg immer nur bergauf gegangen ist, jedenfalls was den allgemeinen Wohlstand betrifft. Und haben dabei geflissentlich übersehen, dass unser Wohlstand auf den Schultern von anderen aufgebaut worden ist: auf denen der Bergleute in Mauretanien, die den Rohstoff für das Silicium auf Computerchips aus der Erde kratzen. Auf denen der Kaffeebauern in Ecuador, die immer weniger für ihren Kaffee bekommen, damit in Deutschland die Preise gesenkt werden konnten. Auf die Verschuldung der sogenannten Dritte-Welt-Länder, die Waffen und Landminen auch in Europa kaufen. Deren Eliten haben wir jahrzehntelang gestützt, weil sie Geschäfte mit uns gemacht haben. Dass die Eliten wiederum ihr Volk ausgebeutet und unterdrückt haben, darüber haben wir großzügig hinweggesehen. Denn das sicherte ja unsere Arbeitsplätze.

Und plötzlich merken wir, auch Deutschland ist keine Insel. Irgendwo auf der Welt war immer Krieg in dieser Zeit. Irgendwo starben Kinder an Unterernährung und wurden Völker vertrieben. Mir hilft diese Überlegung, um aus dem Selbstmitleid herauszukommen, warum geht es bei uns so den Bach runter? Warum muss sich alles so zum Schlechteren verändern? Wir haben doch gar nichts gemacht …? Aufwachen, sage ich mir. Spätestens jetzt merken wir, dass die Recht haben, die seit vielen Jahren von »Einer Welt« sprechen. Was wir von anderen lernen können: Der Mensch hat die Fähigkeit, auch in schwersten Zeiten glücklich zu sein. Diese Erkenntnis fasziniert mich immer wieder. Und gibt mir Mut, dass auch die Generation meiner Kinder ihren Weg finden wird, ihre Lösungen, ihren Sinn und ihre Aufgaben.

Übrigens: Meiner Mutter war damals selbst noch eine kleine Geschichte eingefallen, bei der sich ein Glücksgefühl allein beim Erzählen einstellt. Zu ihrem 14. Geburtstag (das war 1940) bekam sie von ihrer Mutter einen schmalen Goldring mit einem kleinen grünen Aventurin, einem Halbedelstein. Meine Großmutter, Frau eines Tischlers, hat ihre fünf Kinder nicht gerade verhätschelt. Umso mehr hat sich die 14-jährige Hannele gefreut. Meine Mutter erzählt: »Das wunderbarste an diesem Geschenk war, dass meine Mutter für diesen Ring Gold abgeben musste, es war ja mitten im Krieg. Sie hat also Schmuck von sich abgegeben, um mir den Ring machen zu lassen. Dass sie das für mich getan hat, das rührt mich bis heute.«
S. A.

31

Ja. Wir können unser Glück machen

Über Glück wird so fürchterlich viel gesprochen und (auch ich bekenne mich schuldig) geschrieben, dass das Wesentliche aus den Augen verloren werden könnte.

Das Wesentliche steht in einem Buch des amerikanischen Positiven Psychologen Professor Martin Seligman, der die Welt der Psychologie Ende der 90er-Jahre mit einem einzigen Gedanken durcheinandergebracht hat: An jeder Straßenecke finden wir heute einen Eheberater, der uns sagen kann, wie wir unsere Ehe von minus zehn auf plus/minus null bekommen, um dann eine friedliche Scheidung hinzubekommen. Aber wie wir unsere Ehe von minus drei auf plus fünf bekommen, sagt uns keiner.

Warum nicht? Seligman: »Wir haben hundert Jahre lang darüber geforscht, wie und warum Menschen unglücklich werden. Wir müssen endlich wissen, wie Menschen glücklich werden.«[22] (Das hat die Psychologen nicht interessiert, denn wer glücklich ist, braucht ja keinen Psychologen oder Psychotherapeuten.)

Seligman war 35 Jahre lang einer der herausragenden Depressionsforscher dieser Welt. Er sagt von sich, dass auch er eher mit dem linken Bein voraus auf die Welt gekommen ist und zur gedämpften Stimmung neigt. Er glaubt, dass der Rahmen, innerhalb dessen wir Glück spüren können, im Wesentlichen in uns körperlich angelegt ist. Mit dem Glück ist es so ähnlich wie mit dem Körpergewicht. Es gibt einen Normalpunkt, heute »Set Point« genannt. Um den pendelt das Körpergewicht herum, und es gibt auch einen »Set Point« für die Glücksempfindungen.

Manche kommen als Strahlemädchen und -buben auf die Welt, andere nicht. Es gibt also Grenzen für das Glücksempfinden. Aber keiner schöpft seine Grenzen aus.

Seligman nennt drei Arten von Glück, denn wir kennen drei Arten von Leben: das angenehme, das gute und das sinnvolle.

▶ *Angenehm leben* bedeutet: Befriedigung spontaner Bedürfnisse, um positive Emotionen zu spüren.
▶ *Gut leben* heißt, unsere Talente und Charakterstärken in die vier wichtigsten Lebensdomänen einzubringen:
▶ Arbeit,
▶ Ehe und andere Partnerschaften mit fester Bindung,
▶ Familie und Erziehung und
▶ größere Gemeinschaften.
▶ *Sinnvoll leben* meint: nach persönlichen Werten leben und handeln, die mit den Werten der Kultur übereinstimmen.

Seligman glaubt, dass jede dieser drei Lebensarten ihre Zeit und ihren Ort hat. Und dass wir in unserem Denken, Fühlen, Wollen und Tun mehrfach am Tag zwischen dem angenehmen, dem guten und dem sinnvollen Leben hin und her wechseln. Jedes dieser »drei Leben« führt zu einer anderen Form von Glück.

Glück durch die angenehmen Lebensmomente

Wer die angenehmen Lebensmomente sucht, verwöhnt sich, meidet Anstrengungen und bekommt dafür spontan gute Gefühle. Diese »Good Feelings« aber haben einen »Haken«: Sie vergehen oft schon in Sekunden. Der Raucher empfindet den ersten Zug aus der Zigarette als Hochgenuss – aber den dritten spürt er schon gar nicht mehr, sondern spürt »Entzugserscheinungen«, wenn der blaue Dunst zu lange ausbleibt. Wer gute Gefühle also als Wert an sich anstrebt, gerät in eine Falle. Rasch erzeugen sie das Verlangen nach einer neuen und meist größeren Dosis, um überhaupt etwas zu spüren.

Glück durch aktive Teilnahme am Leben

Das gute Leben baut nicht auf gute Gefühle, sondern entsteht durch die Aktivitäten, die wir lieben: einen Krimi lesen, Bergsteigen, Tanzen, Einkaufen, gute Gespräche, Beach-Volleyball oder Bridge spielen zum Beispiel. In Aktivitäten, die wir lieben, gehen wir auf. Wir sind voll absorbiert und spüren uns selbst dabei nicht.

Gefühle, positive oder negative, spielen dabei keine Rolle. Wir leben jenseits des Lustprinzips und jenseits des »Frustprinzips«. Zwar haben die Küchenpsychologen aller Zeiten uns weismachen wollen, dass der Mensch ja nach dem Lustprinzip lebt, Bedürfnisbefriedigung sucht und Schmerz meidet. Warum aber

- »quälen« sich Mountainbiker einen Berg hoch
- und Skifahrer eine Buckelpiste hinunter?
- Warum bohrt sich ein 10-Jähriger tief in das Lösen komplizierter Doppelbrüche ein und
- vergisst dabei die Zeit, das Fernsehprogramm und sich selbst? Während das Nachbarskind stundenlang vor der Glotze hockt und danach übel gelaunt ist?

Der Grund ist: Wer das gute Leben lebt, nimmt die Herausforderungen an und bringt die größten persönlichen Stärken zur Geltung. Das ist ein guter Puffer gegen alle seelischen Probleme und eine bessere Belohnung, als gute Gefühle zu haben. Jeder Mensch hat das bereits erfahren.

Glück durch ein sinnvolles Leben

Das sinnvolle Leben hat ein zusätzliches Kennzeichen. Die eigenen Stärken dienen nicht mehr nur den eigenen Zielen und Zwecken, sondern werden, wie Seligman es ausdrückt, eingesetzt für etwas, »das größer ist, als wir selbst es sind«.

- Kinder erziehen ist anstrengend – und das ach so süße Lächeln eines Kindes ist ein karger Lohn für all die Liebesmüh, aber wir tun es, weil wir ein sinnvolles Leben führen.
- Eine Liebe nicht nur in guten, sondern auch in schlechten Tagen leben – warum tun dies so viele Menschen? Weil es Sinn macht, sein Heiratsgelübde zu erfüllen.
- Warum stehen Menschen auf gegen Gewalt und Gefahr, während andere nicht einmal in der U-Bahn den Hintern hochkriegen, wenn ein Mensch, der schwach auf den Beinen ist, keinen Sitzplatz findet? Weil es Sinn macht.

»Sinn macht vieles, vielleicht alles ertragbar«, hat C. G. Jung gesagt. Und von Friedrich Nietzsche stammt das schöne Wort: »Wer ein Warum zu leben hat, erträgt fast jedes Wie.«

Auf den ersten beiden Glücksstufen steht das ICH im Mittelpunkt, auf der dritten Glücksstufe das WIR. Die Aktienkurse der ICH-AG steigen nicht auf Dauer. Jeder braucht auch Anteile an der WIR-AG.

S. B.

32

Ja. Wir können einfacher leben

Er war ein junger Mann aus wohlhabender Familie. Dank des elterlichen Reichtums und dank seiner persönlichen Anlagen steht er im Mittelpunkt der Jugend seiner Stadt. Soziale Wirren, ein Gefängnisaufenthalt, eine Krankheit aber verändern seine goldene Jugend, und im Alter von 25 Jahren führt ein Rechtsstreit mit seinem Vater zum Bruch mit der Familie. Der junge Mann öffnet sich religiösen Strömungen. Er beschließt, sein neues Leben in großer Bescheidenheit zu führen. Andere junge Menschen schließen sich ihm an.

Dies ist in kurzen Worten der unbekanntere Teil der Biografie des Franz von Assisi – ein Beispiel für einen Lebensweg, der von äußerlichem Reichtum zu innerem Reichtum führt. Ein Weg, den heute immer mehr Menschen, und nicht nur junge, zu gehen bereit sind. Sie suchen eine einfachere Lebensart, weniger Hektik, weniger Verantwortung, weniger Bindung an unsere geldorientierte Spät-Konsum-Zivilisation. Der amerikanische Sozialphilosoph Richard Gregg (1885–1974) hat diesen Lifestyle als Erster als »freiwillige Einfachheit« bezeichnet.

Hans im Glück oder: Vom Haben zum Sein

Freiwillige Einfachheit bedeutet »nach außen einfach und nach innen reich«. Diese Art zu leben umfasst Zurückhaltung als Verbraucher; einen ausgeprägten Sinn für unsere Umwelt; die Sehnsucht nach Lebensumständen und Arbeitsverhältnissen, die für jeden Menschen fassbar sind; den Willen, das, was uns als Menschen seelisch und geistig möglich ist, in Gemeinschaft mit anderen Menschen zu verwirklichen.

Die Attraktivität eines einfachen Lebens spüren auch Menschen, die im Moment nichts unternehmen, um ihr eigenes Leben zu vereinfachen. »Freiwillige Einfachheit« ist spannend, weil sie Anzeichen für eine Veränderung von Werten und Zielen in der industriellen Welt in den kommenden Jahrzehnten sein kann. Als gesellschaftliche Bewegung steht sie an ihrem Anfang, ihre ethischen und praktischen Positionen erscheinen aber so weit entwickelt, dass es möglich ist, diesen Lebensstil einer sinnvollen Analyse zu unterziehen.

»Freiwillige Einfachheit« ist nicht neu. Wurzeln hat sie zum Beispiel in der Klosterbewegung, in der Einfachheit und Selbstbestimmtheit der Puritaner, im Leben der Amish, die sich beispielhaft vom technischen Fortschritt abgekoppelt haben. Viele Sozialphilosophen und religiöse Führer, Jesus Christus oder Gandhi, haben in freiwilliger Einfachheit gelebt.

Ein bezeichnend moderner Aspekt der »freiwilligen Einfachheit« liegt darin, dass dieser Lebensstil aus einem Sinn für Verantwortung entsteht, der vor wenigen Jahren noch kaum existiert hat. Er entsteht aus einem tieferen Verständnis schwerwiegender gesellschaftlicher Probleme: chronische Energieknappheit; wachsende terroristische Aktivitäten, gerade zu dem Zeitpunkt, an dem die hoch entwickelten Nationen gesellschaftlich instabil zu werden scheinen; wachsende Forderungen der weniger entwickelten Nationen nach ihrem Anteil an den Ressourcen dieser Welt; die Gefahr, dass wir uns – noch bevor bestimmte Rohstoffe erschöpft sind – durch Umweltverschmutzung bereits vergiftet haben könnten; eine wachsende Sinnlosigkeit, die immer mehr Menschen zu einem Sich-treiben-Lassen verleitet. Weitere Beispiele könnten genannt werden, und sie würden nur beweisen, dass es sich bei »freiwilliger Einfachheit« um eine sehr rationale Antwort auf den Zustand unserer Welt handelt.

Einfaches Leben – welches sind die zentralen Werte?

Die Bewegung in Richtung auf ein »einfaches Leben« ist nicht sehr einheitlich, aber es scheint doch eine grundlegende Übereinstimmung in einigen Punkten zu bestehen: Einfachheit in materiellen Dingen; der Mensch als Maßstab der Arbeits- und Lebensumwelt; Selbstbestimmung; Umweltbewusstsein und persönliches Wachstum – dies sind von allen geteilte zentrale Werte.

Einfachheit in materiellen Dingen

Vereinfachung der materiellen Aspekte des Lebens ist ein zentraler Wert freiwilliger Einfachheit. Das American Friends Service Commitee, der Quäkerbewegung nahestehend, hat seit langer Zeit einen Lebensstil der »kreativen Einfachheit« untersucht und definiert einfaches Leben als »nicht konsumorientierten Lebensstil, der darauf beruht, zu sein und zu werden und nicht zu haben«, eine Formel, die uns bei Erich Fromm wiederbegegnet.

Einfach leben bedeutet rein quantitativ, weniger zu konsumieren (weniger überflüssige Luxusgüter; weniger Produkte, zu deren Herstellung Energie unwirtschaftlich eingesetzt wird; weniger »nicht natürliche« Produkte).

Dies muss aber nicht bedeuten, dass die Verbrauchskosten insgesamt heruntergehen. Einfach leben muss nicht notwendigerweise billig leben heißen. Die handgemachten haltbaren und ästhetisch über lange Zeit ansprechenden Produkte, die der »einfache« Konsument schön findet, sind oftmals sehr viel teurer als Produkte der Massenproduktion. Deshalb: Auch wenn der Konsum quantitativ reduziert wird und speziell die Umweltkosten des Konsums deutlich niedriger liegen, können die Konsumkosten insgesamt sehr wohl relativ hoch sein, weil unsere Wirtschaft nicht darauf eingestellt ist, die Art von Produkten herzustellen, die den Kriterien des einfachen Lebens entsprechen. Materielle Einfachheit wird sich deshalb aller Wahrscheinlichkeit nach in einem Verbraucherstil manifestieren, der weniger asketisch als ästhetisch ist.

Die Betonung liegt nicht auf streng eingehaltener Sparsamkeit, sondern darauf, einen Konsumstil zu schaffen, der – um es mit altmodischen Begriffen auszudrücken – der Kunst des täglichen Lebens Liebreiz und Integrität hinzufügt.

Der Mensch als Maß aller Dinge

Ein weiterer zentraler Wert der freiwilligen Einfachheit liegt in der Bevorzugung von Lebens- und Arbeitsumwelten, die den Menschen zum Maßstab haben. Wer diesem Wert anhängt, neigt auch dazu, das gigantische Ausmaß unserer Institutionen und Lebensumwelten mit Anonymität, Unverständlichkeit und Künstlichkeit gleichzusetzen. Wer das Kleine bevorzugt, möchte auch, dass Lebens- und Arbeitsumwelten wieder besser begreifbar und für jeden Menschen besser in den Griff zu bekommende Einheiten sind. Jeder Mensch sollte in die Lage versetzt werden zu sehen, was er zum Ganzen beiträgt, und folgerichtig sollte er einen Sinn entwickeln für aus der Arbeit resultierende geteilte Erfüllung und geteilte Verantwortung.

Reduktion von Größe wird als Mittel angesehen, dem Leben wieder eine menschlichere Proportion und Perspektive zu geben.

Selbstbestimmung

Freiwillige Einfachheit umfasst den Willen, das eigene Leben in die Hand zu nehmen und sich weniger auf große komplexe Institutionen zu verlassen. Selbstbestimmung manifestiert sich im Wunsch, größere Kontrolle über das persönliche Schicksal zu übernehmen und kein Leben zu führen, das gekoppelt ist an Ratenzahlungen, Reparaturrechnungen und die Erwartungen anderer Menschen. Um zu dem heutigen Trend nach anwachsender materieller Abhängigkeit ein Gegengewicht zu schaffen, mag ein Mensch versuchen, sich in allen materiellen Dingen selbst zu versorgen: selbst bauen; selbst anbauen; verzichten; Selbstdisziplin beim Konsum üben, um körperliche und psychische Abhängigkeiten abzubauen.

Selbstbestimmung zeigt sich in der Arbeitswelt als Gegengewicht zu exzessiver Arbeitsteilung. Statt sich selbst immer stärker zu spezialisieren, wird ein Anhänger des einfachen Lebens nach größerer Integration und Synthese in der Arbeit suchen, sodass sein eigener Arbeitsbeitrag zu dem Ganzen deutlicher wird.

Im öffentlichen Bereich zeigt sich der Wille zu größerer Selbstbestimmung durch wachsendes Misstrauen und in gewisser Weise Entfremdung gegenüber den großen und komplexen Sozialbürokratien. Ein Anhänger des einfachen Lebens sucht die Verantwortung für sein Leben, er ist sein eigener »Manager«, die eigene »Managerin«, ohne unliebsames und unnötiges Eindringen irgendwelcher entfernter Bürokratien.

Selbstbestimmung ist die Dimension, auf der sich einige ganz ungewöhnliche politische Koalitionen zwischen extrem Linken und extrem Rechten erklären, eben Koalitionen, die gegen ein weiteres Vordringen der großen Institutionen in das Leben der Menschen sind, Koalitionen, die Selbstbestimmung im Rahmen der Gemeinde suchen und zum Beispiel in Bürgerinitiativen ein Betätigungsfeld finden. Die Aversion, zunehmend von weit entfernten Bürokratien kontrolliert zu werden, erinnert uns an jenen Unabhängigkeitsdrang, der schließlich zur amerikanischen Revolution gegen das weit entfernt liegende England geführt hat.

Umweltbewusstsein

Ein Bewusstsein, das anerkennt, dass Menschen und Natur das gleiche Schicksal haben werden, ist ebenfalls wichtig für ein Leben in freiwilliger Einfachheit. Von diesem Bewusstsein leiten sich einige zentrale Themen dieses Lebensstils ab:

Das Umweltbewusstsein zeigt uns, dass uns Grenzen gesetzt sind auf der Erde. Es geht um die Bewahrung der natürlichen Rohstoffe, die Verminderung der Umweltvergiftung und die Erhaltung der Schönheit und Unberührtheit der natürlichen Umwelt. Wichtig ist dabei, dass dieses Verantwortungsbewusstsein sich oft über den Bereich der natürlichen Umwelt ausdehnt und den Menschen ebenfalls mit einschließt. Die Philosophie Mahatma Gandhis, sein Begriff des Sarvodaya – nur unzureichend übersetzt mit »Philosophie der Wohlfahrt«, denn er meint damit, dass man nichts für sich in Anspruch nehmen sollte, was man nicht dem niedrigsten Bewohner dieser Erde zubilligt (der kategorische Imperativ der östlichen Philosophie) –, diese Philosophie also entspringt zu weiten Teilen jenem innigen Gefühl der Verbundenheit mit allen Menschen und besonders mit denen, die weniger gut dran sind als wir.

Das Wachsen des Umweltbewusstseins trägt die Vision der freiwilligen Einfachheit nach außen und geht einher mit einem starken Gefühl sozialer Verantwortung und einem Engagement für die Dinge dieser Welt und verhindert so, dass freiwillige Einfachheit zum isolierten egozentrischen Lebensstil wird. Praktisch manifestiert sich dieses Bewusstsein in der Bereitschaft, die Rohstoffe dieser Erde mit den weniger Glücklichen zu teilen; dem Gefühl der Weltbürgerschaft; dem Wunsch, vor allem dort leben zu wollen, wo man direkten Zugang zur Natur hat; dem Wunsch, menschliche und institutionelle Vielfalt überall in der Welt in kleinsten Lebensbereichen zu fördern.

Persönliches Wachstum

Die meisten Menschen, die ein materiell einfaches Leben wählen, tun dies, um sich von Äußerlichkeiten zu befreien. Sie wollen dadurch freier werden, ihr »inneres Leben« zu erforschen. Die Philosophie der materiellen Einfachheit, der Selbstbestimmung, der »Rückkehr zum menschlichen Maß« in Leben und Arbeit, des Umweltbewusstseins ist dazu geeignet, Behinderungen des »inneren« Wachstums zu beseitigen. Das Ziel ist also, sich von den oft überwältigenden Äußerlichkeiten frei zu machen, um so einen Platz zu schaffen, an dem man selbst wachsen kann – psychisch und geistig.

Simone de Beauvoir hat umschrieben, was hinter diesem Wunsch nach Selbstverwirklichung steht. »Leben ist beides, sich selbst erhalten und sich selbst übertreffen. Wenn es nur das eine ist, ist Leben nicht mehr als nicht sterben.« Viele der Anhänger freiwilliger Einfachheit glauben, dass die westliche Gesellschaft damit präokkupiert ist, sich selbst zu erhalten und dass »leben« in unserer Kultur deshalb »nicht sterben« heißt. Sie finden deshalb kein Feld für ihr Bedürfnis, sich selbst zu übertreffen, für ihr Bedürfnis nach »wahrem Leben«.

Eine Reihe von Entwicklungen seit den 60er-Jahren zeigt, dass die Bedeutung persönlicher Erfahrungen und die Bedeutung der Qualität der Beziehung zu anderen Menschen als immer wichtiger angesehen werden: das Auftreten und die Verbreitung der Humanistischen Psychologie; das Auftreten einer »Transpersonalen Psychologie« gekoppelt mit einem starken Anstieg des Interesses an und Engagements für östliche Meditationstraditionen; das Erstarken der Frauenbewegung; eine Faszination unserer Kultur für psychische Phänomene überhaupt; Fortschritte in der Gehirnforschung, die belegen, dass es eine biologische Basis für beides – die rationale und die intuitive Seite der menschlichen Natur – gibt; ein wachsendes Interesse am Sport als körperliche und seelische Erfahrung (in den USA wird Tennis z.B. als »inner game« angesehen und gerät dabei bereits, wenn auch nur oberflächlich, in die Nähe von Zen und Bogenschießen …).

Ohne das attraktive Ziel, das innere Potenzial zu erforschen, scheint es unwahrscheinlich, dass es genug Motivation gibt, freiwillig einen Lebensstil der materiellen Enthaltsamkeit anzunehmen. Ohne größere Einfachheit in unserem Lebensstil werden wir allerdings kaum mit Mangel und anderen Zukunftsproblemen fertigwerden. Schließlich muss inneres Lernen stark zunehmen, sonst werden wir wahrscheinlich nie den Grad innerer Reife erlangen, der notwendig ist, um die Gattung Homo sapiens als weisen Treuhänder einer bewussten Evolution auf dieser Erde zu qualifizieren.

Unsere kurze Analyse hat es bis zu diesem Punkt noch nicht geschafft, die Beziehung zwischen den eigentlichen Wurzeln für persönliches Wachstum und freiwillige Einfachheit aufzuzeigen. Eine angemessene Erklärung hierfür findet sich, wenn wir die beiden Ideen zugrunde liegende Vision betrachten. Es ist eine alte Vision – vermutlich so alt wie die menschliche Zivilisation –, aber eine langlebige, die, wie es scheint, immer wieder neu entdeckt wird. Eine Beschreibung dieser Vision stammt von dem englischen Historiker Arnold Toynbee:[23]

»Religiöse Väter (Jesus, Buddha, Laotse, Franz v. Assisi) stimmen nicht überein in ihren Bildern dessen, was die Natur des Universums, die Natur des religiösen Lebens, die Natur der letztendlichen spirituellen Realität ist. Aber sie stimmen alle überein in ihren moralischen Vorschriften. Sie alle waren der Meinung, dass Streben nach materiellem Wohlstand ein falsches Ziel ist. Wir sollten nur nach dem Minimum an Wohlstand streben, um uns am Leben zu erhalten. Unser wichtigstes Ziel sollte geistiger, spiritueller Natur sein. Sie alle sagten mit einer Stimme, dass es zum Desaster führen wird, wenn wir materiellen Reichtum zu unserem überragenden Ziel machen. Sie alle nannten Selbstlosigkeit und Nächstenliebe den Schlüssel zum Glück und Erfolg in allen den Menschen belangenden Dingen.«

Wir haben fünf grundlegende Überzeugungen aufgezählt, die beschreiben, was freiwillige Einfachheit ist. Es war keine erschöpfende Beschreibung, und sicher wird man Ausprägungen dieser Werte bei verschiedenen Menschen in verschiedener Qualität vorfinden. Dennoch hängen diese Werte miteinander zusammen, und das kann ein Anzeichen dafür sein, dass sie nicht durch Zufall entstanden sind, sondern dass sie ein sich gegenseitig stabilisierendes Muster darstellen. Sie verstärken sich gegenseitig.

Das zeigen wenige Minuten des Nachdenkens. Zum Beispiel kann persönliches Wachstum das Bewusstsein für die Umwelt fördern, dadurch kann der Wunsch nach Einfachheit in den materiellen Dingen entstehen und deshalb die Wahrscheinlichkeit vergrößern, dass man in kleineren, dem Menschen angemessenen Lebens- und Arbeitsumwelten existieren möchte, und dadurch wiederum wird es eher möglich, sich innerhalb seines Lebensraumes selbst zu bestimmen.

Eine einzige Lebensmaxime, ein einzelner Wert allein könnte niemals die Vitalität und Umfassenheit erreichen, die durch das synergetische Zusammenwirken dieser Werte entsteht. Diese Werte verbinden sich zu einer praktischen Weltsicht, zu einem zusammenhängenden Muster von Wahrnehmung, Überzeugung und Verhalten, das eine wichtige Brücke zwischen der traditionellen Weltsicht unserer Industriekultur und der unsicheren und schwierigen Zukunft sein könnte.

Freiwillige Einfachheit – und was es nicht bedeutet

Wir haben zu definieren versucht, was freiwillige Einfachheit ist. Wir werden dies noch besser verstehen, wenn wir sagen, was es nicht ist: Freiwillige Einfachheit sollte nicht gleichgesetzt werden mit der Zurück-zur-Natur-Bewegung. Es gibt heute eine Bewegung, die man Stadtflucht nennt. Dennoch: Die meisten Menschen wohnen in städtischen Umwelten.

Freiwillige Einfachheit mag aber diesen Städtern genauso attraktiv erscheinen wie den Menschen, die in der »Natur« wohnen.

Leben in der Stadt ist nicht zwangsläufig unvereinbar mit freiwilliger Einfachheit. Es sind in der Tat viele erfolgreiche Experimente über eine »angemessene« Technologie, über Gartenbau für den Privatbedarf in städtischen Umwelten durchgeführt worden.

Freiwillige Einfachheit ist kein Leben in Armut

In der Tat ist es so, dass Armut das genaue Gegenteil von einfachem Leben ist. Armut macht aus dem Leben einen Kampf ums Dasein und bietet wenige Möglichkeiten zu persönlichem Wachstum – dazu, sich selbst zu übertreffen, wie Simone de Beauvoir sagt.

Freiwillige Einfachheit wird in vielen Ländern gefunden. Es sieht so aus, als ob alle hoch entwickelten westlichen Nationen in irgendeiner Weise in diese Richtung tendieren. Viele europäische Nationen mit weniger natürlichen Rohstoffen haben zum Beispiel viel früher als die USA gelernt, den Mangel zu verwalten. Es gibt Anzeichen dafür, dass manche Nationen sich eher für freiwillige Einfachheit entscheiden als für den Stress, der mit dem Streben nach Wohlstand verbunden ist. In einer vor einigen Jahren durchgeführten Meinungsumfrage in Norwegen fand man, dass 74 Prozent der Bürger nicht mehr als nur die wesentlichen Dinge zum Leben für sich haben wollten.
S. B.

33

Ja. Wir können mit Ungewissheit leben

7. Mai 2009, ich liege im Bett und denke: »Eigentlich bist du tot.«

Das war ein Geistesblitz. Kein ganz schöner. Kein logischer, aber Unlogik ist das Markenzeichen eines Geistesblitzes. Und das Bett stand nicht etwa zu Hause, sondern Luftlinie ein paar Hundert Meter entfernt im Klinikum Rechts der Isar in München. Wie ich da hingeraten war, ist schnell erzählt.

Am Anfang stand der Wunsch, mehr Sport zu treiben. Da war dann der Personal Trainer und dessen Grundprinzip: »Ich nehme niemanden an, ohne dass sie oder er sportärztlich durchgecheckt worden ist.« Der Sportarzt erkennt etwas im Belastungs-EKG, Überweisung an eine Kardiologin, die legt viel sanften Druck in ihren Vorschlag, doch in eine Klinik zu gehen und einen Herzkatheter legen zu lassen, weil nur so endgültig abgeklärt werden könnte, was Tatsache sei.

Gemeinhin kommt der Assistenzarzt als Götterbote zurück, in diesem Fall kam der Professor selbst und überbrachte die Nachricht,

a) dass es drei wichtige Adern gibt, die das Herz mit Blut versorgen,
b) dass zwei davon – und das seit Jahren – total verstopft sind, undurchlässig! Und die dritte ist
c) ebenfalls schon von Ablagerungen beeinträchtigt.

Ein Belastungs-EKG, vor sechs oder sieben Jahren gemacht, hatte keinerlei Hinweise erbracht. Es ist aber unwahrscheinlich – obwohl nicht feststellbar –, dass damals nichts zu sehen gewesen wäre, wenn man die bessere diagnostische Methode, nämlich den Herzkatheter, angewandt hätte.

Wie auch immer: Ich hätte an vielen Orten zu vielen Zeitpunkten bereits einen tödlichen Herzinfarkt erleiden können (bei dieser Gelegenheit herzlichen Dank an die Hersteller von Salem, Reyno, Marlboro, Gauloise, Rothändle und Peter Stuyvesant), denn bei einem ansonsten mit etwas zu viel Alkohol, aber dennoch einigermaßen sittsamen Lebenswandel muss hier die Hauptursache liegen.

Was jetzt? Die Zeit überbrücken, bis ein Klinikbett im Münchner Herzzentrum frei ist, denn es ist kein absoluter Notfall, der eine Schnelleinweisung möglich machen würde.

Etwas mehr als zwei Jahre kennen Sabine und ich uns. Etwas weniger als fünf Monate sind wir verheiratet. Als ich anrufe, ist alle Männlichkeit aus meiner Stimme verschwunden, und die Tränen fließen – und wie ich merke, nicht nur auf meiner Seite. Auf meiner Seite fließen sie nicht aus Selbstmitleid, sondern weil es einfach ihr gegenüber ungerecht ist, jenen Staub aufzuwirbeln, aus dem man sich machen kann. Und auch auf ihrer Seite ist es kein Selbstmitleid.

»Produktive Vernunft« nennt Erich Fromm das, was zu meinem Glück dann in unseren Köpfen eingesetzt hat. Auch wenn ich eigentlich des Öfteren hätte gestorben sein können – bei der Bergtour, auf dem Rennrad oder beim Hmtata –, ich war ja noch da. Ich war auferstanden vom nicht eingetroffenen Tod, ich bin jetzt Rekonvaleszent. Auf dem Wege der Besserung!

»Produktive Vernunft« ist eine so gute Art und Weise, den unproduktiven Gegebenheiten des Lebens zu begegnen, dass ich Ihnen das etwas genauer erklären und aus tiefem Herzen für schwierige Situationen anempfehlen möchte:

Gemeint ist, die eigene Vernunft wirken zu lassen und die Tatsachen des Lebens nach bester Vernunft so zu sehen, wie sie wirklich sind: klare Wahrnehmung, auch wenn es schwerfällt.

In meinem Fall: Zweieinhalb von drei lebenswichtigen Blutgefäßen im Herzen sind verstopft. Nicht heruminterpretieren – nicht zum Beispiel sagen: Du Idiot, warum hast du geraucht, warum hast du erst vor drei Jahren aufgehört und nicht vor dreißig?

Kein positives Denken im Sinne von »es wird schon alles gut werden«, weil diese Art von rosaroter Malerei leider nicht mitteilt, wie alles gut wird.

»Produktive Vernunft« betrachtet, nein: stellt sich der Realität. Und die Realität ist immer noch besser als die Angst vor der Angst. Sich der gesamten Realität ohne lähmende Angst zu stellen – was zu zweit besser geht als allein –, gibt den positiven Aspekten überhaupt erst eine Chance, in Erscheinung treten zu können. Positiv war und ist:

Mein Herz ist trotz der seit Jahren zu knappen Blutzufuhr kräftig, vielleicht etwas zu kräftig entwickelt, weil es sehr viel mehr leisten musste. Mein krankes Herz ist eigentlich ziemlich gesund. Das hat der Arzt ja auch gesagt. Versorgt worden ist es für seine Pumpentätigkeit durch viele kleine Äderchen, die sich dann herausgebildet haben. Daran denke ich, und dann fällt mir der eigenartige Satz ein: Du hast ja eigentlich ein ziemlich gesundes Herz und eigentlich kein wirklich krankes.

Die mehrstündige Operation, die jetzt kommen wird, steht nicht mehr im Mittelpunkt. Mir fallen Sachen ein wie »Ritt über den Bodensee«, »Was für ein unendliches Glück ich hatte«, »Wann hätte das Gegenteil von Glück eintreten können?«, und die Beispiele zeigen sich: bei einer Bergwanderung, beim geliebten Rennradfahren, … und wer das aushält, wird manchmal belohnt. Ich war so gefährdet, denke ich, dass ich jetzt eigentlich nicht krank bin, wo ich weiß, dass ich krank bin, sondern die ganze Zeit krank gewesen bin, und deshalb bin ich jetzt rekonvaleszent – auf dem Weg der Besserung. Dieser Weg soll in einigen Tagen planiert werden mit zwei Bypässen.

Die freundlichen Menschen auf der Krankenstation wissen um die Diagnose, und als ich mich erst einmal verabschiede, wird mir klar, dass zu viele Menschen mir »alles Gute« gewünscht haben – zu viele jedenfalls für meinen Geschmack. S. B.

Die Fortsetzung dieser Geschichte werden Sie nicht in diesem Buch lesen können, weil bis dahin der Abgabetermin verstrichen ist, und dann ist an dem Buch nichts mehr zu ändern. Aber eigentlich gefällt mir die Geschichte so, wie sie jetzt erzählt werden kann – ohne Happy oder Unhappy End. Nachtrag 2015: Es ist alles gut gegangen, wie Sie sehen.

34

Ja. Wir können unabhängig werden

Ich glaube nicht, dass unsere Gesellschaft sich bis in die Steinzeit zurückentwickelt. So schlimm wird es schon nicht werden. Aber sich an ein paar bewährte Rezepte aus den 50ern zu erinnern, kann nicht schaden. Vor Kurzem konnten wir in den Zeitungen lesen, dass Michelle Obama einen Nutzgarten für die junge Präsidentenfamilie am Weißen Haus angelegt hat. Und wie nannte die *Süddeutsche Zeitung* das Vorhaben: »Potato Propaganda« – also Kartoffel-Propaganda. Na, wenn das nicht eine Unterstützung unserer Thesen ist!

Michelle Obama hat mit einer öffentlich wirksamen Aktion mithilfe einer Schulklasse und ihrer Töchter den Rasen im großen Garten des Weißen Hauses 102 Quadratmeter weit abgestochen und Gemüsebeete angelegt. Die Presse konnte genau vermelden, was sie dort gepflanzt hat: Spinat, Kohl, verschiedene Salate, Rucola, Tomaten, Peperoni, Beerensträucher, Thai-Basilikum. Rüben gibt es nicht, ließ sie verlauten, weil Mr President die nicht mag. Außerdem ließ sie zwei Bienenkörbe aufstellen, um Honig zu ernten. Wenn man bei Google

»Potato« eingibt, stößt man auf witzige YouTube-Filmchen, die den »Weißen Garten« behandeln.

Die First Lady hat damit übrigens an eine Tradition angeknüpft: Eleonore Roosevelt, Präsidentengattin von 1933 bis 1945, hat im Zweiten Weltkrieg schon einmal einen solchen Garten hinterm Weißen Haus angelegt. »Victory Garden« hieß der damals. Und Eleonore Roosevelt wollte damit die Amerikaner ermutigen, sich in Kriegszeiten mit Obst und Gemüse selbst zu versorgen. Offensichtlich mit Erfolg: Ich habe gelesen, dass am Ende des Zweiten Weltkriegs 40 Prozent der Nahrungsmittel in den USA aus der Selbstversorgung kamen. Und heute? Heute wird jedes Lebensmittel in den USA über durchschnittlich 1500 Meilen transportiert. Das sind etwa 2400 Kilometer – so weit wie von Flensburg nach Palermo.

Viele Beobachter weisen auf weitere Parallelen hin: Wie damals Eleonore wollte Michelle Obama offensichtlich auf schwere Zeiten hinweisen, die vor uns liegen. Und die Amerikaner daran erinnern, in der sich verschärfenden Weltwirtschaftskrise ihre eigenen Kräfte zu nutzen. Außerdem appelliert sie an die Fast-Food-verwöhnten Amerikaner, wieder gesünder zu essen, frisches Gemüse eben. Amerikanische Umweltorganisationen und Slow-Food-Anhänger loben denn auch die präsidentiale Unterstützung für den Bioanbau. Und CBS-News unterstellte Michelle Obama sogar subversives Verhalten: Wer die Essgewohnheiten der Amerikaner ändert, kann die ganze Welt verändern. Die Frau des amerikanischen Präsidenten als Initiatorin einer grünen Revolution – eine interessante Entwicklung, vor wenigen Jahren undenkbar!

Vor fünf Jahren hätten wir gelacht über solche Überlegungen: Jedem seinen Schrebergarten, weg mit dem Rollrasen, her mit den Salatpflanzen, rüstet die Heizungskeller um in kühle Höhlen, wenn die Ernte eingefahren wird. Aber die Erkenntnis, dass unsere heutige Nahrungsmittelherstellung mit schuld ist am Klimawandel, vor allem die Massenproduktion von Fleisch, gibt der ganzen fröhlichen Gärtnerinnengeschichte einen ernsten Hintergrund.

Je mehr ich mich mit anderen über den Trend zum ökologischen Landbau unterhalte, umso mehr outen sich die Menschen als heimliche Biobauern. In einem Vortrag vor einigen Monaten habe ich mal wieder von der Zukunftsalternative des Lebens auf dem Bauernhof geredet, ich sage immer: »Unser Plan C heißt, einen kleinen Bauernhof in der Uckermark kaufen, mit Fischteich, Streuobstwiesen und großem Garten, um die eigenen Kartoffeln und Gemüse anzubauen. Marmelade einkochen, Obst einmachen, Vorräte anlegen …« Viele Zuhörer lachen, weil sie denken, ich mache Spaß. Die anderen verstehen, dass ich das völlig ernst meine.

Nach dem Vortrag unterhielt ich mich mit einer toughen Bankerin, schwarzer Hosenanzug, blonder Pferdeschwanz, Mitte 30. Und sie erzählt mir verschwörerisch grinsend und halb flüsternd, dass sie gerade eine Ausbildung in ökologischem Landbau abgeschlossen hat. »Das mit dem Bauernhof, das überlegen wir auch, Freunde und ich. Irgendwo im Hunsrück.«

Hunsrück, Weserbergland oder Uckermark – klingt ziemlich abgelegen, aber dumm ist der Gedanke nicht. Meine Vision: In einigen Jahren einen alten Vierkanthof mit ausreichend

Platz für Familie und Freunde kaufen. Sodass alle, die mit dort wohnen, Raum für sich selbst haben, wo sie auch mal allein sein können. Bloß keine Jugendherbergsromantik. Aber dann eine supergemütliche große Küche, eine warme Stube, in der man Gemeinschaft leben kann. Dazu ein lustiger Hund und ein paar Katzen. Ein paar Hühner, Enten ... ja!

»Aufs Dorf gehen. Doof sein.« Hat einmal der Schriftsteller Arno Schmidt geschrieben. Für mich bedeutet es: Aufs Dorf gehen, Frieden finden, vorm Haus sitzen, die Sonne genießen. Zeit verstreichen lassen. Gemeinschaft erleben.

Vielleicht ist das nicht die Vision von heute Achtzehnjährigen. Ja, die müssen hinaus in die Welt. Wollte ich mit 18 auch, raus aus meinem Dorf mit damals 342 Einwohnern (weiß ich so genau, weil ich zur Aufnahmeprüfung an der Deutschen Journalistenschule in München eine Reportage über das Kaff schreiben musste). Aber warum nicht im Alter zurück aufs Dorf gehen, auf der Bank vorm Haus sitzen, den lieben Gott einen guten Mann sein lassen?

Mit unserer Rente, haben wir uns ausgerechnet, können wir uns in München sowieso später keine Wohnung mehr leisten. Aber wenn einige Gleichgesinnte zusammenlegen, könnte das eine fidele Dorf-WG werden. Und mittendrin möglichst eine Familie mit Kindern, die Leben in die Bude bringen. Vielleicht kennen Sie den klugen Satz: »It takes a village to raise a child.« Hillary Clinton hat vor Jahren dieses afrikanische Sprichwort zitiert. Ja, es braucht ein Dorf, oder sagen wir, eine Gemeinschaft, um ein Kind aufzuziehen.

So eine Dorf-WG hätte auch den Vorteil, dass man sich vieles teilen könnte: Ein Auto, einen Traktor, einen Hund zum

Spazierengehen, Katzen zum Schmusen, einen Garten zum Arbeiten und Ernten, einen Einkochapparat, eine Kornmühle, eine Brotbackmaschine, ein Bowlenset, eine Heizdecke, Kinder zum Spielen und Vorlesen und Rumtoben. Neulich sind wir an einem Haus vorbeigefahren, daran stand in großen Buchstaben: Mehrgenerationenhaus. Und ich dachte kopfschüttelnd: Früher war jedes Haus ein Mehrgenerationenhaus, heute müssen wir es dranschreiben.

Ich erinnere mich daran, wie es früher zur Erntezeit war: Man war nie allein, sondern hat die Arbeit mit anderen zusammen gemacht: Stachelbeeren pflücken, Bohnen schnippeln, Kirschen entkernen, Gurken einlegen. Neben der Arbeit wurde geplaudert, gelacht, der neueste Dorftratsch ausgetauscht. Natürlich war es auch harte Arbeit, und als Kind habe ich oft geflucht, weil nach der Schule Gartenarbeit dran war. Doch niemals vergesse ich den Duft von selbst gekochtem Pflaumenmus, das meine Eltern in dem alten Kupferkessel in der Waschküche gekocht und das wir dann in Hunderte von Gläsern gefüllt haben (wir waren eine große, hungrige Familie!). So ein leckeres Mus habe ich in meinem Leben nie wieder bekommen.

Sich selbst zu versorgen löst sicher nicht alle globalen Probleme, die wir haben. Aber ich erinnere mich immer wieder an eine Begegnung, die ich vor ein paar Jahren hatte. Ein Nachfahre des alten Freiherrn Knigge, Moritz Freiherr Knigge, schreibt Bücher und hält wunderbare Vorträge über gutes Benehmen, wie es sein Vorfahre wirklich gemeint hat. Und er erzählt dabei eine hübsche Geschichte: Nach einer Umfrage beklagen sich 90 Prozent der Deutschen darüber, dass die anderen so unhöflich seien. Nach Adam Riese hieße das, dass viele von denen, die sich beklagen, selbst unhöflich sein müssen ... Und er zieht das Fazit, indem er sich an die eigene Nase fasst: »Was bedeutet das? Fang bei dir selbst an. Sei du höflich und warte nicht, dass die anderen es sind.«

Genauso sehe ich das bei Veränderungen in unserer Lebensart, in der Art zu essen und zu haushalten, zu sorgen und vorzusorgen, etwas zu tun, etwas zu lassen und etwas zu verändern. »Frag nicht, was die Welt für dich tun kann. Fang an, in deiner kleinen Welt etwas zu tun.«

Für mich heißt das: Glaube daran, dass du etwas tun kannst. Glaube daran, dass du etwas verändern kannst. Fang in deiner kleinen Welt, in deinem Mikrokosmos an und tu etwas für dein kleines Glück. Setze solche Zeichen wie Michelle Obama, vielleicht nicht im Schein der Weltpresse, aber in deiner engsten Umgebung.

S. A.

35

Ja. Wir können »das Leben auf dem Lande« auch in der Stadt haben

Warum künstlich trennen zwischen Stadtmaus und Land-maus, zwischen Stadtleben und Landleben? Aussteigen und aufs Land ziehen ist nicht für jede und jeden. Aber wohnen und arbeiten in Übereinstimmung mit der Natur ist auch in Städten möglich – und sei es auch nur ansatzweise. Und ein bisschen tun ist mehr, als ganz viel vorhaben. Möglich sind in manchen Stadthäusern – ganz oder in Teilen

- regenerative Energiequellen (vor allem Sonnenenergie),
- dass Lebensmittel im eigenen Garten produziert und
- die Abfälle kompostiert werden,
- dass eine ökologisch angepasste, kollektive Wohnweise den Energieverbrauch verringert,
- dass eine Systemverbindung von Gärtchen, kleinem Treib-haus, Kompostierungstoiletten und Brauchwasserverriese-lung eingerichtet und
- dass sogar Fischteich und Kleintierhaltung betrieben wer-den.

Schauen Sie sich im Internet[24] um, da gibt es Foren mit Anfragen und Antworten, Beispiel: »Hallo Biotopler, Fischzüchter und was sich alles sonst noch hier herumtreibt! Ich bin neu hier im Forum und habe an euch eine Frage. Ich besitze zwei Becken im Garten (220cm x 135cm x 75cm), und in diesen möchte ich mit Fischzucht anfangen …«

Den Gedanken, das Leben auf dem Lande in die Stadt zu holen, habe ich von Wulf Rüdiger Lutz, dem vor drei Jahren verstorbenen Architekten, Publizisten und Zukunftsforscher zum ersten Mal gehört. Mit Rüdiger habe ich das *journal zukunft* gründen dürfen. Er war Mitarbeiter von Robert Jungk gewesen, dem Salzburger Vorzeige-Futurologen, der mir einmal auf die Frage, wie er es aushalte, ständig die schlechten Nachrichten über unseren Planeten Erde zur Kenntnis zu nehmen, gesagt hat, was ich Ihnen gerne weitergebe, weil seine Antwort Mut und Orientierung gibt: »Die schlechten Nachrichten nehme ich schon lange nicht mehr zur Kenntnis. Ich sammle seit vielen Jahren nur noch die positiven Zeichen.«

Das Leben auf dem Lande in die Stadt zu holen – diesen Gedanken hat Rüdiger Lutz am Farallon Institute for Advanced Ecosystem Research in Kalifornien gehört. Ein Buch darüber, *The Integral Urban House: Self Reliant Living in the City* von Sim Van der Ryn, Helga und Bill Olkowski,[25] gibt es seit mehr als 30 Jahren. Sim Van der Ryn, Künstler aus einer holländischen Familie, die nur knapp dem Naziterror entkommen ist, erklärt seine Motivation, sich für Umwelt und Natur einzusetzen mit den Worten: »Wenn du einmal einem Holocaust entgangen bist, willst du nicht zu denen gehören, die einen neuen vorbereiten.«

Hier sind zehn von Sim, Helga, Bill und Rüdiger genannte Gründe für die Notwendigkeit einer städtischen Landwirtschaft, zehn Gründe, die gleichzeitig als Aufgaben des integrierten Stadthauses gelten können:

1. Durch die Nutzung von repräsentativen Grasflächen, Höfen und anderen bebauten Elementen zum Anbau von Nahrungsmitteln kann das Problem der Verstädterung der Landschaften verringert werden, und ehemals fruchtbarer Boden kann wieder dem Lebenserhalt dienen.

2. Durch die Entwicklung von landwirtschaftlichen Produktionsformen in der Nähe der Verbraucher kann neben der Reduktion des Transportaufwandes ein Grundproblem der Industriegesellschaften gelöst werden: der Stadt-Land-Gegensatz!

3. Die Landwirtschaft in der Nachbarschaft des eigenen Hauses weckt ein Interesse an der Natur, an Pflanzen und Tieren, und das könnte zu einem Überdenken der bestehenden konsumorientierten und entfremdeten städtischen Lebensform führen.

4. Durch die dezentrale Verteilung kleiner intensiver und vielgestaltiger Nahrungsproduktionsflächen in den Städten entwickeln sich stabilere kleine Insekten-Lebensgemeinschaften (Nützlinge und Schädlinge), die weniger oder gar keine Pestizide erforderlich machen.

5. Die Schaffung lebendiger Anschauungsbeispiele motiviert viele Menschen, ihr Leben und die Gestaltung ihrer Lebensumwelt wieder selbst in die Hand zu nehmen, was zu einer aktiveren und informierteren Öffentlichkeit beiträgt,

die somit einige fruchtbare Veränderungen in unserer Papierdemokratie bewirken könnte.

6. Das Erlernen und Praktizieren von Gartenbau, Tierhaltung und Kompostierung kann Menschen die Kräfte natürlicher Systeme bewusst machen und damit die menschlichen Lebenserhaltungsprozesse in bessere Harmonie mit der Ökologie unseres Planeten bringen.

7. Die Planung und Organisation eines eigenen Ökosystems gibt dem Einzelnen Aufklärung darüber, was zur Erhaltung des gesamten globalen Ökohaushaltes dient.

8. Durch Studium und Beobachtung der Lebensprozesse in Garten und Tierstall kann wieder ein echtes, direktes Wissen über die organische Welt erworben werden.

9. Der Schritt zur Selbstversorgung und graduellen Unabhängigkeit gibt Aufschluss über Möglichkeiten, die einzelne Menschen und Gruppen haben, um Veränderungen in ihrer – auch politischen – Umwelt zu bewirken.

10. Das individuelle Lernen, Forschen und Bauen führt zu Einsichten über das Wesen der natürlichen lebendigen Systeme und darüber, wie die Menschheit in diesem System leben kann. Erst dadurch kann der Aufbau einer »Solarzivilisation«, die die Erde nicht mehr ausbeutet oder schädigt, erwachsen.

S. B.

36

Ja. Wir können Geborgenheit geben

Ist es Ihnen auch schon einmal aufgefallen: Wir leben in der Kain-Zeit. Die Kain-Zeit bezieht sich auf die Frage: »Soll ich meines Bruders Hüter sein?« In Unternehmen beobachte ich auf die abgewandelte Frage: »Soll ich meines Kollegen Hüter sein?«, häufig ein Nein. Ein Kollege kommt jeden Morgen mit einer »Fahne« in die Arbeit. Keiner fragt nach: »Was ist mit dir los?« Eine Kollegin lacht gar nicht mehr. Niemand kümmert sich: »Hast du was?« Ein Mitarbeiter wird immer öfter jähzornig. Keiner fragt: »Was ist mit Ihnen?«

Was oft dahintersteckt: die Scheu, sich einzumischen, die Angst, die Verantwortung übernehmen zu müssen. Wie gehe ich damit um, wenn mir die Kollegen dann tatsächlich ihr Herz ausschütten? Wenn Handeln erforderlich ist?

Vor einiger Zeit habe ich von einer Abteilung gehört, in der sich ein Mitarbeiter hinter einer Wand aus Yuccapalmen verschanzt hat. Das ging ein halbes Jahr, und keiner der Kollegen wusste zu sagen, warum er das macht. Denn: Keiner hatte ihn gefragt. Alle hatten ihn »in Ruhe gelassen«.

Geborgenheit zu bieten heißt deshalb für Führungskräfte und Kollegen: Nimm wahr, hör hin, kümmere dich, frag nach, sprich an. Das gilt bei plötzlichem Leistungsabfall, bei offensichtlicher Über- oder Unterforderung. Und noch viel wichtiger: weit davor.

Führungskräfte können die Zufriedenheit ihrer Mitarbeiter als Gradmesser ansehen. Spüren sie, dass sich der Kollege am richtigen Platz wähnt? Oder zeigt er mit vielen kleinen Botschaften, wie unzufrieden er ist? An einer Stelle erkennt man besonders gut, wie sich in Zukunft die Anforderungen an Führungskräfte in Richtung Coaching entwickeln: im Kritik- und Konfliktgespräch mit Mitarbeitern. Von der althergebrachten Formulierung »Wie konnte das nur passieren?« geht es längst zur Coachingfrage: »Wie ist es dazu gekommen?«

Ein Beispiel: Elisabeth M., Gruppenleiterin, muss mit einem Mitarbeiter über seine gesunkenen Leistungen sprechen. Sie nimmt sich Zeit, ist bereit zum Zuhören und Lernen, verkneift sich erst einmal jede Bewertung und alle schnellen Schlüsse.

Statt zu fragen: »Warum ist das Ergebnis im letzten Quartal so schlecht?«, nutzt sie eine etwas andere Frage, um wirklich wichtige Informationen zu bekommen: »Wie kommt es, dass Sie im vorletzten Quartal so hervorragende Zahlen erreicht haben, und im letzten Quartal das Ergebnis so eingebrochen ist? Was meinen Sie selbst, woran das lag?« Das heißt: Kein Vorwurf, keine Vorverurteilung, keine Bestrafung. Sondern: Suchen nach Gründen – und damit eben auch Suchen nach Verbesserungen und nach neuen Konzepten.

Dem Mitarbeiter, Herbert F., ist das Gespräch trotzdem sichtlich unangenehm. Er rutscht auf seinem Stuhl hin und her. »Äh, Sie wissen doch, wie es in den letzten Monaten bei uns zugegangen ist. Wann hätte ich denn da die Kunden besuchen sollen?«

Wie fast alle Menschen nimmt er Kritik als Angriff, das ist normal. Und reagiert mit einem Gegenangriff, nach dem Motto »Ich bin nicht schuld!«. Elisabeth M. nimmt den Ball klugerweise nicht auf, sonst verlieren sich beide in Rechtfertigungen. Es geht nicht um die Schuldfrage, sondern um Lösungen. Sie lächelt ihn an: »Sagen Sie doch erst mal, wie Sie es in dieser schwierigen Zeit überhaupt geschafft haben, sich Freiraum für Kundenbesuche zu verschaffen.«

Herbert F. kommt ins Reden. Und indem er erzählt, was funktioniert, zeigt er auf, was sich in Zukunft ändern muss, um die gesteckten Ziele wieder zu erreichen. Und ihm wird klar, was er (wieder) verstärkt tun muss. Aus dem Rechtfertigen kommt er ins Reden übers kluge Handeln.

Elisabeth M. macht sich, während er spricht, Notizen und fasst dann am Schluss zusammen: »Ich werde Sie in den nächsten Wochen entlasten. Sie machen sich einen Wochenplan, in den Sie als Erstes die Besuchstermine eintragen und dann alles andere darum gruppieren. Und reden Sie mit dem Kollegen X, der hat eine gute Methode entwickelt, Kundenbesuche zusammenzulegen.«

Sie sammeln noch ein paar Ideen. Dann fragt Elisabeth M.: »Glauben Sie, dass wir damit die größten Hindernisse aus dem Weg geräumt haben?« Herbert F. nickt: »Ja, so könnte es gehen.« Elisabeth M.: »Dann setzen wir uns in vier Wochen noch einmal zusammen und schauen uns an, was funktioniert hat und wo wir noch etwas verbessern können. Viel Erfolg!«

Statt zusammengefaltet und kleingemacht, geht Herbert F. mit Hoffnung und Zuversicht aus dem Gespräch. Er hat nicht nur Verständnis für seine Situation bekommen – das allein wäre zu wenig –, sondern hat ganz klare Ansagen, was er ändern muss. Statt diffusem »Das geht so aber nicht weiter!« hat er ein hilfreiches »Versuchen Sie es so!«

Glauben Sie auch, dass ein Mitarbeiter, der sich so geführt und begleitet fühlt, eine Chance hat, sich zu verbessern? Und jetzt übersetzen Sie mal die Situation auf eine Familie mit Kindern. Wie oft machen wir als Eltern den Fehler, unser Kind »zusammenzufalten«, es zu einem »besseren Menschen« machen zu wollen. Wir klagen es an, wir beweisen seine Unfähigkeit, wir verhängen Strafen und erwarten Besserung. Ich selber hatte mir geschworen, bei meinen Kindern alles anders zu machen. Aber auch ich habe mich oft zum Richter aufgeschwungen und nicht zum »Rechtsbeistand« meiner Kinder.

Wir alle wissen, dass Geborgenheit das ist, was Kinder brauchen und was jeden Menschen glücklich macht. Deshalb nicht wegschauen, wenn der Nachbar seine Arbeit verliert. Nicht die Kontakte zu den Freunden abbrechen, wenn es einen selber trifft. Nicht herzlos reagieren, wenn in der Familie eine Ehe scheitert. Nicht verurteilen, weil wir nicht zum Richter bestellt worden sind. Der Mensch kann dem Menschen Geborgenheit geben: durch Zuwendung und Offenheit, durch Zeithaben, Zuhören, Helfen und Hühnersuppe kochen.

S. A.

37

Ja. Wir können uns selbst lieben

Wer wird die Verwerfungen einer Krise am besten überstehen? Darüber kann man streiten. Ich glaube, dass gute Selbstliebe hilfreich sein wird. Wie sieht das Bild eines Menschen mit guter Selbstliebe aus? Wenn Sie nicht glauben, dass Selbstliebe sich darin erschöpft, ganz wenig von sich selbst zu erwarten und noch weniger von sich selbst zu fordern, aber ganz viel vom Leben zu bekommen; oder ganz wenig zu tun und sich dann zur Belohnung »ganz doll« zu verwöhnen, bleiben 14 herausgehobene Merkmale eines Menschen mit Selbstliebe:

- Der Mensch mit Selbstliebe findet Geborgenheit in sich selbst, unter den Menschen und in seinen Aufgaben und Pflichten.
- Der Mensch mit Selbstliebe lebt in Liebe. Liebe ist das Wagnis, die eigenen positiven Seiten zu leben, die positiven Seiten der im eigenen Leben wichtigen Menschen zu erkennen und die Summe der positiven Seiten zum Zentrum des Lebens und Zusammenlebens zu machen.

- Der Mensch mit Selbstliebe erweitert sein Selbst – dehnt die eigene Erfahrung und den eigenen Zugriff auf immer größere Bereiche aus und erweitert zugleich seinen Eigensinn, seine Unabhängigkeit, seinen Individualismus.
- Der Mensch mit Selbstliebe lebt nicht in negativen Emotionen, lässt nicht »die Sau raus«, sondern lebt die positiven Emotionen: Freude, Zufriedenheit und Interesse am Leben, an anderen Menschen und an sich selbst.
- Der Mensch mit Selbstliebe ist kreativ und sieht sich als Schöpfer des eigenen Lebens, als Drehbuchschreiber, als Regisseur – und nicht einfach nur als Darsteller, der vorgegebene und genehmigte Texte aufsagt.
- Der Mensch mit Selbstliebe hat Sich-selbst-Vertrauen und weiß: »Ich werde nicht immer Erfolg haben, aber ich kann mich auf mich verlassen, darauf, dass ich mein Bestes gebe.«
- Der Mensch mit Selbstliebe spürt Lebenssinn und Lebensfreude und strahlt beides aus – als ansteckende Gesundheit.
- Der Mensch mit Selbstliebe ist intelligent jenseits von kleinkarierten Vorstellungen wie IQ oder gar EQ, sondern in der klassischen Sicht der Intelligenz als Teilhabe an Geist und Kultur der Zeit.
- Der Mensch mit Selbstliebe besitzt und zeigt Charakter jenseits festgefahrener Lebensformen und im Sinne einer flexiblen Persönlichkeit.
- Der Mensch mit Selbstliebe zeigt Hoffnung und Optimismus – beides sind realistische Sichtweisen des Lebens, bei denen auch die negativen Seiten frühzeitig erkannt und rechtzeitig bearbeitet werden.

- Der Mensch mit Selbstliebe ist in kritischen Situationen in der Lage, sich so lange mit Worten und Taten zurückzuhalten, bis der positive Aspekt deutlich wird, den jede Lebenssituation in sich hat, den jeder Mensch in sich hat, und den man selbst ebenfalls in sich hat.

- Der Mensch mit Selbstliebe fühlt sich in Menschen, Situationen und Aufgaben ganzheitlich ein – und nicht durch den Versuch, etwas durch intellektuelles Zerkleinern und Zergliedern zu verstehen.

- Der Mensch mit Selbstliebe sieht Menschen, Situationen und Aufgaben, die vielen Menschen eine Bedrohung sind, als Herausforderung an und geht ihnen nicht aus dem Weg.

- Der Mensch mit Selbstliebe lehnt Nullsummen-Spiele ab, achtet auf den Nutzen anderer Menschen und profitiert so stärker als durch Streben nach Eigennutz.

Menschen mit Selbstliebe stehen allerdings nicht kurz vor der Heiligsprechung. Sie verdrängen einfach nur ihre charakterlich guten Seiten nicht. Viel wäre gewonnen, wenn mehr Menschen die guten Visionen von sich selbst – und somit auch bei den anderen Menschen – nicht verdrängen, sondern als reale Möglichkeit im Blick behalten würden.
S. B.

38

Ja. Wir können gesund genießen

In den letzten Jahren hat sich eine Gastlichkeitskultur entwickelt, die mehr aufs Scheinen als aufs Sein gesetzt hat. Pellkartoffeln – von wegen! Heute trauen sich manche Menschen, die ich kenne, nicht mehr, andere Menschen zum Essen oder zu einem gemütlichen Abend einzuladen, weil sie selbst keine Weinkenner sind, wie sie sich selbst anklagend verraten. »Und der Udo, der legt doch solchen Wert auf Jahrgang, Lage und so weiter.« Diese Menschen besitzen auch weder Burgundergläser noch Rieslinggläser. Sondern einfach nur Weingläser. Man stelle sich das vor! Banausen. Die trinken Wein, der ihnen schmeckt. Einfach so. Aus billigen Pressgläsern. Aber heimlich natürlich.

Ich möchte nicht nostalgisch werden: Aber erinnern Sie sich noch an die lustigen Feste vor vielen, vielen Jahren, als alle etwas zu essen und trinken mitgebracht haben? Bottle-Party nannte man das auch. Man glaubt nicht, wie viele Möglichkeiten es gibt, Nudelsalat zu machen. Und ein Hoch auf den Käse-Igel. Und dann, haben wir nicht alle Billigweine durcheinandergetrunken? Wow. Vor allem der Dreiliter-Lambrusco für

1,99 hatte es in sich. Dass wir nicht alle blind geworden sind, ist ein Wunder. Aber Spaß haben wir dabei gehabt!

Ziel für uns, und vielleicht auch für Sie, ist, die richtige Balance zu finden zwischen Verstand und Gefühl, zwischen Gesundem und Leckerem, zwischen Vernunft und Genuss. Und das heißt auch: sich unabhängig machen von Moden, von Vorschriften, von gesellschaftlichem Blabla. Es lebe der eigene Geschmack.

Und ein Schritt dahin heißt: Zurück zur Pellkartoffel. Da ist alles drin, was der Mensch braucht. Sie sind nicht mit Geschmacksverstärker und künstlichen Farbstoffen verseucht, sondern einfach Kartoffel. Und wenn's Bio ist, noch besser. Und zum Spaß gibt es zig Möglichkeiten, den kleinen Klacks obendrauf zu erfinden.

Der Dichter Joachim Ringelnatz hat übrigens der Pellkartoffel ein witziges Gedicht gewidmet:

Abschiedsworte an Pellka
Jetzt schlägt deine schlimmste Stunde,
Du Ungleichrunde,
Du Ausgekochte, du Zeitgeschälte,
Du Vielgequälte,
Du Gipfel meines Entzückens.
Jetzt kommt der Moment des Zerdrückens
Mit der Gabel! – – Sei stark!
Ich will auch Butter und Salz und Quark
Oder Kümmel, auch Leberwurst in dich stampfen.
Musst nicht so ängstlich dampfen.
Ich möchte dich doch noch einmal erfreun.

Soll ich Schnittlauch über dich streun?
Oder ist dir nach Hering zumut?
Du bist ein so rührend junges Blut.
Deshalb schmeckst du besonders gut.
Wenn das auch egoistisch klingt,
So tröste dich damit, du wundervolle
Pellka, dass du eine Edelknolle
warst, und dass dich ein Kenner verschlingt.[26]

Das Bild der Pellkartoffel steht als Symbol für Bodenständigkeit und Einfachheit. Es steht für »Back to the roots«, für Besinnung auf das wirklich Wichtige. Und deshalb ist es am Schluss des Buches Zeit, das Hohelied auf sie zu singen. Wie hat Bundeskanzlerin Angela Merkel erst kürzlich gesagt: »Vor lauter Globalisierung und Computerisierung dürfen die schönen Dinge des Lebens wie Kartoffeln oder Eintopf kochen nicht zu kurz kommen.«

Wussten Sie, dass die UNO das Jahr 2008 zum Jahr der Kartoffel ausgerufen hatte? Sie hofft, dass der vermehrte Kartoffelanbau dazu beiträgt, das Ernährungsproblem in der Welt zu lösen. Die Schweizer Post hat dazu sogar eine Sondermarke herausgegeben.

Die Kartoffel, und damit die Pellkartoffel, galt lange als Armenspeise. Kartoffeln mit Soße galt als Unterschichtsessen. Die feinen Leute bevorzugten weißen Reis und Nudeln. Der Verbrauch an Kartoffeln hat sich in Deutschland seit dem Zweiten Weltkrieg halbiert. Und große Mengen davon werden heute als Pommes frites und Fertig-Kartoffelbrei und Wedges und Kroketten und Fertig-Rösti und Chips verdorben.

Ich erinnere mich, dass mein Leben lang von Diätpäpsten gewarnt wurde, dass Kartoffeln dick machen. Dabei hat eine durchschnittliche Kartoffel gerade mal 70 Kilokalorien, etwa so viel wie ein Apfel (die Mehlsoßen dazu sind die wahren Dickmacher).

Deshalb ein Lob den Pellkartoffeln. Sie sind vollgestopft mit wichtigen Nährstoffen wie Calium, Natrium, Kalzium, Phosphor und Eisen sowie den Vitaminen A und B1, B2 und C. Sogar Eiweiß liefert die Kartoffel mit hoher biologischer Wertigkeit.

Von meiner Mutter habe ich ein vergilbtes Dr. Oetker-Kochbuch aus den 50er-Jahren geerbt. Auch dort wird die Pellkartoffel in den höchsten Tönen gelobt. »Nur die in der Schale gar gemachte Kartoffel behält fast ihren vollen Nährwert.« Also ran an die Pellkartoffeln:

Grundrezept Pellkartoffeln

1 kg festkochende Kartoffeln
1 l Wasser
10 g Salz, 1 TL Kümmel

Die möglichst gleich großen Kartoffeln werden in kaltem Wasser gründlich gebürstet und sauber gewaschen, dann mit Wasser, Salz (und Kümmel, wer mag) aufgesetzt und gar gekocht. Danach gießt man das Wasser ab und lässt die Kartoffeln im offenen Topf unter mehrfachem Schütteln abdampfen.

Kochzeit: Je nach Größe der Kartoffeln 30 bis 40 Minuten. Im Schnellkochtopf 10 bis 15 Minuten.

Die Pellkartoffeln werden heiß serviert und entweder mit der Schale gegessen oder erst am Tisch gepellt.

Pellkartoffeln mit Butter und Salz

gekochte Pellkartoffeln
Butter, etwas Salz oder Fleur de Sel

Heiße Pellkartoffeln mit zwei Gabeln aufreißen, etwas frische Butter daraufstreichen und mit einer Prise Salz oder Fleur de Sel bestreuen.

Pellkartoffeln mit Leinöl »Opa Rudi«

gekochte Pellkartoffeln
Leinöl, etwas Salz

Heiße Pellkartoffeln mit zwei Gabeln aufreißen, mit ein paar Tropfen Leinöl begießen, etwas Salz daraufstreuen.

Pellkartoffeln mit weißem Quark

gekochte Pellkartoffeln
250 g Quark (Mager- oder Sahnequark nach Wunsch)
3–4 EL Milch oder Sahne
1 Messerspitze Salz, etwas Pfeffer

Alles gut verrühren.

Pellkartoffeln mit Kräuterquark

gekochte Pellkartoffeln
250 g Quark
3–4 EL Milch oder Sahne
1 Messerspitze Salz, etwas Pfeffer
je 1 EL gehackte Petersilie, Schnittlauch, Dill
    oder andere Küchenkräuter
1 Prise Zucker

Alles gut verrühren.

Pellkartoffeln mit Radieschenquark

gekochte Pellkartoffeln

250 g Quark

3–4 EL Milch oder Sahne

ein Dutzend dünn in Scheiben geschnittene
oder geraffelte Radieschen

1 Messerspitze Salz, etwas Pfeffer

1 Prise Zucker

Alles gut verrühren.

Pellkartoffeln mit Lachsquark

gekochte Pellkartoffeln

250 g Sahnequark

3–4 EL Sahne

50 g geräucherter, klein geschnittener Lachs

1 kleines Glas Forellenkaviar

2 TL gehackter Dill

1 Messerspitze Salz, etwas Pfeffer

1 Prise Zucker

Alles vorsichtig verrühren.

Pellkartoffeln mit Quarkbutter

gekochte Pellkartoffeln

125 g Quark

2–3 EL Milch

1 kleine gehackte Zwiebel

1 TL klein gehackter Schnittlauch

125 g Butter

1 Messerspitze Salz, etwas Pfeffer

Butter schaumig rühren, Quark mit der Milch verrühren.
Dann alle Zutaten zusammengeben und gut mischen.

Pellkartoffeln mit Matjes
gekochte Pellkartoffeln
1 Matjesfilet
Zwiebelringe
Alternative:
Brathering oder Sahnehering

»Ein Snob ist jemand, für den Hummer nur die Vorspeise zu einer Pellkartoffel ist.«
Hans Clarin

Ein Rezept aus Spanien:

Papas arrugadas con mojo
1 kg kastaniengroße, festkochende Kartoffeln
3 EL Meersalz
Rote Mojo:
4 Knoblauchzehen
2 scharfe rote Chilischoten, getrocknet
2 TL Paprikapulver, edelsüß
1 TL Kreuzkümmel, gemahlen
Salz
2 Scheiben Toastbrot ohne Rinde
100 ml Olivenöl, kalt gepresst
4–5 EL Rotweinessig

Grüne Mojo:

2 milde grüne Paprikaschoten

4 Knoblauchzehen

1 Sträußchen frischer Koriander

1 Sträußchen Petersilie

Meersalz

1 TL Kreuzkümmel

100 ml Olivenöl, kalt gepresst

4–5 EL Rotweinessig

— Kartoffeln gründlich waschen, in einen Topf geben, bis zur Hälfte Wasser zugießen, mit Meersalz bestreuen, aufkochen und zwischen Topf und Deckel ein gefaltetes Küchentuch legen. Kartoffeln bei starker Hitze kochen, bis sie gar sind und das Wasser verdampft ist. Man muss das Salz am Topfboden knistern hören.

— Für die rote Mojo den Knoblauch hacken, aus den Chilischoten die Samen entfernen, Schoten in kleine Stücke schneiden. Beide Zutaten mit den Gewürzen und ½ TL Salz im Mörser fein zerreiben. Das Brot in Wasser einweichen, ausdrücken, zerdrücken und mit der Gewürzmischung in ein Schüsselchen geben. Alles gut vermischen, Öl und Essig unterrühren, mit wenig Wasser verdünnen.

— Für die Koriander-Mojo aus den Paprikaschoten Samen entfernen, mit Knoblauch, Koriander- und Petersilienblättchen hacken. Alles mit ½ TL Salz und Kreuzkümmel in einen Mörser geben und fein zerreiben. Öl und Essig unterrühren. Die Soße mit wenig Wasser verdünnen.

Tipp: Dazu schmeckt trockener Weißwein.

39

Ja. Wir dürfen sein, wie wir sind

Es gibt drei Regeln, nach denen sich das Leben entfaltet. Sie gelten für alle Menschen – auch für Sie. Vom Beginn des Lebens an gilt:

1. Kein Mensch ist wie irgendein anderer. Jeder ist einzigartig und unverwechselbar.

Mütter, die mehrere Kinder zur Welt gebracht haben, wissen, dass diese Regel nicht erst ab der Geburt gilt, sondern bereits in der Schwangerschaft, denn jede Schwangerschaft verläuft anders. Sie wissen auch, dass diese Regel sogar für eineiige Zwillinge gilt, die ja mit der gleichen Erbmasse auf die Welt kommen und sich so ähnlich sehen, dass viele Menschen nicht wissen, wer wer ist. Mütter aber können vom Tag der Geburt zwischen beiden unterschieden.

Die heutige moderne psychologische Forschung geht zudem davon aus, dass etwa 50 Prozent unseres Charakters angeboren sind. Was für ein Mensch wir sind, liegt also nicht ausschließlich an uns selbst.

Aus der ersten Regel folgt die Lebensaufgabe, die die Natur uns allen ins Stammbuch geschrieben hat: Jeder Mensch soll seine Anlagen, Talente, Fähigkeiten und Kenntnisse entwickeln – seine Individualität. Das ist das oberste menschliche Gesetz.

Wie wir sind und was wir sind, ist weitgehend Schicksal und nicht etwa Schuld.

Und für Eltern, Lehrer, andere Erzieher – und lebenslang für uns selbst – gilt: Man kann keinen Menschen gegen seine angeborene Natur formen. Auch wir selbst können es nicht!

Das bedeutet einerseits eine Einschränkung, denn unser Charakter und unsere Talente sind in gewisser Weise festgelegt. Wir können nicht alles aus uns machen. Wer als zurückhaltender Mensch auf die Welt gekommen ist, bleibt so. Sein Leben lang. Man kann im Detail korrigieren und ausgleichen. Aber Sie können sich nicht grundsätzlich ändern – und das bedeutet eine wichtige Entlastung von möglichen Schuldgefühlen!

Denn Sie sind nun einmal der Mensch, der Sie sind. Und niemand kann Sie grundsätzlich für Ihren Charakter, für Ihre Art verantwortlich machen – und auch Sie selbst können es nicht. Für die Erziehung und Selbsterziehung des Menschen heißt dies:

- Erkenne, wie der Mensch ist – seinen Charakter und seine Talente –
- und suche für ihn den Lebensraum, in dem er sich am besten entfalten kann.

Wer als zurückhaltender Mensch geboren worden ist und sich nur an die erste Regel hält und nur seine Eigenheit – die Zurückhaltung – auslebt und perfektioniert, wird einsam. Um das zu verhindern, gibt es zwei weitere Regeln, die für das Leben fast genauso wichtig sind. Sie heißen:

2. Jeder Mensch ist nicht nur einzigartig, sondern ist in gewisser Weise wie einige andere Menschen.
     Und:
3. Jeder Mensch ist in gewisser Weise wie alle anderen Menschen.

Diese Regeln leuchten erst einmal spontan ein. Frauen sind anders als Männer – Frauen fühlen sich unter Frauen oft wohler und besser verstanden, Männer unter Männern ebenfalls. Kinder fühlen sich unter Kindern oft wohler als unter Erwachsenen, und der reife Mensch fühlt sich unter lauter handyspielenden Jugendlichen ziemlich unwohl.
     Regeln 2 und 3 sind aber wichtig. Sie sollen den Zusammenhalt in der menschlichen Gemeinschaft sicherstellen. Denn wer allein seine Individualität, seine Einzigartigkeit, seine Anlagen, Talente, Fähigkeiten und Kenntnisse auslebt, isoliert sich und wird einsam.

Einsamkeit ist kein Schicksal, sondern eine zu lösende Aufgabe.
     Regel 2 – jeder Mensch ist nicht nur einzigartig, sondern ist in gewisser Weise wie einige andere Menschen – heißt deshalb für die Erziehung und Selbsterziehung:
     Erkenne, wie die Menschen, mit denen du das Leben teilst,

sind, und passe dich ihnen so weit an, dass du mit ihnen gut auskommst.

Und suche für die Entfaltung deiner ureigenen Anlagen und Talente deinen persönlichen Freiraum, wo dich keiner stört und wo du keinen störst.

Und Regel 3 – jeder Mensch ist in gewisser Weise wie alle anderen Menschen – heißt für die Erziehung und Selbsterziehung: Erkenne an, dass es Grundregeln für den Umgang zwischen den Menschen gibt. Und richte deinen Willen, dein Streben und dein Verhalten so ein, dass du nicht gegen diese Grundregeln – von denen einige sogar in den Gesetzbüchern stehen – verstößt.

Einsamkeit ist eines der großen Probleme unserer Zeit. Sehr viele Menschen leiden daran, aber längst nicht alle geben das zu. Der Grund wird Ihnen einleuchten:

Man kann nämlich auch unter Menschen einsam sein – am Arbeitsplatz, unter Freunden, Nachbarn und Bekannten, in der Familie und in der Ehe oder einer anderen Lebenspartnerschaft. Das klingt erst einmal nicht gerade positiv. Aber Sie können es positiv sehen. Denn genau da liegt die große Chance gegen die Einsamkeit!

Tipps für mehr Kontakt

Einsam ist nicht nur ein Mensch, der keine anderen Menschen um sich hat. Viele genießen es sogar, ganz für sich zu sein. Einsam aber fühlen wir uns, wenn uns etwas zu einem Tag in Glück und Zufriedenheit fehlt, was wir uns selbst nicht geben können. Und das mögen uns bitte die anderen Menschen geben, dazu hat der liebe Gott sie ja erschaffen!

Auf den folgenden Seiten finden Sie viele nützliche Tipps, die Ihnen helfen, Einsamkeit zu überwinden. Gehen Sie die Tipps einmal durch. Sie werden sehen, dass Sie nicht immer andere Menschen brauchen, um sich weniger einsam zu fühlen. Manche Tipps aber werden Ihnen die Augen öffnen, weil sie Ihnen zeigen: »Hier und da kann ich selbst etwas für mehr Glück und Zufriedenheit tun, weil beides von dem abhängt, was die anderen Menschen mir geben. Und zwar: gerne geben. Denn auch andere Menschen suchen ihr Glück und ihre Zufriedenheit im Kontakt mit anderen.«

Etwa jeder zweite Mensch ist einsam.

Schauen Sie diesen Katalog durch und wählen Sie aus, was Sie anspricht. Vor jedem Tipp steht ein Herz. Kreuzen Sie das an, wenn Sie das Gefühl haben: »Da ist etwas für mich drin.«

Lange Erklärungen zu den Tipps sind nicht nötig, denn was Ihnen spontan zusagt, braucht nicht erklärt zu werden. Nehmen Sie sich aber nur wenige Dinge vor. Weniger ist oft mehr!

Etwa jeder zweite Mensch fühlt sich im Leben einsam – jedenfalls immer wieder einmal. Wenn Sie also auf Menschen zugehen, ist die Wahrscheinlichkeit deutlich größer als 50 Prozent, dass auf diese Kontaktaufnahme positiv reagiert wird.

Auf Menschen zugehen ist nicht einfach. Vielleicht befürchten auch Sie: »Was denken denn die anderen Menschen von mir, wenn ich sie in ein Gespräch verwickele?«

Aber nur Mut! Zwar werden einige Menschen Sie »abblitzen lassen« – na und?! Auch Sie selbst wollen ja nicht mit jedem Kontakt haben. Die Mehrzahl der Menschen aber reagiert positiv auf Kontakte. Wenn sie nicht gleich mit Haut und Haaren eingenommen werden.

Woher diesen Mut nehmen?

Die etwa 100 Tipps auf den folgenden Seiten zeigen Ihnen in kleinen praktischen Schritten, was Sie tun können, um positiven Kontakt anzubahnen.

Und noch ein kleiner Tipp gegen Einsamkeit in der Partnerschaft, denn auch das gibt es: Gehen Sie die Tipps einmal mit Ihrem Lebenspartner durch. Dann machen Sie etwas gemeinsam und eben nicht einsam und allein. Und Sie werden viele Tipps für mehr Gemeinsamkeit finden.

Hundert einfache Tipps für mehr Glück und Zufriedenheit

So können Sie gefühlte Mauern um sich herum durchbrechen

- ♡ *Grüßen Sie andere Menschen:* Erwidern Sie einen Gruß. Schauen Sie Menschen beim Gruß an.
- ♡ *Laden Sie Menschen ein:* Akzeptieren Sie auch Einladungen von anderen Menschen.
- ♡ *Fragen Sie die Menschen etwas:* Hören Sie ihnen zu. Beziehen Sie sie in ein Gespräch ein, das für Sie beide – und be-

sonders für den anderen Menschen – spannend, entspannend und wertvoll ist.

♡ *Machen Sie Geschenke:* Überlegen Sie, wie Sie anderen eine Freude machen. Und freuen Sie sich selbst über Geschenke.

♡ *Helfen Sie:* Nehmen Sie auch Hilfe an. Helfen und sich auch mal helfen lassen ist ein guter Weg zu mehr Kontakt.

♡ *Finden Sie Menschen, die bereit sind, offen über eigene Schwächen und Stärken zu sprechen:* Frauen können dies sehr viel besser als die meisten Männer. Testen Sie einmal die Menschen. Erzählen Sie etwas von sich selbst, von Problemen und Schwächen. Und achten Sie darauf, ob der andere den Ball aufgreift und offen über seine eigenen Probleme und Schwächen berichtet. Solche Menschen lohnt es zu finden. Der Kontakt mit ihnen ist wertvoll.

♡ *Finden Sie fürsorgliche Menschen:* Halten Sie sich an Menschen, die pfleglich mit sich, mit Dingen, mit Tieren und auch Menschen umgehen.

♡ *Finden Sie beschützende Menschen:* Jeder braucht einen Menschen, der zu einem hält. Kollegen, Verwandte, die Bekannten, Nachbarn. Gehen Sie einmal die Liste durch. Sie werden sehen, dass Sie gerade zu Menschen, die manchmal richtig gut zu Ihnen und richtig gut für Sie sind, zu wenig Kontakt gehalten haben.

♡ *Finden Sie verwöhnende Menschen:* Menschen, die Sie verwöhnen, sind wichtig. Sie brauchen davon nicht viele. Es müssen auch keine großen Dinge sein, mit denen Sie verwöhnt werden. Oft trifft man solche Menschen im Arbeitsleben (freundliche Portiers zum Beispiel), oder es sind

Dienstleistungsprofis (Kellner, Friseur, Masseur). Sie alle sind wichtig! Denn die meisten Menschen glauben, ihr Lebenspartner müsste sie ständig verwöhnen. Das aber schafft kaum ein Mensch. Und wer das vom Partner erwartet oder gar fordert, wird einsam.

♡ *Halten Sie Kontakt mit Menschen, die Sie bedingungslos akzeptieren:* Das können sogar Menschen sein, die sich dafür bezahlen lassen: Barfrau, Therapeut. Schädlich aber ist es, wenn es überhaupt keinen Menschen gibt, der Sie mit rundum wohlwollenden Augen betrachtet.

♡ *Meiden Sie laute Menschen:* Die Lauten sind oft ihrer selbst unsicher, sind aber nicht zurückhaltend und schüchtern, sondern herausfordernd und aufdringlich. Sie sind die Sorte Mensch, die immer erst etwas in die Welt hinausruft, um eine Reaktion auf sich – ein Echo – zu bekommen. Sie sind stark abhängig von diesem Echo. Deshalb neigen sie dazu, andere Menschen anzusprechen und zu provozieren. Sie haben an den Menschen aber kein persönliches Interesse, sondern nur an deren Echo auf die eigene Person.

♡ *Meiden Sie Menschenschinder:* Böse Menschen sind manchmal gut zu Ihnen. Aber darauf können Sie sich nicht verlassen. Wenn Sie sich mit bösen Menschen einlassen, werden Sie ins seelisch Trübe gezogen.

♡ *Meiden Sie Prediger:* Sie predigen den anderen Menschen in aller Regel das, was sie selbst nicht perfekt beherrschen: Moral zum Beispiel.

♡ *Meiden Sie Angeber:* Die Wichtigtuer, die sich in den Mittelpunkt stellen, haben es nötig, sie wollen bewundert – oder zumindest gefürchtet – werden. Suchen Sie lieber die Stillen im Lande. Mit ihnen lohnt sich der Kontakt, weil er ein gegenseitiges Geben und Nehmen ist.

♡ *Suchen Sie sich Lehrer oder einen Meister:* Lehrer geben großzügig von ihrem geistigen Reichtum ab. Es sind oft ältere Menschen, die gerne etwas von ihrer Lebenserfahrung mitteilen – die aber viel zu selten danach gefragt werden.

♡ *Entlohnen Sie Ihre Helfer gut:* Hilfe bekommt man oft geschenkt. Aber geben Sie dennoch etwas zurück: Ehre, kleine Geschenke, die ja bekanntlich die Freundschaft erhalten, und manchmal sogar Geld. Denn wenn Sie nur nehmen und nicht geben, geraten Sie innerlich in Abhängigkeit. Dann besteht die Gefahr, dass Sie unterwürfig werden – und spätestens daran zerbrechen gute Kontakte.

♡ *Versuchen Sie, Menschen zu verstehen, statt sie zu verändern:* Wenn Sie selbst jemandem helfen wollen, kommen Sie schnell dahin, dem anderen zu sagen: »Dies und das musst du anders machen. Da und dort musst du dich ändern.« Meist haben Sie sogar recht. Aber die Menschen fühlen sich dann überfahren. Hilfe wirkt am besten, wenn der andere selbst darauf kommt. Um ihn dazu zu bringen, müssen Sie seine Probleme nicht lösen, sondern ihn nur auf den Lösungsweg bringen. Wenn Sie das tun, werden Sie einen treuen Menschen für sich gewinnen.

♡ *Versuchen Sie, mit den Menschen gut auszukommen – aber ohne sich zu unterwerfen:* Der beste Kontakt besteht zwischen Menschen, die gleiche Rechte und Pflichten haben. Verzichten Sie – soweit möglich – auf Kontakt zu Menschen, denen Sie sich unterlegen fühlen.

♡ *Vergleichen Sie sich nicht mit anderen:* Es gibt so viele tolle Menschen, die so viel wissen und haben und können. Überlegen Sie es sich aber gut, ob Sie mit denen engen Kontakt pflegen wollen. Tun Sie es nicht, wenn Sie sich in ihrer Gegenwart nicht auch über die eigenen Leistungen, Pläne, über Ihren Besitz, Ihre Talente freuen können.

♡ *Hüten Sie sich vor Betrügern und Schmeichlern:* Wer Ihnen zu süßlich kommt, will nicht Sie als Mensch haben, sondern will etwas von Ihnen.

♡ *Seien Sie nicht zu kritisch mit den anderen Menschen:* Behalten Sie immer den Blick für das Gute in anderen. Es ist nicht immer viel Gutes zu finden, aber auch wenig kann schon bereichern.

Genießen Sie die Gemeinschaft mit anderen Menschen

♡ *Essen und trinken Sie in fröhlicher Runde:* Das dient Ihrer Gesundheit mehr als die meisten Ernährungsregeln.

♡ *Leben Sie nach traditionellen Werten wie Anstand und Ehrlichkeit:* Das ist gesünder als individuelle Selbstverwirklichung, weil es Gemeinschaft fördert.

♡ *Bauen Sie gute Bindungen zu anderen Menschen auf:* Das ist zum Beispiel gesünder als Jogging. Pflegen Sie enge Familienbindungen und gute Nachbarschaft. Das bettet Sie ein in die Liebe und Fürsorge anderer Menschen, und das ist einer der besten Wege, gesund zu werden und zu bleiben.

♡ *Pflegen Sie Freundschaften:* Zu viel Eigenständigkeit und Individualismus macht einsam.

♡ *Seien Sie höflich:* Das steigert Ihr soziales Wohlbefinden.

♡ *Helfen Sie:* Durch Helfen hilft man sich selbst am besten. Denn Helfen ist der Königsweg, um Isolation zu durchbrechen.

♡ *Vermeiden Sie vermeidbaren Streit:* Leben Sie nach der Devise: »Mit mir bekommt man nur Streit, wenn ich es will«.

♡ *Äußern Sie Ärger behutsam,* sonst wird noch mehr Ärger aufgebaut.

♡ *Lernen Sie verzeihen:* Verzeihen heißt, Geist und Herz von dem Negativen abwenden, das Ihnen angetan worden ist oder das Sie sich selbst oder anderen angetan haben.

Entdecken Sie die alten Glücklich- und Gesundmacher wieder

♡ *Leben Sie nach der Goldenen Regel:* Sie lautet: Was du nicht willst, das man dir tu, das füg auch keinem andern zu.

♡ *Seien Sie öfter albern:* Albern sein heißt: Sich gehen lassen jenseits aller Konvention. Akzeptiert werden als der, der man manchmal eben auch ist – und nicht immer nur als der, der man wird, wenn man sich unter Stress und Druck zusammenreißt. Bedeutende Gespräche können Sie mit vielen Menschen führen. Menschen aber, mit denen Sie herumalbern können, sind so ziemlich das Beste für Ihre Seele.

♡ *Spielen Sie mehr und kämpfen Sie weniger:* Spiel heißt: Etwas um der Sache willen tun – und nicht, um ein Ziel zu erreichen oder gar um zu gewinnen. Gewinnen heißt nämlich: Ich beweise durch meine Leistung, dass ich wertvoller und besser bin als andere Menschen.

♡ *Machen Sie Geschicklichkeitsspiele:* Solche Spiele absorbieren den Menschen vollständig und ganzheitlich. Geschicklichkeitsspiele sind in gut geführten Kliniken Teil des Genesungsprogramms. In vielen Krebs-Kliniken wird oft gespielt, Jonglieren ist dabei eines der beliebtesten Spiele. Man hat spontan Erfolge, hat sie auf Dauer aber nur, wenn man eine konzentriert-meditative Lebenshaltung aufbringt. Diese urgesunde Haltung einzuüben, ist mit Geschicklichkeitsspielen auf fröhliche, lockere Weise möglich.

♡ *Feiern Sie so oft wie möglich:* Es gibt beinahe jeden Tag einen Anlass für eine Feier: kleine Leistungen und Erfolge, Geburtstage, Namenstage oder einfach, dass Feierabend ist, die »Happy Hour«, die viele amerikanische Berufstätige nach Dienstschluss noch mit Kollegen feiern. Etwas feiern bedeutet: zu einem fröhlichen, spielerischen Umgang miteinander bereit sein. In der »Happy Hour« nach Arbeitsschluss werden die beruflichen Alltagssorgen unter Kollegen abgebaut – und zwar genau mit den Menschen, in deren Nähe sie entstanden sind. Das ist viel gesünder, als diese Sorgen mit nach Hause zu nehmen und den Partner damit zu belasten. Und es bringt mehr als all die Versuche, solche Probleme während der Arbeit zu klären.

♡ *Schreiben Sie an einem Buch – auch wenn es nur ein Tagebuch ist:* Schreiben, Dichten, Philosophieren sind ureigene Ausdrucksformen des Menschen. Die meisten Menschen heute konfrontieren sich – als Folge des Versagens der Religion – nicht mehr ernsthaft mit den wichtigen Lebensfragen. Ihre Sinnsuche wird deshalb oft zu einer Flucht in die Sucht – mit den bekannten negativen Konsequenzen für Glück und Gesundheit. Schreiben, Dichten, Philosophieren wird mit gutem Erfolg in der Therapie und Rehabilitation angewandt. Gesunde profitieren davon ebenfalls.

♡ *Sammeln Sie Trost-Objekte, Schmusetiere:* Sie sind auch für Erwachsene nützlich. Das Alter zwischen 14 und 25 ist emotional das vielleicht schwierigste. Da ist der Wunsch, wieder einmal in das Kindsein zurückzutauchen, normal. Ein Schmusetier im Arm haben, einen Talisman in der Hand halten, einen Schmuck auf der Haut spüren – oder die Galerie der Schmusetiere als Wache im Zimmer (später auch im Arbeitszimmer) zu haben ist sehr gesund.

♡ *Lesen Sie wieder in Ihren alten Büchern:* Auch das verhilft zu einem gesundheitsfördernden Zurück in die Geborgenheit Ihrer frühen Jahre.

♡ *Hören Sie wieder die alten Platten:* Aus demselben Grund, der auch für die Bücher gilt, ist auch dies sehr gesund.

♡ *Berühren Sie Menschen und lassen Sie sich berühren:* Berührung heilt. Viele traditionelle Heilverfahren schließen Berührungen mit ein: Handauflegen, Shiatsu, Massagen zum Beispiel. Und so fördern auch eine Begrüßung mit kleiner Umarmung, jemand den Arm umlegen oder eingehakt gehen Gesundheit und Wohlbefinden.

♡ *Schaffen Sie sich mehr freie Zeit:* Es geht um freie Zeit, also nicht etwa um Freizeit. Freie Zeit ist Zeit mit offenem Ende. Es wird also nicht gesagt: »Um zehn Uhr ist Schluss.« Freie

Zeit – und nicht Zeit mit der Stoppuhr bemessen – brauchen Sie, wenn Sie sich einem Menschen widmen. Wer kein Glück in der Begegnung mit einem Menschen erfährt, sollte sich fragen: »Bin ich innerlich bereit, das Gespräch mit diesem Menschen mit offenem Ende zu führen? Oder wartet (bei einer Party) schon der nächste Mensch auf mich? Oder (zu Hause) der Beginn des Fernseh-Abendprogramms?«

♡ *Haustiere sind eine Gesundheitsversicherung:* Tiere können uns zum Lachen bringen. Hunde zwingen uns zu aerobischer Fitness. Ein Tier zu streicheln, bedeutet für viele Menschen Entspannung, wie wir sie nur noch selten finden.

♡ *Pflegen Sie einen Menschen, ein Tier oder sogar Pflanzen:* Pflegen heißt zweierlei: 1. Zuwendung geben und dies 2. regelmäßig tun.

♡ Aus diesen zwei Punkten erklärt sich, warum Menschen das Helfen in den Mittelpunkt ihres Lebens stellen, obwohl es ihnen oft schlecht oder gar nicht gelohnt wird. Der Lohn des Helfens ist: Sie fühlen sich gut. Ihr Leben bekommt Sinn und Struktur. Durch Zuwendung zu anderen werden Sie von den Unebenheiten des eigenen Lebens abgelenkt. Und all dies fördert Gesundheit und Lebensfreude.

Lachen Sie spontan und ungezwungen

♡ *Lachen Sie öfter:* Lachen lockert die Muskulatur und hilft so gegen Verspannungen. Lachen ist ein Antidepressivum und ein Schmerzkiller, es steigert die Produktion körpereigener Opiate.

♡ *Bauen Sie sich eine Humorbibliothek und eine Humor-Video-thek auf*: Monty Python, Heinz Erhard, Loriot ... ein Humor-Video anschauen ist besser gegen Einsamkeit als alle Antidepressiva, die ein Arzt verschreibt. Bekannt geworden ist – auch in der wissenschaftlichen Literatur – der amerikanische Journalist Norman Cousins. Er litt an einer eigentlich tödlichen Krankheit. Er hat das Krankenhaus verlassen und ist in ein Hotel umgezogen, weil er das Gefühl hatte: »Im Krankenhaus bleibe ich krank, da werde ich nicht gesund.« Und er hat rund um die Uhr Humor-Videos angeschaut, über die er – trotz Krankheit – aus vollem Herzen lachen konnte. So hat Norman Cousins sich selbst geheilt.

♡ *Lachen Sie mit Menschen, nicht über Menschen*: Es gibt drei Arten von Humor:

1. Ironie, Sarkasmus und Zynismus. Dies sind intellektuelle Kampftechniken. Wenn sie zum Teil der Persönlichkeit werden, sind sie ungesund. Sie gehen mit vielen körperlichen und seelischen Leiden – Herzkrankheiten zum Beispiel – einher. Ironie, Sarkasmus und Zynismus erzeugen bei anderen Menschen Aggressionen. Sie vergällen das zwischenmenschliche Verhältnis.

2. Witze, Gags, Pointen. Sie wirken wie Kitzeln, sind ein guter Einstieg ins Lachen. Aber wirklich gesund ist:

3. Mit anderen Menschen lachen. Nichts geht über eine fröhliche Runde, die lacht und schon gar nicht mehr weiß, worüber sie lacht, die albern ist, die blödelt. Lachen muss uns positiv erschüttern, um gute Wirkung zu zeigen. Deshalb: Laden Sie andere Menschen in Ihre Hu-

mor-Videothek ein, inszenieren Sie regelmäßig Treffen, zu denen jeder etwas zum Lachen beiträgt.

♡ *Finden Sie Menschen, die leicht und ungezwungen lachen können*: Lachen ist ansteckend. Fröhliche Menschen ziehen einen mit, unfröhliche Menschen ziehen einen herunter. »Der Mensch lacht nicht gern alleine ...«

Genießen Sie Ihre Sinne, das gibt Ihnen die innere Sicherheit, die Sie für Kontakte brauchen

♡ *Erfassen Sie Situationen und geben Sie sich ihnen hin*: Der amerikanische Komponist John Cage hat einmal gesagt: »Wir sind ständig von Geräuschen umgeben. Wenn wir uns auf sie nicht konzentrieren, werden sie zur Belästigung. Wenn wir uns auf sie konzentrieren, werden sie Musik.« Dies gilt für alles in unserer Umgebung: Farben, Formen, Worte, Bilder, Natur, Menschen und Mitmenschen. Wir sind von so vielem umgeben, was unsere Aufmerksamkeit fordert, dass es uns eine Last wird. Deshalb müssen wir oft die »seelischen Ohrenschützer« aufsetzen und genau auswählen, was wir überhaupt an uns heranlassen. Wenn wir uns dann auf ausgewählte Menschen und Situationen konzentrieren, sehen und erleben wir viel, was uns froh macht.

♡ *Was Sie nicht ausblenden können, sollten Sie bewusst einblenden*: Sinnesreize, denen Sie nicht aus dem Weg gehen können, sollten Sie bewusst aufnehmen. Dann macht Sie das optische und akustische Chaos der Großstädte weniger krank – auch weil Sie dadurch erst wirklich merken, wann Sie genug davon haben und ruhigere Gegenden aufsuchen müssen.

♡ *Finden Sie mehr natürliches und weniger künstliches Licht:* Licht wirkt auf unser Hormonsystem. Licht ist ein Antidepressivum. Viele Menschen werden an den kurzen Tagen des Jahres depressiv. Sie verfallen in eine Art seelischen Winterschlaf. Licht macht das Leben heller. Aber: Künstliches Licht verhält sich zu natürlichem Licht wie Weißbrot zu Vollkornbrot. Künstliches Licht ernährt zwar den Verhungernden, aber es baut uns nicht auf. Künstliches Licht kann sogar Krebs und Fortpflanzungsprobleme erzeugen, wie in Tierversuchen nachgewiesen worden ist.

♡ *Genießen Sie die Dunkelheit:* Wir erleben keine Dunkelheit mehr wirklich bewusst. Wenn es dunkel ist, schlafen wir. Ansonsten halten wir uns in den Abend- und Nachtstunden fast ausschließlich in künstlich beleuchteten Umwelten auf, deren Licht (Beispiel: Straßenbeleuchtung) wir nicht kontrollieren können. Das hat Auswirkungen auf unseren Tagesrhythmus. Dieses ständige Licht hält uns künstlich wach und fit – d.h.: Es macht uns nervös.

♡ *Finden Sie Ihre Wohlfühlfarben:* Farben sind Teile des Lichtspektrums. Manche Farben machen unruhig, ja aggressiv, manche beruhigen.

♡ *Finden Sie Formen, die gut für Sie sind:* Glücklich und gesund erhalten Sie vor allem natürliche Formen, sie sind nicht hundertprozentig perfekt, und sie bieten dem Auge deshalb Struktur. Beispiel: Bienenwaben im Gegensatz zu Hochhausstrukturen.

♡ *Finden Sie Klänge und Geräusche, die für Sie heilsam sind*: Musik wird seit Urzeiten zur Therapie eingesetzt (Harfen beruhigen). Musik kann Schmerz lindern, negative Selbstgespräche stoppen, den Herzschlag kontrollieren.

♡ *Finden Sie Ihre heilsamen Rhythmen*: Rhythmen bringen uns zuerst eine aufmunternde und dann eine heilsam beruhigende Selbsterfahrung. Rhythmen sind der direkte Zugang zur rechten Gehirnhälfte, mit der wir die Welt ganzheitlich erleben. Die linke Gehirnhälfte sucht bekanntlich auf logisch-analytischem Weg Orientierung und Verständnis. Sie kann mit Rhythmen nichts anfangen und wird so in ihrer Aktivität ausgeblendet. Das heißt: Das Denken – auch das schädliche Grübeln – wird durch Rhythmen gehemmt.

♡ *Tanzen Sie öfter*: Sich rhythmisch bewegen verstärkt das ganzheitliche Selbsterleben und fördert so Ihr Wohlbefinden.

Leben Sie Ihre Kreativität aus

♡ *Malen, musizieren, dichten, schauspielern – alle hohen Künste sollten Sie selbst ausüben*: Kunst ist menschliche Ausdrucksform. Aber wir werden leider durch das Vorhandensein von Talenten auf allen Gebieten darin entmutigt, den Künstler in uns auszuleben. Kreativität gibt Seelenfrieden, macht ruhig und fördert sogar die Leistungen unseres Immunsystems.

♡ *Singen Sie*: Rein physiologisch gesehen, handelt es sich

beim Singen um eine Atemtechnik, die – ähnlich wie das Beten – beruhigt.

♡ *Singen Sie mit anderen Menschen:* Dies schafft Gemeinschaftserlebnisse, die Menschen auf gesunde Weise miteinander »in Einklang bringen«.

♡ *Unterdrücken Sie Selbstkritik und Kritik:* Kreativ sein heißt, das Produzieren von Ideen vom Bewerten der Ideen zu trennen. Die meisten Menschen hören sofort mit ihrem kreativen Tun auf, wenn sie dafür bewertet werden oder sich selbst bewerten. Sie haben dann keine Ideen mehr.

♡ *Gehen Sie in die Nähe von Kindern:* Die einfachste Art, Kreativität wieder freizuschaufeln, ist, Zeit mit Kindern zu verbringen – ohne sie zu belehren oder zu unterhalten, sondern mit dem Ziel, von ihnen zu lernen.

Nutzen Sie den Körper als Schrittmacher für Gesundheit und Glück

♡ *Schlafen Sie gut ein:* Ein gutes Gewissen ist ein sanftes Ruhekissen. Gehen Sie also nicht mit unerledigten Dingen im Kopf ins Bett.

♡ *Steigen Sie morgens gut ausgeschlafen aus dem Bett:* Wenn der Schlaf zu früh weicht, nehmen Sie sich am Abend positive Gedanken mit in den Schlaf und nehmen Sie sich vor, diese Gedanken im Schlaf weiterzudenken.

♡ *Machen Sie tagsüber öfter Stretching:* Statt irgendwelcher aufwendiger Fitnessexerzitien rekeln und strecken Sie sich wie eine Katze.

♡ *Ernähren Sie sich vollwertig:* Das macht und hält Sie gesund und löst zugleich alle Diät- und Abnehmfragen.

♡ *Meditieren Sie:* Das hilft, die eigenen Körpersignale zu spüren.

♡ *Praktizieren Sie bewusst Schutz- und Verwöhnkonsum:* Viel ist erreicht, wenn wir uns bewusst eingestehen können, dass wir nicht nur gegen körperlichen, sondern auch gegen geistig-seelischen Hunger und Durst essen und trinken. Der Mechanismus dabei: Viele Menschen nehmen sich eigentlich nur in Krisen so an, wie sie sind. Sie sagen sich: »Keine Selbstvorwürfe mehr, das Leben ist schlimm genug.« Sie essen, trinken, rauchen dann ohne schlechtes Gewissen. Oft gibt es in Krisen unproblematischen, befriedigenden Sex wie lange nicht mehr. Diese Selbsterfahrungen können dazu führen, Lebenskrisen unbewusst zu suchen bzw. sie nicht zu vermeiden. Wenn wir uns sagen könnten: »Ja, ich rauche (ich esse, ich trinke) aus seelischer Not oder aus Unsicherheit«, würde dieser Mechanismus durchbrochen. Dies kann dann der erste wichtige Schritt gegen das Rauchen, Überessen oder zu viel Trinken sein.

♡ *Halten Sie Mahlzeiten ein:* Der Körper braucht akzentuierte Phasen der Ernährung/Ruhe und der Leistung.

♡ *Halten Sie Schlafenszeiten ein:* Nur so ist auf Dauer ein gesunder Schlaf garantiert.

♡ *Leben Sie einen Wochenrhythmus mit klar ausgewiesenem Sabbat:* Sie brauchen einen Ruhetag in der Woche, um leistungsfähig zu bleiben.

♡ *Halten Sie einen Monatsrhythmus* ein: Jeder Monatserste wird dann zu einem kleinen Neujahrstag, an dem Sie sich gute Dinge vornehmen können.

♡ *Halten Sie einen Jahreszeitenrhythmus ein:* Klinken Sie sich ein in den Rhythmus der Natur.

♡ *Halten Sie einen Jahresrhythmus ein:* So wird Ihr Leben überschaubar. Die kirchlichen Feiertage – Advent, Weihnachten, Ostern und Pfingsten – geben unserem Leben Ordnung.

Lernen Sie vor allem, sich selbst zu lieben

♡ *Erkennen Sie Stresszeichen bei sich und bauen Sie Stress ab:* Die sichersten Stresszeichen sind: Unlust, an die eigenen Pflichten heranzugehen; keine Kraft, aus der Alltagsroutine auszubrechen; den ganzen Tag hetzen und abends nicht wissen, was man gemacht hat; gereizt sein über Menschen, die einen nicht ärgern wollen.

♡ *Tagträumen Sie kreativ:* Legen Sie sich hin, entspannen Sie dabei und nehmen Sie sich vor, Lebenspläne zu entwerfen. Bleiben Sie ganz entspannt, warten Sie einfach darauf, was Ihre innere Stimme Ihnen sagt. Und wenn es unangenehme Mitteilungen sein sollten, setzen Sie Ihr Tagträumen einfach fort. Die positiven Mitteilungen werden folgen.

♡ *Stellen Sie sich anderen Menschen gegenüber nicht negativ dar – aber auch nicht wesentlich positiver, als Sie sind:* Das heißt nämlich: »Ich glaube, so wie ich bin, bin ich nichts wert.« Und das untergräbt Ihr Selbstvertrauen.

♡ *Lügen Sie nicht:* Lügen heißt: »Ich glaube, das, was ich weiß, und das, was ich kann, ist nichts wert.« Auch das untergräbt Ihr Selbstvertrauen.

♡ *Nicht stehlen:* Stehlen heißt: »Ich glaube, das, was ich habe, ist nichts wert.« Und auch das untergräbt Ihr Selbstvertrauen.

♡ *Erkennen Sie Ihre eigenen Sicherheitszonen:* Sicher ist Ihnen nicht, was Sie haben. Sicher ist nur, was Ihnen niemand nehmen kann – und das sind z.B. Bildung, Wissen, Talent, Mut zum Risiko, Charakter und Freunde. Darauf können Sie Ihr Leben bauen.

♡ *Leben Sie Ihre eigenen Lebenspläne:* Leben Sie nicht die Lebenspläne anderer Menschen, weil Sie die toller finden, und auch nicht die Pläne, die andere Menschen für Sie machen. Seien Sie der Drehbuchautor Ihres Lebens. Seien Sie ein Hammer und nicht ein Nagel.

♡ *Lachen Sie über sich selbst:* Sich selbst immer nur ernst nehmen, ist eine der großen Gesundheitsgefahren – und ist fast so schädlich, wie sich selbst kritisieren oder gar beschimpfen.

♡ *Klagen, schimpfen, weinen Sie:* Leben Sie die negativen Gefühle aus, denn das ist gesund. Fühlen Sie sich durch eigene Tränen nicht beschämt. Aber geben Sie sich selbst keine Schuld daran, wenn es im Leben nicht so läuft, wie Sie es sich wünschen.

♡ *Verzeihen Sie sich Ihre eigenen Fehler:* Gehen Sie sanft mit sich um.

♡ *Lassen Sie Ihre Schuldgefühle los:* Schuldgefühle halten Ihren Geist in dem gefangen, von dem Sie sich doch lösen wollten. Deshalb werden Sie durch Schuldgefühle kein besserer Mensch.

♡ *Begrüßen Sie Veränderungen im Leben mit freudiger Erwar-*

tung: Klagen Sie nicht über vergossene Milch – denn sie wird dadurch nicht zurück in die Milchkanne kommen.

♡ *Sehen Sie Krisen als Chancen:* In allem, was in Ihrem Leben geschieht, steckt etwas Gutes. Und wenn Sie es noch nicht erkennen, haben Sie nicht lange genug hingeschaut. Deshalb nehmen Sie Krisen noch als Bedrohung Ihres gewohnten Lebens wahr.

♡ *Üben Sie sich in der Fähigkeit, für sich selbst Hilfen organisieren zu können:* Setzen Sie sich deshalb mit anderen Menschen öfter zusammen, als dass Sie sich mit ihnen auseinandersetzen.

♡ *Erkennen und pflegen Sie Ihre eigenen Stärken:* Das bringt Sie weiter, als Ihre eigenen Schwächen und Probleme zu erkennen und zu bejammern. Auf Schwächen und Probleme lässt sich kein schönes Leben aufbauen – sondern nur auf Ihren Stärken.

♡ *Brüten Sie über Probleme so lange, bis Sie entdecken, was das Leben Ihnen durch die Probleme sagen will:* Oft dauert es lange, bis Sie darauf kommen.

♡ *Ändern Sie sich nur bei Problemen, die ständig auftreten:* Die sollten Sie sich vom Hals schaffen, denn aus ihnen können Sie nichts Sinnvolles für Ihr weiteres Leben lernen.

♡ *Lernen Sie, Ihre eigenen Laster zu genießen:* Dadurch, dass Sie sich für Ihre Laster verachten, verschwinden sie nicht.

Glücklich und gesund bleiben in der Partnerschaft: Ehe ist gesünder als Singledasein

♡ *Werben Sie täglich um Ihren Lebenspartner:* So sichern Sie die Liebe (und auch den Sex). Liebe geben und annehmen können, hat gesundheitlich positive Folgen. Vergessen Sie nie, wie viel »Liebesmüh« Sie in der Zeit der ersten Verliebtheit mit großem Vergnügen auf sich genommen haben. Und wie viel Vergnügen Sie dafür zurückbekommen haben. Wenn Sie sich je fragen: »Was kann ich in der Liebe besser machen?«, gibt es eine einfache Antwort: »Mach es genau so wie in der Anfangszeit!« Daran können Sie sich ja noch erinnern.

♡ *Bleiben Sie in der Partnerschaft treu:* Schnelle Erfolge auswärts können passieren, aber sie sind keine Basis für Glück – weder daheim noch in der Fremde.

♡ *Bleiben Sie auch sich selbst in der Partnerschaft treu:* Leben Sie Ihre eigenen Ideale. Denn nur so können Sie der Angst vor Trennungen – die jeder Mensch hat – mit all ihren gesundheitlichen Risiken vorbeugen.

♡ *Haben Sie den Mut, Sie selbst zu sein:* Trauen Sie sich, für das, was Sie selbst sind, geliebt zu werden, statt dafür, dass Sie so sind, wie die anderen Sie tatsächlich oder vermeintlich haben wollen.

♡ *Täuschen Sie niemand Zuneigung vor:* Leben Sie lieber in klaren Abgrenzungen – durchaus auch einmal in der Partnerschaft. Grenzen, die Sie selbst ziehen, können Sie auch wieder aufheben.

♡ *Bekennen Sie sich zu sich selbst:* Verzichten Sie auf Erfolge, für die Sie sich verbiegen müssen. Das gilt im Beruf wie in der Liebe.

♡ *Seien Sie kein Kämpfer, sondern ein liebevoller Mensch:* Kämpfer werden bemerkt, beachtet, gefürchtet, bewundert – aber nicht geliebt.

♡ *Leben Sie mit einem gesunden Egoismus:* Gesunder Egoismus heißt: »Ich denke so an mich selbst und sorge so für mich selbst, dass niemand Schaden davon hat und andere davon mit profitieren.« Die Kunst des Lebens besteht eben nicht darin, das größte Stück vom Kuchen zu bekommen, sondern gemeinsam einen größeren Kuchen zu backen.

S. B.

40

Jetzt ist Schluss!

Liebe Leserin, lieber Leser,

gerüstet für diese und die nächste Krise: Unabhängig davon, was in der großen, weiten Welt vor sich geht – der wichtigste Puzzle-Stein zum Glück ist unsere direkte Umgebung: die Menschen, mit denen wir leben; der Ort, an dem wir uns wohlfühlen; eine Beschäftigung, die uns sinnvoll erscheint.

Die letzten Monate waren erfüllt mit der Arbeit an diesem Buch. Erkenntnisse, die wir daraus gewonnen haben:

Auch schwere Arbeit kann ein erfülltes Leben sein.

Wir sind dankbar für die Zeit, in der wir uns mit diesem Thema befasst haben.

Veränderungen kommen, ob wir wollen oder nicht.

Mit dem Menschen zusammen zu sein, den man liebt, schlägt alle anderen Annehmlichkeiten, die ein Leben bietet.

Freunde können einem das Leben retten.

Alles hat seine Zeit. Und alles braucht seine Zeit.

Kinder zu haben ist ein Geschenk.

Die Abwesenheit von Glück bedeutet nicht Unglück.

Der Schritt vom Ich zum Wir bringt Lebensfreude.
Wir freuen uns auf die Zeit, die demnächst frei bleibt.

Ihre
Sabine Asgodom und *Siegfried Brockert*

Anmerkungen

1 Siegfried Brockert: *Raus aus dem Jammertal. Gelassenheit macht glücklich.* Claudius 2002

2 Sabine Asgodom: *Genug gejammert. Wie das Leben mehr Spaß macht.* Econ 2004

3 Sabine Asgodom: *Lebe wild und unersättlich! 10 Freiheiten für Frauen, die mehr vom Leben wollen,* Kösel 2007

4 Sabine Asgodom: *Liebe wild und unersättlich! Für Frauen, die sich trauen, das Glück zu leben,* Kösel 2008

5 Der gesamte Text steht unter http://www.sueddeutsche.de/finanzen/585/453277/text

6 *Emotion,* Mai 2009

7 C. R. Snyder / Shane J. Lopez: *Handbook of Positive Psychology.* Oxford University Press 2002

8 *Goethes Werke.* Vollständige Ausgabe. 1. Band, S. 183ff. J. G. Cotta'sche Buchhandlung. Erstdruck 1797

9 *Coaching heute,* www.coaching-heute.de, 6/2009

10 Attitudes to economic risk-tasking, sensation seeking and values of business students specializing in finance SSE/EFI Working Paper Series in Business Administration No. 2006:3. Lennart Sjöberg, Elisabeth Engelberg, Isjoberg@fastmail.fm, elisabethengelberg@hotmail.com, Center for Risk Research, Stockholm School of Economics, Box 6501, 11383 Stockholm.

11 Heidrun Bründel: Konkurrenz, Karriere, Kollaps – Abschied vom Mythos Mann. Zu beziehen über Bestellung@politische-psychologie.de

12 *Wirtschaft und Weiterbildung* 4/2009

13 *Journal of the American Medical Association,* Bd. 295, Nr. 17, S. 2037–2045

14 Lew Nikolajewitsch Tolstoi, 1828–1910

15 www.lumpenlieder.de

16 www.antonett-briese.de

17 Siegfried Brockert: *Praxisführer Psychotherapie.* Knaur 2000

18 Johann Wolfgang von Goethe: *Wilhelm Meisters Wanderjahre oder die Entsagenden.* Insel Verlag 2006

19 Wolfgang F. Schmid: *Basic Instinct. Anleitung zum schöpferischen Denken.* Beltz Verlag 1994

20 Vance Packard: *Die geheimen Verführer. Der Griff nach dem Unbewussten in jedermann.* Ullstein Verlag 1957

21 University of Texas, Austin, Department of Public Relations and Advertising

22 Martin E. P. Seligman: *Der Glücks-Faktor: Warum Optimisten länger leben.* Lübbe 2005

23 Arnold Toynbee (1889-1975), zitiert nach Duane Elgin und Arnold Mitchell, Verfasser der Alternativ-Bibel aus dem Jahr 1972, *Voluntary Simplicity.* Nachzulesen unter www.awakeningearth.org/component/content/article/15-books/60-voluntary-simplicity-in-cq

24 Z.B. www.aquarium-forum.at/showthread.php?t=7332 oder hundert andere

25 Sim Van der Ryn, Helga und Bill Olkowski: *The Integral*

Urban House: Self Reliant Living in the City. New Catalyst Books 2008

26 Joachim Ringelnatz: *Das große Ringelnatz-Buch: Die schönsten Gedichte und Geschichten.* Diogenes Verlag 2005

Register

Aktivität 94

Alternativen *siehe* Plan B

Angst 12, 19–27, 29–34, 77, 94, 185

– vor Armut 25, 67, 127, 135, 154, 250

– vor Katastrophen 20 ff., 29 f., 74

– vor Zukunft 19, 23, 26 f., 135, 143, 217, 227

Anpassung an Situationen 46, 119

Arbeitssinn 96 f.

Arm-aber-glücklich-Mythos 227

Balance, Leben in 32, 34, 65–69

Ballast 119, 163–167

Basics

– für das Glück 109

– für die Seele 108 f.

Bei-sich-ankommen 66

Bewusstsein, kritikfähiges, kritisches 217 ff.

Bindung, emotionale 109, 156, 178 f., 181 f., 188, 234, 239

Chancen (Umkehr, Abkehr, Zuwendung) 11, 16, 41, 51, 57, 82, 146, 201–207, 303

Dankbarkeit 39, 176, 180

Denken, kurzfristiges 48

Denken, organisches 75

Doppelbelastung 37

3 K (Kinder, Kirche, Küche) 90 f.

Egozentrik, Egonomie 85 f., 169

Ehe 16, 154 f., 158, 233 f., 268, 284, 304

Ehrgeiz 37, 40 f.

Ehrlichkeit 16

Eigeninitiative 142

Eigenmotivation 120

Eigenverantwortung 171, 180

Einfacher leben 239–244

Einfachheit 16, 54

Emotionen, positive und negative 31 ff., 211 f., 219 f., 234, 270

Energie 41

Enttäuschung 77

Erfolg 38, 40 f., 48 f., 60, 78, 85, 89, 93, 142, 161, 182 f., 186, 192, 203, 248, 256, 270, 293

Erkenntnis 40 f., 120, 179

Erwartungen 35

Ethik 174, 221

Existenz-Portfolio 151

Familie 36 f., 107
Fasten 189
Finanzkrise 14, 50, 72, 90, 111 ff.
Finanzmärkte, Finanzverhalten 47, 111
Flexibilität 150, 175, 181
Fördern der Menschen 84, 88
Fragen stellen, einfache 93–103
Frauen als Weltretter 77–82
Frauenverachtung 85 f.
Freie Zeit 293 f.
Freiheit von Angst 107 f.
Freiheit von Not 107 f.
Freunde, Freundschaft 107, 128, 157, 164, 184, 191–194
Fröhlichkeit 123–126
Führung, spirituelle 109

Geborgenheit 16, 33, 38, 108, 129, 157, 160, 218, 229, 265 ff., 269, 293
Gefühle, gute 235 f.
Gelassenheit 25, 41, 94, 165, 175
Geld 71–76, 79, 85 f., 123, 128, 130, 134 f., 144, 151, 165, 203, 205, 212 f., 221, 226, 230, 289
Gemeinschaft 16, 107, 129, 156 f., 187, 193, 230, 290 f.
Gemeinsinn 182
Genuss 125, 164, 258, 273 ff., 284, 290 f., 296 f., 303
Gesellschaft 51 ff., 118
Gestaltungsmöglichkeiten 54
Gesundheitsrisiken 127 ff.

Gewinnen durch Verlieren 45–50
Gewinnstreben 48
Gier 45, 68, 119, 134
Globalisierung 14, 94, 113, 275
Glück 35, 38, 41, 45, 65, 68, 94, 119, 135, 199, 227 ff., 233–237, 299 ff., 304 f., 307
Glücklich- und Gesundmacher 291 ff., 297, 299 ff., 304 f.
Glückstipps 286 ff., 297
Gruppendenken 49

Happy Hour 197 ff.
Hass 33
Helfen lassen 159 ff.
Herdentrieb 49
Hoffnung 12, 54, 59–63, 176
Humor 50, 87, 172, 220, 295

Ich-AG 237
Ichling / Wirling 153–158
Ideen, kreative 33, 41, 77
Illusionen 62, 188
Individualismus 127–131, 157
Inkompetenzgefühle 49
Isolation 127–131, 155 f.

Job-Puzzle 150

Kampf 84
Karriere 36, 91 f., 129
Kinder 53, 57 f.
Klugheit 13
Kollaps 91, 129

Kompetenz 91
Konkurrenz 84, 91, 129
Konsum-abrüsten 223 ff.
Konsumverhalten 209–221
Kontakttipps 284 ff., 296 ff.
Kraft 32
Kreativität 32, 46, 61, 81, 102,
    142, 150, 170, 183, 298 f.
Krise 11, 13 f., 16, 30 f., 77
– Führen in der Krise 30 f.
– Klimakrise 112
– Lebenskrise 13
Kritische Haltung 80

Lachen 87, 294 ff., 302
Landleben in der Stadt 261 ff.
Lebensfreude 38
Lebenslügen 188
Lebensmodell 37
Lebenssinn 109
Lebensverachtung 85 f.
Lebensweisheit 175
Leichtigkeit 159, 172
Leistungsorientiertheit 172
Liebe 37, 41, 54, 107, 174, 176,
    181, 184
Loyalität 114

Männliches Prinzip 11, 75, 77 f.,
    81, 84, 88, 129, 169
Männlichkeitswahn, Befreiung
    von 83–92
Marketing 144, 210 f., 215, 217,
    221
Meinungsfreudigkeit 172

Mensch als Maßstab 241, 243
Menschlichkeit, Mitmenschlich-
    keit 13, 16, 155, 183
Moral, Moralfragen 158, 174, 288
Muße 41
Mut 12, 32, 37, 59 ff., 94

Nachbarn, Nachbarschaft 154,
    173
Nächstenliebe 177, 248
Narzissmus 217
Negative Gedanken stop-
    pen 195–200
Neid 35
Neurolinguistisches Programmie-
    ren (NLP) 215, 219

Offenheit 175, 268
Ökosysteme, Zusammenbruch 14
Optimismus 24, 176, 185, 270

Paradigmenwechsel 75 f.
Partnerschaft 107, 177, 286,
    304 f.
Pellkartoffeln 273, 276
– Rezepte 276–280
Perspektiven entwerfen 117–121
Plan B 14 f., 32, 37 f., 141–147,
    165
Plan C 165, 257
Politische Wirksamkeit 111–115
Positiv denken 59 f.
Provokationen 81 f.
Psychotechniken 219
Puzzle-Leben 144, 149 f.

Qualität statt Quantität 78 f.

Realitätssinn 46
Rebellionsgefühle 94
Recht auf Arbeit 29 f.
Recht auf Leben 30
Redefreiheit 108
Redlichkeit 175
Reichtum 29, 57, 68, 108, 135 f.,
    217, 239, 248, 289
Religionsfreiheit 108
Richtungswechsel-Puzzle 151 f.
Rückzug ins Private 65 f.

Seelischer Smog 128
Selbständigkeits-Puzzle 150 f.
Selbstbestimmung 120, 241,
    243 f., 246
Selbstdisziplin 244
Selbstliebe 177, 269 ff., 301 ff.
Selbstversorgung 256, 264
Selbstvertrauen 61 ff.
Selbstwahrnehmung 171
Selbstzweifel 79 f.
Self-indulgence 213
Sensationssucher 84 f.
Sex 56, 85 f., 184, 217 f., 300, 304
Sieg 84
Signaturstärken 109
Singledasein 156 f., 304
Sinnvoll leben 13, 55, 142, 160,
    234 ff., 303, 307
Solidarität 16, 37
Sorgen äußern 31 f.
Sorglosigkeit, gelernte 48

Soziale Marktwirtschaft 113
Staatsschulden 102 f.
Statussymbol 37
Strategien 37, 41
Streiten 95
Stress 26, 46, 128, 158, 196, 250,
    291, 301

Tanzen 125, 229 f., 235, 298
Teamplayer 170
Thesen, neun 77 ff.
Toleranz 172, 182
Treue 78, 89, 114, 181, 185, 289,
    304

Umweltbewusstsein 241, 245 f.
Unabhängigkeitsstreben 170 f.,
    180, 245, 255 ff., 264, 270, 274
Ungewissheit 251 ff.
Ungezwungenheit 294 ff.
Unhappy Hour 199
Unterstützung 41
Unvernunft 90

Veränderung 134, 169–189,
    240
Verantwortung 33, 49, 78,
    105–109, 114, 159, 173, 177,
    239 f., 243 f., 246, 265
Vereinsamung 128
Verlässlichkeit 89, 114
Vernunft 90, 172, 205, 253, 274
Verpflichtungsgefühl 78
Vertrauen 75, 89 ff., 161, 178,
    182, 211

Verwöhnt werden 109
Visionen 13, 77, 143, 271

Wachstum, persönliches 84, 143,
  241, 246–250
Weibliches Prinzip 12, 75, 78, 81,
  83 f., 88, 129, 169
Werbung 119, 213, 217 ff., 221
Werte 16, 38, 68, 97, 101, 129,
  171, 186 f., 218, 241, 248 f.
Wir-AG 237
Wir-Gefühl 182, 218
Wohlfühlfarben 297
Wohlfühlmenschen 108

Wohlfühlort, Wohlfühl-
  umgebung 17, 108
Wohlgefühl 69
Wohlstand 133 f., 164, 231, 248,
  250
Wohlstandsblase 75
Work-Life-Balance 33, 69
Wut 33, 94 f.

Zorn 71–76, 77
Zufriedenheit 35 f., 38 ff., 42, 69,
  94, 119, 143, 199
Zufriedenheitsliste 38 f.
Zufriedenheitstipps 286 ff.

Unsere Leseempfehlung

224 Seiten

Schluss mit dem Vermiesen und Verbieten, mit dem Verkleiden und Verbiegen! Sabine Asgodom, die bekannte Management-Trainerin mit der Rubensfigur, stellt den Einpeitschern, Diät-köchen, Spaßverderbern, Modediktatoren und Schlechtes-Gewissen-Machern ihr Erlaubnis-Programm für Frauen entge-gen: „Du darfst!" lautet die Botschaft ihres Bestsellers. Sie zeigt 10 Freiheiten, die mit Normen und Rollenfesseln aufräumen und das Leben vieler Frauen verändern werden. Für alle, die mehr vom Leben wollen.

Unsere Leseempfehlung

304 Seiten
Auch als E-Book
erhältlich

90 Prozent aller Frauen glauben, sie seien zu dick. Jede zweite macht gerade mal wieder eine Diät. Sabine Asgodom fordert stattdessen: „Schluss mit dem Unfug! Das Leben ist zu kurz für Knäckebrot." Sie weiß genau, wovon sie spricht. Schließlich ist sie selbst schon ein Leben lang im XL-Format unterwegs. In ihrem Buch zeigt sie nun auf bekannt unterhaltsame Weise, wie Frauen Liebe, Lust und Leichtigkeit gewinnen – ganz egal in welcher Kleidergröße.